Cultural Entrepreneurship

Cultural Production and Innovation in the Mobile Internet Era

文化创业

移动互联网时代的文化生产与创新

翁昌寿 /著

中国人民大学出版社
·北京·

本书为中国人民大学科学研究基金
（中央高校基本科研业务费专项资金资助）项目成果，
项目批准文号：16XNB035。

致敬

改革开放40周年

互联网诞生50周年

序一

翁昌寿老师是我的同事，高瘦、正直、笃定、贞静，对学生和学问又像一团火。这是神奇的，一个人平日温和静肃，遇到学生的目光和学问的灵光，便燃烧起来了。

我用了近半月阅读昌寿的新作《文化创业：移动互联网时代的文化生产与创新》。这是我多年关注却未得亲近的领域，昌寿为我提供了完整的知识和思考地图。所学所得，分享在兹：

全书由多条纵横线索穿连珠玉，以至琳琅夺目。纵者，回溯互联网诞生50年和中国改革开放40年的历史进路，清理了从文化事业到文化产业再到文化创业的观念变迁和实践转向；横者，从文化驱动、创新驱动、新物种驱动、互联网思维驱动、新兴需求驱动、商业模式驱动、资本驱动、文化技术驱动八个维度切入，展演了网络内容生产的内在机制和路向。

昌寿不是常作惊人语的学者，但他在纵横经纬之间，绵密织出一匹锦绣。这不是为人写序平添出来的客气话。以我的学术研究经验看，诸如文化事业、产业、创业领域的观察，把零散的经验凝结在一处，再用几个学术概念加持经验，已属难为之事。而昌寿一针一线缝下去，事实、道理、华彩绵密交织、自然贴合，全不似相互打了补丁，亦非学术的袍子罩了江湖实践的里子。

这大约与昌寿的北大哲学系出身有关，也与人大新闻学院的养成文化有关，实则他本来就是这个样子。世事迁转急剧，他不保守在原地，也不随波逐流，在自己感兴趣的领地沉潜守望，一针见功夫，一匹见气象。

他也有像火的时候，反映到这本新作，便是书中那些明亮的部分。譬如，他会关注习俗在网络内容生产中的创造性转化，会把目光投向亚文化群体、边缘群体和小镇青年。他建议创业中的互联网平台涵养小镇青年的心智和审美，而不是迎合、放大“在边缘”的庸常和流俗。又如，他记录了创业者在成为大英雄之前的虚弱和不堪，真实真切，精细精微，数笔道尽繁华处的清冷、飞扬中的窒息。再如，他不会不节制地赞叹文化的产业属性，而是转借欧洲文化批判的学术资源，提示政治和资本的介入不要伤及美和灵韵。

我并不是说这是一本毫无瑕疵的著作。文化创业史仍在行进中，我们离它太近了，局部和细节未免障目。同时，实践的学理化之路从来艰辛，有些句子刚一落笔便可能落后了，疏离了，缥缈了。但是，观察、记录、反思始终是学者的本分。善尽本分之后，能得几分便由读者做主了。

胡百精

中国人民大学新闻学院执行院长

序二

对于文化创业与移动互联网的关系，从来没有一本书以如此细密的经纬和纵深进行探究，并且在字里行间开满思索的花朵。读完昌寿老师的新作，我的脑海中也生成了一段电视综艺创业的长视频：

我开始创业，创办世熙传媒，是在 21 世纪第一个十年。其时电视影响力如日中天，人们排着队、削尖脑袋要进电视台，像我这样从电视台出来创业属于异类，要被很多人捂嘴笑看的。

那时的内容创业是把电视节目从电视台里“拉”出来制作、发行。当时电视综艺节目整体制作水平不高，内容制作多简单，占电视节目总量的比例也很小。创业者能在什么频道占据多少分钟的时段播出自制的内容，构成了创业的可能空间。

在世熙传媒等创业者的努力下，国际节目模式被引入国内，这种标准化和高水平的节目生产方式，大大提升了国内电视综艺制作水平。与此同时，互联网视频等蓬勃发展，引进模式的大制作电视综艺节目一度成为互联网视频平台的王者。

2010 年之后的五六年间，中国买进了几乎全世界的好模式，成就了数以千计大大小小的制作机构，文化创业随之进入大规模的资本时代。

媒介内容形态进化，是昌寿老师着力考察网生内容生产的另一条经纬。由报纸到广播，内容产品形态由文字和图片进化到听觉产品，不识字的人抱着收音匣子也听得津津有味。从广播到电视，听觉产品进化为视听产品，一家老小盯着一个电视屏幕眉开眼笑。由电视到互联网，内容产品形态依旧是视听产品，虽然移动互联网改变了用户观看和使用习惯，但是五彩缤纷、千奇百怪的长、短视频产品，依然遵循着视听产品生产的基本逻辑。

新技术建立起全新的互动传媒平台，移动互联网催生出丰富的内容产品，给更多的人提供了谋生的机遇。新技术层出不穷，并已成为内容的一部分，而有见识的创业者应尝试用内容去整合技术，开启人文与技术跨界融合的新美景。在传播领域，技术与内容融合中亦交织博弈，此起彼伏，而内容将笑到最后。高品质的内容将最终取代那些曾经给自媒体创业者带来诸多收益的初级内容。

此后，传媒和传播的价值将义无反顾地凸显其高大的身躯——遵循专业编辑方针、具有立意高度和视听冲击力、运用独特算法编辑推荐的内容。互联网媒体的重心也会从初期的新技术“平台为霸”，回归新一轮“内容为王”的循环发展。

用这样的大逻辑来观照，网生内容的创业空间，将取决于随着时间的流淌能冲刷出多少文化精品，同时，用户的情趣和欣赏水平也会水涨船高。对于习惯了传统媒体内容的用户来说，可能会被一时涌至眼前的令人眼花缭乱的各色网生内容所吸引。但潮水终会退去，人们有限的注意力会被巨轮上飘扬的旗帜所吸引，在沙滩上捡贝壳和捉小鱼虾的景象只是巨轮模糊的前景而已。

文化创业是以精神活动及其活动产品为核心的创业，精神及精神产品的价值关乎创业成功，围绕文化创业的一切研究都无法偏离这一本质。昌寿老师以及他所在的中国人民大学新闻学院就此展开的研究，可谓切中时代命题、观照文化实践、走在时代前列的治学报国之举。研究的成果既记录了文化创业者的群像，也对像我这样的文化创业者具有视角转换、视野拓展的学习价值。

在我眼里，昌寿是一个高帅的、微笑的和谦虚的四十岁左右的形象，但他的研究却有着八十岁智者的深刻、三十岁思想者的犀利和十六岁冲浪者的玩味。为这本书作序，我也是在享受中学习了。

刘熙晨

世熙传媒创始人、董事长、CEO

前言

2018年，两大历史节点在此交汇：一是改革开放40周年，二是互联网诞生50周年。体制的创新与科技的扩散相叠加，形成了中国创新与创造的时代底色。记录、梳理、复盘出创业母题下的文化创业脉络，正是一种向时代致敬的方式。

致敬不仅是一种仪式，更是提出并解答有价值的学术问题。本书提出并回答的有这样几个问题。

问题一：从文化事业到文化产业、文化创业，文化生产体制的变迁对文化供给侧结构带来怎样的影响？

马克思曾经说过，各种社会经济形态的区别，不在于生产什么，而在于怎样生产，用什么劳动资料生产。

1978年开始的改革开放，使中国社会走向“改革”。这是中华人民共和国建立以来，继全面建立社会主义制度之后又一场伟大的社会革命，社会主义由“创业”到“创富”。顶层制度的改革和创新，使中国发展迎来了又一轮制度红利。

文化是中国特色社会主义“五位一体”建设的有机组成部分。习近平总书记在中共十九大报告中强调：“文化是一个国家、一个民族的灵魂。文化兴国运兴，文化强国运强。没有高度的文化自信，没有文化的繁荣兴盛，就没有中华民族伟大复兴。”

如何繁荣和发展文化，是一个理论问题，也是一个实践问题。工业革命大大提升了文化生产的效率和规模，也促成了市场导向的大众文化蓬勃兴起，对精英文化、经典文化产生了冲击。法兰克福学派批判其为“文化工业”（culture industry），认为它大量制造无差别、伪个性的大众文化商品，丧失了精神生产的自我超越目标，成为操纵社会的工具和维持现状的“社会水泥”。

英国伯明翰学派跳出“精英-大众”对立范式，肯定文化工业所构建的大众文化的普惠性。沿着这一路径，美国学者约翰·菲斯克提出“两种经济”理论，认为受众是“文化经济”中的生产主体，再生产出“意义、快感和社会认同”。由此，文化生产者的快感和意义生产，与文化消费者的快感和意义分享及再生产，组成了完整的文化生产机制。

在实践上，冷战之后，全球各国纷纷扶持文化产业的发展，将其作为构建国家软实力的重要发力点，文化创意产业成为各国新的经济支柱。

在中国，长期以事业体制来进行文化建设，国有文化单位成为文化生产的主体，在解决文化供给的方向性、普惠性的同时，也存在着管办不分、生产与市场脱节、效率低下的问题，僵化的体制造成了文化供给与文化需求存在较大的不对称性，形成供给侧结构扭曲。并且，相比其他社会领域，文化体制改革姗姗来迟，自市场经济改革十年之后的2002年起才拉开序幕。在十几年时间里，文化生产模式完成了从文化事业到文化产业、文化产业到文化创业的两度变迁，为“建设支柱产业”“建设创新型国家”的顶层设计提供了产业支撑。

从文化事业到文化产业的转型，是回应中国加入世界贸易组织(WTO)、面对全球文化竞争的改革。2002年中共十六大确立了文化产业路径的合法性，次年文化体制改革试点展开，以政府为主导、以国有文化企业为对象，自上而下地进行“强致性”创新。国有文化事业单位基本上转制为企业，非国有文化生产者获得准入通道。一批国有文化单位成长为骨干企业和文化产业战略投资者，存量文化资产变强变大；非国有文化公司迅速摆脱灰色地带，成长为文化生产新生力量。文化市场主体的数量和结构发生了巨大变化，有效地改善了文化内容供给侧结构，激活了文化市场竞争，提升了文化运营绩效。

从文化产业到文化创业的升级，由互联网科技扩散、网生代崛起的动力所驱动。1968年，美国国防部高级研究计划局建立的阿帕网(ARPANET)，被视为全球互联网的起点。26年后，中国正式接入国际互联网。技术和市场创新、去中心化的文化，带来了“诱致性”创新。一批企业家式的创业者带来了文化产品新形态、文化生产新业态、文化消费新场景，构建起文化创造的新生态。

进入移动互联网时代，网生代成为文化消费主体，自然也成为文化创业服务的首要用户群体。作为网生代身份和文化区隔的网生内容成为创业风口。文化创意和生产让每个人触手可及，大众创业蔚然成风。在文化创业阶段，文化由生产进入创造，创新成为首要价值，创业成为主要的创新路径。

问题二：文化创业如何赋权网生内容？

文化生产方式的变迁，带来了新的文化内容形态。

文化创业、网生代、移动互联网，这三个词是理解当下文化生产的关键词。三者交织，形成了庞大、复杂的运作体系和文化构造，生产出网生内容这一生机勃勃的新物种。网生内容是资本、文化、技术的共同产物，从而成为观察文化创业这一新兴文化生产方式对当下文化生产的赋权机制的窗口。

网生内容是网络原创生产的新兴内容，形态新颖、迭代迅速，包括网络文学、网大网剧网综、自媒体公号、直播、短视频、内容付费、表情包、弹幕等符号体系，也体现为二次元、宅腐基萌、暴漫、鬼畜、恶搞、自黑、极化等风格。网生内容表征着新兴文化、网络文化、青年文化等亚文化，服务网生代，带来网络文化的繁荣，有效地改善了文化供给侧结构。

网生内容一方面拉动了原有的产品迭代产业升级，另一方面也表现为“破坏式”的创新。自媒体在媒体的空白处扎根生长，文学有了网络文学的变种，电影有了网大，电视剧被网剧分去了收视率，综艺玩家变成了网络内容平台，游戏变成网游、手游和社交游戏，音乐进化为云音乐，移动互联网为网生内容构建了关系和场景等全新维度。

在网生内容的背后，数据化替代了数字化，UGC（用户生产内容）、PUGC（专业用户生产内容）板块崛起，ABC［AI（人工智能）、Big Data（大数据）、Cloud（云计算）］深度重构互联网文化生产方式，内容的版图不断扩张，生产者由国有、非国有的体制化维度，丰富为人、计算机、物联网。传统的精致、结构化内容，被改造为碎片化微内容，通过算法匹配用户，以适应移动互联网的各种应用场景。大数据、算法不仅是网生内容新形态，还成为制约网生内容生产的基础架构，为网生内容注入了创新性，让内容具备更高的价值、更低的生产风险，也带来了“算法囚徒”“茧房效应”等困境。

从网生内容的文化内核来说，其包含了更多的网络亚文化符号、价值，成为网生代的身份区隔。现象级网综《奇葩说》片头那句“40 岁以上观众请在 90 后陪同下观看”，戏仿主流社会电影分级制，体现出网生代追求自身文化内容的独立性。《吐槽大会》则把“吐槽”定义为“年轻人的沟通方式”。层出不穷的网红、刷屏爆款，更是网络文化与网生代相互测绘、相互确认之后的共同狂欢。

年轻态文化成为网生内容的主要特征，这也意味着网生内容对网生文化不断进行着赋权，形成创业、投资、消费的风口。网生内容也走出圈层，走向互联网网众，走向主流社会，形成文化的交流、交融、交锋。

可以说，透过网生内容的深研，建构起本研究的主旨：文化创业这一新兴文化生产方式是如何对内容生产实现赋权的？文化创业与网生内容、网生代如何相互测绘、互动？网生内容如何构成网生代的文化和身份区隔？

问题三：如何深描文化创业史？

文化创业史并不是抽象的，它由创业者、创意阶层、企业家操盘实施，组成了创业史的细节、机理和骨架。

创业者的动机既有相似性，又显得各个不同。乔布斯劝百事高管斯卡利加入苹果公司时，对他说："你是想卖一辈子糖水呢，还是想抓住机会来改变世界？"奉佑生创立映客的初衷，是"缓解人性孤独"。Faceu 创始人郭列，想做"一个地铁里面有人玩的产品"。创业者不仅通过创业实现自我的意义，也为用户带来意义。意义，是创业的精神靶心，文化创业更是如此。通过意义的制造，实现自我超越、改变世界。

面对 20 年来雨后春笋般涌现的创业项目团队和公司，如何选择具有代表性的项目和团队？这是一项极为考验判断力和价值观的难题。我所秉持的筛选标准有三：一是节点性，即放在 20 年文化创业史上来看，构建了新的创业赛道，开启了各类创业"元年"。二是原创性，即实现了从 0 到 1 的创意与创造，具有"新物种"价值。三是创新性，即创业对文化生产产生了赋权，推动了网生代的流行风尚、文化创新。

从这三项标准来看，选择的标准并不仅仅以创业者的浮沉、创业项目的成败、创业公司的估值来确定其在文化创业史上的地位。这就使一些成为"先烈"的先驱项目和团队也走出灰色地带，被记录和提及。历史回到彼时得以重建，而不是用现在的眼光来主观臧否。由此确定深描的数十个具有代表性的创业项目、公司团队，它们都是文化创业史上的地标性符号。

通过多方文献资料的汇集、交叉核实、项目体验、实地走访等，本书将这些创业符号嵌入互联网文化创业史的脉络中，既使每一个符号获得了更深入的解读，也生动地绘制出一幅文化创业的"清明上河图"。

复盘文化创业史，需要打破线性思维，寻找到更好的叙事视角和逻辑。面对求变求新的创业史，我选择了以驱动力维度切入，寻找创新创业的高维动力。接下来，确定驱动力的体系又成为历史整合和叙述的重点。

通过对调研和文献素材的全面阅读、不断挖掘，经历一系列否定之否定之后，最终确定了文化驱动、创新驱动、新物种驱动、互联网思维驱动、新兴需求驱动、商业模式驱动、资本驱动、文化技术驱动等八个维度，以探析文化创业的内在机理和成败得失，达成了对文化创业的深度把握和路径建模。

这八个视角涵盖了文化创业的多种动力要素，基本复盘了文化领域创业的核心驱动力。这一动力体系勾勒出文化创业的路径和内在机理。

问题四：文化创业带来了什么文化风险？

文化创业弥补和改善了文化事业、文化产业等生产方式的不足，是商业创新、资本运营、技术扩散，更是文化创新扩散的新路径。文化创业有效地丰富和重构了内容供给侧结构，对网生代亚文化形成赋权。同时，我们不能否认，文化创业引发了文化创新势力与守成巨头的商战、技术与价值的暗战、主流文化与亚文化的抵抗与收编这“三大战役”。

文化创新势力与守成巨头的商战，使文化创业逐渐解构了传统文化行业，新的文化产品、厂牌、品牌层出不穷，新陈代谢重构出更有效率的文化新形态、新业态、新生态。面对创新势力，守成的国有文化单位、跨国巨鳄，都面临着新的挑战和机遇。这一方面激活了文化公司的创新力和竞争力，另一方面，由主流骨干企业建立的文化市场格局和文化秩序，也随之瓦解重构。

技术与价值的暗战，其结果影响更为深远。互联网为文化和内容生产提供了全新的情境和全新的空间，文化创业的赋能和筛选，使传统的体制化、职业化、主流化的文化生产模式受到挑战。其后果之一，就是“技术是中立的”“算法没有价值观”等技术优先的观念，给社会的价值观的传承和实践带来了不可承受的沉重。在互联网这一新大陆上，文化之花、文明之光应当扎根、成长，否则技术化的互联网工具是单向度的，无法构成人文的、理性的互联网社会。文而化之，成为互联网价值再造的重要维度。

主流文化与亚文化的抵抗与收编，在网生内容的语境下变得更为复杂。互联网时空与亚文化相得益彰，形成了与主流文化相抗衡的平行时空。亚文化在各个圈层中发育生长，主流文化与亚文化的“两个文化场”态势变得明显。传统文化产业随着文化生产、文化供给地位的弱化，对新兴亚文化、网生内容的收编能力也不断下降，它所秉持的主流文化立场、是非判断和价值评估功能随之枯萎。新兴的网生内容、网络文化逐渐站上网络时空的文化C位，成为网络新文化运动中的新势力，并随着网生代走向社会中坚而扩散。

这三大挑战，由表及里，宣示了文化创业所带来的新的文化问题，需要透过创业热潮，做冷静的观察和思考。

当前，技术与资本取得了相对优先的话语权，学术界常常跟随其后，做论证、做背书、做事后诸葛亮式解读，而独立思考、批判性思维、前瞻性观察显得尤为缺乏。学术不能被技术和资本带节奏，而是需要帮助创业者把控趋势和方向，注入人文价值。

文化指向人的感官和内心，给人以精神性的塑造；同时，文化激活人的想象力、创造力，构成了国家和社会的创造力、创新性。让文化创业保持文化价值观，是学术界、产业界共同的时代责任。能够在这些重大而迫切的当代文化问题上做一些抛砖引玉的工作，正是我生逢其时的幸运，我愿意与这个瞬息万变的时代认真对话。

目录 CONTENTS

第一章 | 文化驱动的创新创业

科技是第一生产力，这已经为人类发展史所证实。50 年来，互联网科技不仅缔造了科技创业巨头，更带来了人类社会的重组和重构，体现出科技驱动创新、创新驱动社会进步的路径。

互联网、移动互联网作为人类生活的新时空，也成为新文化生长和生产的新大陆，全新的场景、全新的生活方式，使文化处于深刻变迁过程之中，变迁的文化也成为当代创新创业的新动力。

第一节　科技创业的创新扩散

创新扩散理论的提出者埃弗雷特・罗杰斯认为，创新是“一种被个人或其他采纳单位视为新颖的观念、时间或事物”[①]。

经济学家约瑟夫・熊彼特把创新作为经济发展的动力，最早提出创新创业的思想。他认为创新是个人价值观念、管理技能、经验和行为的组合体。具体而言，包括观念文化、制度文化及环境文化三个层面。[②]

观念文化指个体性和群体性的创新理念、创新理论、创新方法、创新价值体系、价值取向及创新精神等。制度文化指有助于自主创新活动的体制、机制、政策中的文化因素的总和。环境文化主要指创新成为社会共识，社会对创新者所能提供的各种服务与支持等。

为更好地解释文化创新，我们可以结合运用英国社会人类学家马林诺夫斯基所分析的文化三个分层：符号器物、习俗制度、观念价值。熊彼特主要讲到了制度和观念层面，他所说的环境文化中的创新共识与创业氛围可归入观念层面，社会提供各种创业服务与支持则可归入制度层面。通过这样的整合，可以提出考察文化创新创业的三个层面。

---

① 罗杰斯．创新的扩散［M］．5 版．唐兴通，郑常青，张延臣，译．北京：电子工业出版社，2016.

② 陈向军，陈金波．创新创业文化及其发展［J］．宏观经济管理，2015（9）.

- 符号层面：创业者成为成功的偶像、社会的榜样。
- 制度层面：有助于创新的体制、机制、政策，以及社会创业氛围。
- 观念层面：个体、群体与社会的创新观念、理论、方法以及价值观和创业共识。

美国硅谷的发展，以及中国创业浪潮，都可以从这三个层面来进行复盘。

一、美国科技创业创新

硅谷（Silicon Valley）正是观念、制度和符号文化驱动的科技创业典范。从历史的视角来看，硅谷是美国继“西进运动”后第二次西部大开发。与以往不同的是，硅谷的开发基于科技和创意，带动美国从工业社会跨入信息社会。

硅谷一词最早由唐·霍夫勒（Don Hoefler）在 1971 年提出。集聚在圣塔克拉拉谷的半导体企业，都以高纯度的硅作为生产原料，硅谷由此得名。

回溯硅谷的形成史，斯坦福大学教授弗雷德·特曼和晶体管的发明者威廉·肖克利是绕不开的两个符号式的人物。

1951 年，特曼教授构想成立斯坦福研究园区（Stanford Research Park），供小型科技创业公司办公。这样一来可以就近转化斯坦福大学的科技成果，二来毕业生可以就地找到理想的工作，不用一窝蜂地跑到东部去就业。特曼于 1955 年到 1965 年任教务长，他在学校里选了一块空地，指导学生发展“风险投资”（venture capital）事业。其中两个学生以 538 美元在一间车库里建立了惠普公司。大学和产业的共生关系，形成了创业的观念、制度和符号文化。

1955 年，“晶体管之父”、诺贝尔物理学奖得主威廉·肖克利回乡创业，他的半导体实验室群贤毕至。其中八名年轻科学家于 1957 年集体从实验室辞职创业，被肖克利称为“八叛逆”。

他们创立的仙童半导体公司，成为硅谷的“黄埔军校”。随后八人又各自创立了公司。硅谷有 70 家半导体公司是“仙童系”公司①，包括英特尔、美国半导体、AMD（超威半导体）等。循着晶体管、集成电路、芯片、操

① 罗杰斯，拉森．硅谷热［M］．范国鹰，等译．北京：经济科学出版社，1985：62.

作系统、软件的发展路径，硅谷创业公司引领了信息时代的创新。

在硅谷，“大学辍学 + 车库创业”，几乎成为经典的创业元素。比尔·盖茨、乔布斯都从哈佛辍学创业，惠普、亚马逊都诞生在车库中。这种精神被中国的创业者引入，在北京中关村创业大街上就能见到“车库咖啡”，这家由苏菂创办于 2011 年、以创业投资为主题的咖啡厅，将车库符号化，它也成为多个币圈和区块链创业者的创业起点。

同时，资助创业的风险投资路径也逐渐成熟，形成独特的制度文化。

在创业成功后，创业者们反哺新创业者，为新的创业公司提供资本支持。仅“仙童系”中就分化出红杉资本和 KPCB（凯鹏华盈）等全球知名的风险投资公司。成立于 1972 年的红杉资本投资过苹果、谷歌、思科、甲骨文、雅虎、领英等公司；以约翰·杜尔为合伙人的 KPCB，投资标的包括网景、美国在线（AOL）、亚马逊等多家高科技公司。

创业观念文化、制度文化、符号文化的交融，使硅谷始终保持着旺盛的创业动能，从比尔·盖茨到扎克伯格，创业者人才辈出；从微软到谷歌，从 Twitter 到 Facebook，硅谷不断孵化出独角兽、超级独角兽；从操作系统到移动终端，从门户到社会化媒体，从算法到人工智能，创新领域不断扩展。

硅谷创业企业已经成长为全球互联网巨无霸，具有代表性的如 GFAAN，即谷歌、Facebook、亚马逊、苹果、Netflix，它们不仅创业成功，成为美股领涨动力，更深刻改变和重塑了当代社会的生活方式。目前，上千家高科技公司的总部都设在硅谷。硅谷不但开拓了美国的信息高科技产业，更成为全球高新技术创业的中心：创业成为人生价值实现的最佳方式；拥有完善的风险投资、孵化器、股份期权、科技园、纳斯达克等制度；创业独角兽不断涌现，创业者登上富豪榜，成为时代偶像。

硅谷创业文化和创业模式的成功，随着全球化不断地创新扩散。

二、中国的四波创业浪潮

作家柳青写过一部小说《创业史》，记录了中国农村社会主义改造进程中农民的创业。铁人王进喜、大庆油田则是工业创业的典型符号。上述语境下的创业，指的是在一穷二白的基础上建设社会主义的新中国创业，其激励机制是人民群众当家做主、打破冷战封锁、实现新中国工业化的爱国主义、集体主义英雄情怀。现代化中国的基础就是通过几代人的辛苦创业造就的。中国共产党被称为"中国近代以来最伟大的创业团队"①。

中国共产党十一届三中全会之后，党和国家以经济建设为中心，改革开放，各行各业迎来了全新的创业发展机遇。

在国家层面的改革开放的历史机遇下，创业观念文化勃兴、制度创新不断、创业者不断涌现，个体化、市场化的创业蓬勃展开，前后形成了四波创业浪潮。②

第一波创业浪潮始于改革开放。

20世纪80年代的改革开放为创新创业准备了前所未有的制度文化；中国社会穷则思变，期待个体的"富"和国家的"强"，这为创业准备了观念文化；一批个体户、万元户的涌现，成功带动了创业的热潮。

从乡镇到科学界，改革开放激发出创业改变生存境遇的干劲。返城知识青年、农民、知识分子纷纷动手创业，个体户大量涌现，"万元户"成为成功符号。乡镇企业创业代表有年广久的傻子瓜子、鲁冠球的万向集团等；知识分子创业代表有王选的方正、柳传志的联想等。科研成果的市场化转化，体现出知识和科研的市场价值。制度创新和社会转型是这一阶段创业的动力，为生活所迫、改变生存际遇的生存型、被动型创业成为这一阶段的显著特征。

第二波创业浪潮发生在1992年邓小平南方谈话之后。

从制度文化层面来看，中共十四大确立了建立社会主义市场经济体制的目标，市场经济为创业提供了全新的制度激励。从观念文化层面来看，辞职离开体制"下海"，私营企业批量涌现，使创业成为创富、思变的代名词。从符号文化角度来看，一大批离开体制和单位，告别"铁饭碗"的成功者成为榜样，俞敏洪的新东方、潘石屹的SOHO中国、王传福的比亚迪等都是这一时期的创业者符号。

第三波创业浪潮形成于20世纪末。

硅谷互联网创业的成功，激发起全球创业、投资梦想，形成了互联网创业观念文化；硅谷创立的"技术路径+商业模式+风险投资"，为互联网创业提供了新的制度文化；一大批留学归国或较早接触互联网的创业者，

---

① 宣言．艰苦奋斗再创业［N］．人民日报，2018-02-23.

② 蔺雷，吴家喜．第四次创业浪潮：全面创新引领的创业时代［M］．北京：中信出版社，2016.

了解和掌握互联网的观念文化，形成了创业精英群体。

硅谷的业务模式开始在中国得到扩散，C2C（copy to China）式的创新扩散迅速缔造出“中国的AOL”“中国的雅虎”“中国的谷歌”“中国的Twitter”“中国的YouTube”等。搜狐、新浪、网易等门户网站，百度等搜索引擎，阿里巴巴等电商，腾讯等即时通信，今日头条等算法推荐相继出现，构建了当今中国互联网世界的基本版图。门户和平台之外，垂直细分领域的携程、京东等也创业成功。硅谷的风投模式掀起了第三波创业浪潮的高潮。风投消除了创业者的掣肘，帮助创业者走得更快、走得更远，迅速完成出生到长大的跨越，不断更新一夜创富的创业神话。

第四波创业浪潮基于移动互联网的迭代而迅速兴起，并受到“建立创新型国家”和“大众创业、万众创新”号召的激励。

创业与就业一样成为毕业生和年轻人的可选项，观念文化的改变使创业成为每一个人改变人生和社会的手段。移动互联网时代的到来，为互联网提供了升级转型的风口，4G技术使音视频、直播内容得以在移动端传播消费，内容的消费升级迅速到来。人与产品、服务的精准再连接，为传统产品产业带来了转型压力。社会化媒体释放出群体创作和传播的能量，算法和人工智能使电脑成为内容的生产者和分发者，新的内容生产板块强势崛起。无数的草根而不是知识精英，成为第四次浪潮的创业主体，这些符号拉近了创业与每一个人的距离。

三、从“难民效应”到“企业家效应”

改革开放以来的四波创业浪潮都有各自的时代背景，创业所面临的制度文化、环境文化和观念文化也有所差异，这些因素影响到创业群体的构成、创业动力和方向。

研究表明，由失业刺激的创业活动，被称为“难民效应”（refugee effect）；而创业活动降低失业率、增加就业，被称为“企业家效应”（entrepreneurial effect）或“熊彼特效应”（Schumpeter effect）。[①] 在四波创业浪潮中，两种效应多有叠加。但可以看出，第一波、第二波创业浪潮有更明显的“难民效应”，即返乡知识青年、农民、下海公务员等，为解决失业、为

① THURIK A R，CARREE M A，VAN STEL A，et al. Does self-employment reduce unemployment?［J］. Journal of Business Venturing，2008，23（6）.

改善生存状况进行创业。而第三波、第四波浪潮由留学归国创业群体、草根创业群体带动，“企业家效应”更为明显。正如《创业简史》[①] 一书所说，即便创业者唯一的目的是生存，创造新牟利体系的过程以及这一体系的建立和发展也注定会给社会带来广泛的、通常不可预见的影响。

四波创业浪潮所显现的差异，如镜子般折射出中国社会的发展和进步，创业经历了从一张白纸、补传统产业空白，到与新经济同步、局部创新领先的进程。

在四波创业浪潮的进程中，中国更深度地嵌入全球化、现代化的世界创新体系之中。特别是第三波、第四波创业浪潮，体现出中国创业者对标世界水平的眼光、整合全球资源的能力，使中国互联网和移动互联网创业基本与世界同步。

中国社会创业实践的背景，是社会主义市场经济体制的逐步确立和完善，是社会主义法治的完善，更是个人的思想解放、创意释放和行动解放的日渐深入。创业解放了社会生产力，推动了个人的发展、文化的创新、社会的进步和综合国力的提升。

随着中国发展进入“新常态”，创业不再是精英们的专属特权，而是每个人都触手可及的行动。“互联网 +”使“大众创业、万众创新”有了更为现实的路径。

2018 年是改革开放 40 周年，在改革开放前半场，中国经济发展的人口红利体现在劳动力的充沛供给，而后半场则体现在知识、观念和行动都具有创新性的创意阶层的崛起。

第二节 文化创业热点及变迁

互联网不仅是科技工具，还是当代如水、电、天然气一样的基础设施，它也为文化生产提供了新兴的空间和应用情境。

互联网科技带来了文化供给侧生产流程、内容符号形态、传播送达等诸多变化，满足并激发了需求侧用户消费升级和新兴需求。这使得以文化创新为内核的互联网文化创业，成为创业的新风向。而基于新兴情境的文

---

① 卡伦．创业简史：塑造世界的开拓者［M］．王瑶，译．北京：中国人民大学出版社，2017.

化创业，又进一步推动了科技创新的应用和扩散。

在科技与资本的合力下，新闻门户、信息搜索、社会化媒体、算法推荐系统、直播、短视频等新物种轮番登场，源源不断地形成文化创业的风口和赛道，成为当代文化生产的新路径。

文化产业包括多个门类[①]，技术、社会和用户的变迁，对各个文化门类都提出了创新的需求。从内容创新的视角来看，文化创业可以分为三个阶段：

- 文化创业 1.0：体制外内容“补丁”。
- 文化创业 2.0：传统文化内容转型与升级。
- 文化创业 3.0：新兴文化内容生产。

文化创业 1.0 和 2.0 阶段，是文化“存量”领域的创新，即传统文化行业拥抱互联网，进行转型与升级的文化再创业；文化创业 3.0 阶段是文化“增量”领域的创新，即基于互联网的新兴文化创业。两大板块有接壤和碰撞，在一定时期内并行。

文化创新创业的三个阶段与四波创业浪潮有交叠、有联系，更能体现出文化产业的独特性。在这一过程中，文化新势力与旧巨头围绕市场份额、文化主导权等展开了抵抗-收编[②]的互动与交融。

一、文化创业1.0：体制外内容“补丁”

20 世纪 80 年代，中国社会进入改革开放时代，这带来了文化供给侧和需求侧的剧烈变化。原有的文化生产和供给无法满足文化需求，形成了不少空白点。整个需求侧处于书荒、电影荒、戏剧荒的文化饥渴状态。在改革开放后，港台小说、影视剧悄然在大街小巷的地摊、录像厅中流行开来。

---

① 2009 年，《文化产业振兴规划》将重点发展的文化产业分为九大门类，包括：文化创意、影视制作、出版发行、印刷复制、广告、演艺娱乐、文化会展、数字内容、动漫等。2012 年，《国家“十二五”时期文化发展改革规划纲要》将文化产业划分为传统文化产业和新兴文化产业。传统文化产业包括出版发行、影视制作、印刷、广告、演艺、娱乐、会展等，策略是“发展壮大”；新兴文化产业包括文化创意、数字出版、移动多媒体、动漫游戏等，策略是“加快发展”。

② 主流文化对亚文化一般会采取规训整合行动，这就是“收编”（incorporation）。主流文化对亚文化进行收编，通常有两种途径：一是以商品的方式，即通过资本和市场整合与利用；二是以意识形态的方法，即支配集团如警察、媒介、司法系统等对异常行为贴“标签”并予以重新界定，以此削弱亚文化的反叛性，将其收编为主流文化的一部分。

（一）体制内的“二次创业”

“文革”中遭到破坏的国有出版生产机构得到恢复，国有文化生产出现一轮数量增长。其中有代表性的是1981年创刊的《读者文摘》（现为《读者》）。杂志由刚刚恢复的甘肃人民出版社创办，总编辑曹克己指示编辑胡亚权、郑元绪办一本“博采中外，荟萃精华，启迪思想，开阔眼界”的文摘。杂志创刊号发行量3万册，1994年突破百万册，2003年突破800万册。以《读者》杂志为核心的读者传媒集团于2015年底IPO上市。“二次创业”增加了国有文化生产机构的供给能力，但并未改变国有生产者的“垄断”地位和市场“条块”分割的格局，文化供给侧与需求侧仍存在明显的错位。

在电影业，也发生了同样的故事。撑起中国电影工业脊梁的有八大国有电影厂：中影、上影、西影、珠影、八一、峨影、长影、潇湘。在1993年以前，国有影厂只管按电影局的计划创作生产，过审后的影片由中影公司按统一定价统购统销。价格与影片质量无关，票房与影厂无关。这种计划经济造成电影工业与市场和观众完全隔绝，失去了票房对电影制作的反馈作用，造成不少电影质量低下，成为纯粹的宣传品、残次品，造成供给侧与需求侧的脱节。

（二）非国有创业者从发行和分销开始进入文化生产领域

在国有出版发行机构的版图上，出现了“顾不上”的教辅图书和“看不上”的市场化大众图书这些薄弱点。非国有的书店、发行商迅速崛起，全国形成了长沙黄泥街、武汉武胜路、西安东六路、北京金台路四大书刊批发市场，成为新华书店渠道的“补丁”。

“二渠道”不断获得读者的认可，地位由地下浮出水面，逐渐获得与新华书店同等的文化市场准入权。罗锐韧在中国人民大学读书期间就创办了图书直销公司，2001年创立二十一世纪锦绣图书连锁，获得全国批发牌照。随着中国加入WTO，承诺开放书报刊分销市场，贝塔斯曼集团于2003年底收购了锦绣图书40%的股份，从而获得在华分销书报刊的资质。

与第二次创业浪潮相适应，随着市场经济的发展，民众的文化需求开始释放，原有的一大批知识分子开始创业，使创业质量、文化影响都大大提升，公司制、专业人士操盘的民营图书公司诞生。

1993年刘苏里创办万圣书园，1995年王炜创办风入松书店，2006年许知远、吴晓波等创办单向街书店，成为知识分子文化创业的缩影。这批书店聚集在北京海淀大学区，精选学术思想文化类书籍，这一方面解决了学术小众图书的销售难问题，另一方面促进了学术思想类图书的普及和再生产。

1993 年，中影统购统销影片政策被取消。1994 年，国家广播电影电视部发出《关于进一步深化电影行业机制改革的通知》（即 348 号文件），美国大片《亡命天涯》以分账模式进入中国，电影发行成为创新风口。

各地电影发行公司和影院的自主性大大提高，开始尝试组建院线、改造影院，为观众提供更好的观影体验，提升影片票房。1995 年，福建福州等几个城市的发行放映公司结成海峡院线；上海电影制片厂组建东方院线。2003 年，万达进军电影业，与美国华纳合作，依托万达广场商业地产，投资 1.2 亿元在天津、南宁、武汉、哈尔滨、大连等地建造万达电影城。2004 年获批成立北京万达电影院线股份有限公司。目前万达院线在国内拥有最多的 IMAX 银幕数和会员数，市场份额约占全国总票房的十分之一，成为全国最大的院线。在 2012 年斥资 31 亿美元收购北美第二大院线公司 AMC 后，万达院线成为全球最大的院线公司。万达院线 2015 年在深交所上市。

（三）非国有文化创业者成为文化生产力的一部分

社会主义市场经济体制的确立，使非国有文化资本摆脱灰色生存状态，获得市场准入。一批体制内的文化人离职创业，并摆脱文化个体户的状态，运作公司化、品牌化。在教育出版领域，语文老师任志鸿创办了志鸿教育①、语文老师张泉 1999 年创办了世纪金榜②，成为教辅领域的领跑者。在大众出版领域，2002 年今日中国出版社原副社长黄隽青创办博集天卷③；

---

① 该公司深耕教辅领域 20 多年，所打造出的以“志鸿优化”系列为核心品牌的教辅深度覆盖从小学到高中的全部学科。每年策划出版图书多达 3 000 余种，包括《优化设计》《十年高考》《教材快线》《智慧背囊》和《时文选粹》等品牌图书，能够满足各个年级的学生考试备考、日常教学同步、工具参考及教师的教研活动等多方面需求，不仅品类齐全，且结构搭配合理。2016 年的年报显示，世纪天鸿的当年的营业收入为 3.8 亿元，其中主营业务图书出版的收入占比为 89.62%，归属于挂牌公司股东的净利润为 3 131.9 万元，毛利率为 33.16%。

② 公司从最初不到 20 人发展到 2019 年的约 1 400 人，年策划图书 4 300 多种，年销售码洋超 25 亿元。

③ 北京博集天卷由黄隽青、刘洪、王勇于 2000 年设立，注册资本人民币 300 万元，主营图书策划、编辑及发行。北京博集天卷自成立以来策划并代理发行了许多品种，如《杜拉拉升职记》、《浮沉》、蔡骏《天机》系列、《一辈子做女孩》、《双生》、“梦幻旅游”系列、“塔罗牌”系列、“战争风云”系列、“逗你玩”系列。公司推出的经典图书产品，如林语堂系列作品、张恨水系列作品、王小波系列作品，以其独到装帧、典雅品位，成为市场上的当红版本。

2004 年，原为报社记者的沈浩波创办磨铁文化①。在专业出版领域，有龙之媒书店等进行广告图书的策划出版。

创业者提供的内容“补丁”受到了市场的欢迎，为原有的出版生产体制带来了体制外的创意力量和资金。当然，与一切体制外文化生产者相似，民营书商生产的内容“补丁”也存在着良莠不齐、社会责任缺失的问题。而能够生存下来、发展更好的都是大浪淘沙的结果。

与民营书商的路径相似，民营资本也从电影发行向电影制作拓展。民营书商向出版社买书号，民营电影公司也需要花上 5 万 ~ 50 万元不等的价格，买到国有影厂的厂标，使影片获得合法身份，在夹缝中创业。

电影是文化重工业，需要一流的艺人资源、设备和资金。

1982 年，刘燕铭创立海润影视，主攻言情、军警、谍战等题材的正能量电视剧。海润投资拍摄了《玉观音》等海岩作品，公司第一个签约艺人孙俪如今已成一线明星，也是海润第一大艺人股东。公司旗下还有郭涛、刘诗诗、赵丽颖等艺人股东。

1993 年，原广电部下发《关于当前深化电影行业机制改革的若干意见》(3 号文件)，打开了电影业对民营资本开放的窗口。1993 年经电影局审查通过的 151 部国产故事片中，“社会集资”影片就有 81 部，占 53.6%。由计划垄断到市场竞争，中国电影创业大幕徐徐拉开。

影视业对非国有资本的开放是在中国加入 WTO 之后。2002 年《电影管理条例》颁布，国家放宽对民营资本进入电影制作、发行的准入。2003 年 8 月和 2004 年 6 月，24 家实力雄厚的民营影视制作机构获发《电视剧制作许可证》(甲种)，与国有制作单位有了平等的市场身份。

在早期的拓荒者之后，新画面、光线传媒、华谊兄弟、华策影视等影视公司和灿星制作、世熙传媒等综艺公司成为影视生产的新势力。创业电影公司与导演的深度合作，开启了中国电影市场化的新征程。新画面与张艺谋、华谊兄弟与冯小刚，形成了资本、市场助力电影艺术创作的路径。

1997 年，曾经做航空食品生意的张伟平创立新画面影业，该公司只拍

---

①　2004 年创业，成为民营出版公司的翘楚。2008 年，沈浩波将公司的管理交给了职业经理人张凯峰——曾任职于惠普、海尔等公司，拥有丰富的大型企业综合运营管理经验。《诛仙》成功后，《明朝那些事儿》《盗墓笔记》都是如法炮制，一炮而红。磨铁畅销书的打造能力也赢得了众多作家的信任，当年明月、南派三叔等一批当红网络作家后来都与磨铁签署了长期合作协议。

摄第五代导演代表张艺谋的电影，成为电影界的“二张”黄金组合。公司制作的《英雄》(2002，票房2.5亿元)、《十面埋伏》(2004，票房1.56亿元)、《满城尽带黄金甲》(2006，票房2.9亿元)、《金陵十三钗》(2011，票房5.92亿元)、《长城》(2016，票房11.17亿元)等商业大片，以独特的中国故事、亮丽的大块色彩、大场面的调度带动了国产电影的好莱坞化。2002年上映的《英雄》可称得上中国电影的“封神”之作，故事以荆轲刺秦王为蓝本，展现了中国武侠的精神。影片票房2.5亿元，占到当年全国总票房的四分之一。《英雄》把观众拉回电影院，也让更多创业者看到了国产电影的市场潜力。

1998年，王中军、王中磊兄弟创办的华谊公司试水投资冯小刚的贺岁片《没完没了》。这之前，华谊以广告为主营业务，通过中国银行网点的VI升级订单，赚到了第一桶金。20年来，华谊出品电影超100部，票房累计超200亿元。冯小刚导演的《大腕》(2001，票房0.4亿元)、《手机》(2003，票房0.5亿元)、《集结号》(2007，票房2.1亿元)、《非诚勿扰1》(2008，票房2.6亿元)、《唐山大地震》(2010，票房6.5亿元)、《一九四二》(2012，票房3.7亿元)、《私人订制》(2013，票房7.13亿元)、《我不是潘金莲》(2016，票房4.83亿元)、《芳华》(2017，票房14.22亿元)等16部电影，票房超过40亿元，成为华谊电影的顶梁柱。为了留住冯小刚，华谊与冯小刚的关系不断升级，由高薪、股权捆绑到公司并购、对赌协议等，实现核心创意人员与公司业绩的绑定。华谊2009年在创业板上市，成为“民营电影第一股”。

在电视领域，复旦大学新闻系毕业生、北京电视台前记者王长田于1998年创立光线传媒（以下简称“光线”)。光线抓住了观众基数大、政策限制小的娱乐报道作为切入点，制作包括《娱乐现场》《音乐风云榜》《最佳现场》《影视风云榜》等栏目，日均制作节目时长四小时。更有创意的是，光线通过整合地方电视频道的碎片化时间，建立起覆盖全国620个电视频道的“电视联供网”，一方面解决了地方电视频道需求，填补了娱乐节目的缺口，另一方面使长尾的播出时间具备了宣发和广告的价值。2006年，光线业务向电影拓展，出品了《泰囧》(2012，票房12.7亿元）等爆款电影。2011年，光线在创业板上市，成为“民营电视第一股”。

自1995年至2017年国产电影票房冠军中，冯小刚导演的电影占了六部，为数最多，票房小计12.5亿；张艺谋导演的占了三部，票房小计11.3

亿。可以说，张艺谋、冯小刚在电影艺术方面的成就，既有导演个人艺术追求和风格化形成的原因，也离不开新画面、华谊兄弟等公司的支持和驱动。这也从一个方面印证了创业对于文化生产的激励机制。

如今，非国有文化资本已经成为文化供给的重要新势力，获得了合法的身份和良好的估值。良性发展的民营书商，有的被国有上市出版公司收购，如民营策划人路金波与“出版第一股”辽宁出版传媒组建合资公司万榕书业，黄隽青的博集天卷被“出版整体上市第一股”中南传媒收购，有的则实现 IPO 上市，如任志鸿的志鸿教育（2017，深圳创业板）、陈明俊的新经典（2017，上海）等。

影视创业公司已经成长为影视业的新锐力量，光线传媒、华策影视、华谊兄弟、慈文传媒[①]、唐人影视（1998）、完美世界在国内上市，博纳、星美等在海外上市，中国影视业的版图完成了重构，体现出内容“补丁”式创业的商业和文化价值。

二、文化创业2.0：传统文化内容的转型与升级

文化创业的“补丁”阶段，是在旧的生产版图上的薄弱点、空白点上进行补充，例如大众图书、商业电影等。其动力来自国有及非国有文化生产者在现有文化版图上的创意与进取。

而文化创业 2.0 阶段，重点是传统内容的数字化和网络化转型与升级，使旧内容抵达互联网新大陆，具备互联网内容产品的形态、功能和价值。

首先，几乎每种旧内容及其形态都主动或被动地面临着转型的压力，比如说图书报刊、影视用户群体的萎缩、流失、老化。原因是互联网将受众分流、“移民”到了网上，而网生代、Z 世代等网络“原住民”则天然习惯通过网络获取信息、内容和社交。

其次，几乎每种旧内容都明确了转型的目标与方向：从数字化升级为互联网化。互联网科技与文化创业找到了融合机会。

创业首先从文化产品电子商务领域展开，网上书店、电子书是这一阶段的创业热点。

1995 年，三十而立的美国人贝索斯借到 30 万美元，在租来的车库里创

---

① 1996 年马中骏创立潮涌东方公司，开始从事电视剧制作和发行，这也是慈文的前身。慈文在武侠动作剧类型上有领先优势。

立了亚马逊，用互联网卖书。基于“长尾理论”，亚马逊可以把所有已出版的图书、报刊、音像产品都搬到网上销售，这解决了实体书店货架、库存、销售周期有限与图书、阅读需求无限之间的矛盾。它不仅使所有生产商的出版物能够在线展示，更能连接读者阅读需求与图书产品。此后，音像、点卡等实体文化商品和电子书、游戏等虚拟文化商品都大量通过网络销售，形成互联网时代的文化商品在线交易模式。

类似的模式被引入中国，雷军创办了卓越网，2004 年以 7 500 万美元被亚马逊收购；李国庆、俞渝夫妇创办当当网，2010 年在美国纽交所上市①。

网上书店开启的文化电商模式，既解决了传统文化商品库存过大、退货率高的痛点，又用互联网重新连接了图书与读者，体现出创新带来的效率。

如果说网上书店只是对传统发行环节的信息化、网络化，那么亚马逊开拓的自助出版模式，则利用互联网对内容编辑出版的环节进行了重构。自助出版可以被视作出版业的 PGC（专业生产内容）+UGC（用户生产内容）模式，任何出版商或者个人都可以在亚马逊平台上出版自己的作品，并在 0.99~200 美元范围内自主定价。这种业态绕开了传统的出版商和书商环节，对传统的编辑—印刷—发行的商业模式形成了冲击。亚马逊成为互联网出版商的典范。

移动互联网的普及，进一步冲击了文化生产的产品形态和业态。在数字化网络化的过程中，书籍杂志的产品形态升级为电子书、数据库。这些新物种一方面保留了图书的系统性、完整性、可批注性等文本特征，又通过数字化、网络化、移动化，增加了电子书的保存、使用、分享、互动的新内容特征。2007 年，亚马逊推出电子书阅读器 Kindle，建立了在线数字阅读场景与入口，开始布局数字阅读商业模式。传统出版社纷纷押注电子书，辽宁出版集团有“掌上书房”，中国出版集团有“大佳”，上海世纪出版集团有“亦墨”。不过，众多出版社基因的电子书先是败给了半路出家的技术基因公司汉王电纸书，后被互联网基因公司亚马逊 Kindle 一统江湖。②

电影告别胶片，电视告别模拟信号，走向更大的画幅、更清晰的画质。高科技、沉浸感强的电影作品，如 3D 电影、IMAX 巨幕、电脑特效等，增

---

① 2016 年当当完成退市。

② 翁昌寿．阅读终端的变局与布局［J］．中国出版，2011（13）．

强了电影的造梦功能和艺术震撼力。另外，为适应移动、小屏观看和网络传播，衍生出微电影、网络大电影，它们不但保留了电影的画质、叙事、故事性特征，而且通过体量减法生产微内容。电视移动化、视频化，诞生出直播、短视频等产品形态。

音乐数字化，即离开磁带、CD 等物理载体，使得单曲、小众音乐作品更为丰富多彩，“洗脑”的“神曲”层出不穷。几大唱片公司的行业垄断地位被苹果 iTune 洗牌。

游戏由单机走向在线网络游戏、手机游戏，游戏门槛降低，游戏种类更为细分，适用碎片化时间的游戏成为新热点，如《愤怒的小鸟》《王者荣耀》以及社交游戏《打飞机》《跳一跳》等，既适应了移动端游戏的场景，又使网游拥有了大批非重度玩家。

新闻业的转型和升级不能略过新浪、网易、搜狐这“网络创业三剑客”。王志东 1998 年创立的新浪，是最早、最成功的中文门户网站。虽然有了网站这一新载体，但初始时的内容仍然以“搬运”传统媒体的内容为主，与电子书仅仅是将传统书籍数字化的思路如出一辙。这就使得新媒介-旧内容的过渡阶段迅速结束，新媒介-新文化的范式得以确立，新兴文化内容的生产成为迫切问题。

2018 年 8 月，苹果公司市值超过万亿美元，全球排名第一，与其说苹果是一家电脑硬件公司，不如说它是一家通过硬件构建互联网文化生态的公司，它深刻影响了当今文化消费和文化格局。亚马逊也由一家车库创业公司，成长为全球领先的电子商务平台，2018 年 9 月其市值一度突破万亿美元，仅次于苹果公司。这些巨头并不止步于出版、音乐或者娱乐等文化局部领域，其影响和冲击是全局性的、颠覆性的，它们通过互联网和移动互联网展开破坏性创新，建立起全新的文化生产格局和传播秩序。

三、文化创业3.0：新兴文化内容生产

正如麦克卢汉的经典思想“媒介即信息”所表达的那样，新技术带来的文化生产新平台必然会重新定义文化，赋予文化以新的尺度，从而培育出具有网络特质的新兴文化。网生内容及其背后的新兴文化生产方式，成为 3.0 阶段的主要标志。

（一）网生内容独立崛起

如果说在 2.0 阶段，新兴内容还处于试水期，产出的内容为点状、个体

式。那么，3.0 阶段的标志，就是内容新物种独立崛起，形成网生内容新大陆。

截至 2019 年 6 月，我国网民规模达 8.54 亿，互联网普及率为 61.2%，其中手机网民数 8.47 亿，占 99.1%；人均周上网时长 27.9 小时。这表明，近六成国民接入了互联网，并可以随时随地在线。大量的文化娱乐新场景都迁移到互联网，新兴的网生内容与传统内容的分野更为明晰。

网生内容指网络原创、首发的网络文学、网络影视综艺、微博、微信公号以及弹幕、直播、暴漫、表情包、嘻哈、吐槽等内容，这些内容表征了新兴文化、网络文化、青年文化等亚文化的强势兴起。

与传统文化内容相对，网生内容的核心是网生代文化，其构成是“互联网 + 青年亚文化”。满足青年需求的青年亚文化借助网络文化产业的赋权，影响力日益增加，甚至在青年群体及网络空间获得了“霸权”地位。当前，“宅腐基萌”文化、二次元文化等，已经成为网络文学、网络影视、网络演艺等网生内容产业的核心文化资源，并以此构建起竞争力。

网生内容在商业上成为文化投资和消费热点，在文化及意识形态上对主流文化形成了抵抗与挑战的态势，成为新时代传承传播文化、坚持文化自信、构建文化共同体所无法回避的新常态。

20 世纪末出现的网络文学是最早的网生内容形态之一。虽然沿用了文学的名称，但从符号、故事内核、观念来看，其独立性、新兴性不容置疑。它以文学的形式包裹网络亚文化，体现出网民群体文化需求的独特性。

网络小说开篇之作——痞子蔡的《第一次的亲密接触》，赋予网恋以审美价值，小说女主“轻舞飞扬”一时成为网民的理想女友符号。80 后顾漫创作的网络文学作品《微微一笑很倾城》，以网络游戏作为故事发生的场景，主人公也是网络游戏创业者、玩家。如今，互联网恋爱已成为网生代主流的爱情社交模式，自然也成为创业热点：百合网、世纪佳缘等将传统的红娘功能互联网化为社交择偶平台，陌陌等专注陌生人交友的 App 层出不穷。除了网恋，二次元、宅、腐、基、萌等文化也成为网络文学书写的题材和主题。

不仅内容和主题是网络化的，网络文学也丰富了文学体裁。网络文学细分出了“穿越”“修仙”“疼痛”“玛丽苏”等类型，与网生代的阅读口味精准对接。网络文学的文本更为通俗，并大量使用网络语言。它通过连载的方式更新写作和发表，与读者的互动更强，形成了供给与消费两端的交互。起点中文、中文在线等公司，正是得益于深耕新兴的网生内容，获得了创业的成功。

与互联网相匹配的网络电视剧（以下简称“网剧”）、网络大电影（以下简称“网大”）、网络综艺节目（以下简称“网综”），背后是一批专注网生内容的影视娱乐创业公司。具有代表性的厂牌有 BAT 旗下的爱奇艺、优酷、腾讯视频，也有米未传媒、五元文化、闲工夫文化等新创公司。

米未传媒由央视前主持人马东创立于 2015 年，专注网生视频内容的生产，其出品的《奇葩说》《饭局的诱惑》《拜拜啦肉肉》等都成为现象级网综。《奇葩说》第一季以 2.6 亿播放量收官，豆瓣评分 9.1，至 2018 年已播出第五季，创造出一个极富价值的网生内容 IP。节目中的金句、话题则成为网生代的流行语和社交话题。

五元文化成立于 2015 年，由导演五百和记者马李灵珊创立，获经纬中国天使投资。公司主打悬疑类型，制作的刑侦悬疑网剧《白夜追凶》豆瓣评分 9.0，成为 2017 年度现象级网剧。五元文化发起弧光联盟，为影视行业人才提供资源、团队、营销、资金等全产业链服务，《白夜追凶》从导演、摄影、灯光，到武术、音乐、预告片全由弧光联盟成员完成。

这些以网生影视内容为主打的创业公司，受到行业和资本市场的重视。

米未传媒创立之初，就获得李开复创新工场领投、娱乐工场跟投的 Pre-A 轮融资。2016 年 2 月，又获得基石资本的 A 轮投资，估值 20 亿元。

五元文化迄今完成 B 轮融资，投资方为基石资本、芒果文创等，投资额为数亿元水平。

2013 年成立的闲工夫文化传媒，以陈国富导演为核心，制作口碑与点击量双高的网剧《河神》。2017 年首次融资，腾讯持股 15%，A 股上市公司天神娱乐等入股，估值 18 亿元。

网生内容的价值也引起了影视巨头的重视。华谊兄弟在影视内容领域投资了新圣堂影业、专做网大的七娱乐、《鬼吹灯》作者天下霸唱参股的向上影业，布局网生影视内容生产。

新圣堂影业由青年导演田羽生创立于 2015 年，手握“前任”IP，制作的《前任攻略》票房过亿元，《前任 2：备胎反击战》票房 2.5 亿元，《前任 3：再见前任》票房 19 亿元，深得年轻人喜爱。七娱乐由 80 后张斯斯和导演焦洋创立于 2014 年。出品的《道士出山》以不到 30 万元成本，博得 1 500 万元票房。《山炮进城》系列和《超能太监》系列也单片票房超千万，

《山炮进城 2》是首部票房超 2 000 万元的网大。

一些基于泛娱乐产业链布局影视的文化公司，也把后发制人的突破口放到网剧上。博集天卷影业制作的《法医秦明》、共和联动影业制作的《心理罪》系列，都是将手中的网络小说 IP 改编制作成网剧，进一步推动了网生内容的再生产和 IP 化。

服务于网络影视剧的宣发公司也纷纷创立，如壹酷文化、火星文化、淘梦网等。

淘梦网原是做众筹的平台，成立于 2012 年。从澳大利亚回国的阴超在中关村创业大街看到了淘梦网路演，成为创业合伙人，出任 CEO。淘梦网聚焦于网络电影、微电影等网生内容的垂直众筹平台，之后拓展为网络电影和网络剧的策划、出品、宣传、发行。淘梦网目前完成了三轮融资，融资总额 8 600 万元，投资方包括娱乐工厂、游族网络、厚德前海基金，公司估值 5. 2 亿元。

网络直播同样是全新的网生内容创业形态。尽管叫直播，但与电视直播已经完全字同意不同。

PC 端的网络直播以虚拟在场的方式，移植了传统演艺娱乐的歌舞才艺表演秀。北京大学毕业生刘岩 2006 年创立的六间房、中国人民大学毕业生李学凌 2008 年创立的 YY 语音等都是这一风口的创业公司。

4G 时代流量提速降价，使随时直播和观看直播成为新的文娱消费习惯；而移动终端的无处不在，使泛生活内容强势崛起，“吃播”“吸猫”“发呆”和颜值等碎片化、娱乐化、场景化的生活内容都成为直播的看点。花椒、熊猫 TV、映客等风行一时。“你丑你先睡，我美我直播”，这句由映客叫响的广告语，成为直播间主播群体的宣言。在“千播大战”的直播平台上，一批主播成为网红，坐拥千万粉丝，成为“万众创业”大潮的最新浪花。

而直播前浪未退，短视频又形成拍岸后浪，快手、抖音等异军突起，成为新的文化创业符号。

（二）重构新兴文化生产方式

网生内容的崛起，使创意创作由精英走向大众，内容生产机制和平台也需要创新再造。

文化生产是一个创意密集型行业，需要创作者具备知识盈余和文化天赋。互联网使网络文学、短视频、直播、音乐、漫画等门槛降低，掀起以 UGC 为显著特征的文艺复兴。

适应 UGC 网生内容生产的平台成为新的内容生产组织形态。图片分享网站 Flickr、YouTube 等就是这类新平台的先行者。

2004 年，被 Flickr 模式吸引的王微创办了视频播客网站土豆网，喊出“每个人都是生活的导演”。[①] 2006 年，搜狐前首席运营官（COO）古永锵[②]创立优酷。两个网站都主打 UGC 短视频，推动了 PC 时代网生短视频的大生产。2012 年，土豆网与优酷网通过近 10 亿美元的股票交易进行了合并。2016 年，优酷土豆完成私有化，成为阿里巴巴全资子公司。

美国亚马逊和苹果公司的“终端 + 在线内容商店”的模式，在销售移动终端硬件的同时，把终端与内容分发绑定，通过内容增值服务使硬件用户成为内容用户。在线内容商店既定义了互联网内容分发渠道的新形态，也确立了“平台 + UGC”的内容生产组织形式。不同于传统的“公司 + 雇员”的内容生产组织形式，平台内容生产者不是平台雇员，平台也并非向生产者购买版权。平台是互联网时代内容生产和消费的新形态。

网络文学平台、在线视频直播平台都是“平台 + UGC”的内容生产业态。在线视频直播，包括在线演艺、在线教育、游戏直播、美女主播直播等，迅速成长为移动互联网上的新兴文化消费热点。在线视频直播平台上的生产者是主播，除了自娱自乐之外，主播群体中不断孵化出“网红”：她们在镜头前直播化妆、吃饭、逛街，一举一动都有粉丝观看，她们与粉丝互动，接受粉丝的虚拟礼物，从而获得不菲的收入。而诸多在线直播服务为用户提供了新的场景和服务：无聊时，用碎片化时间看直播，听自己关注的主播唱歌，看主播跳舞，或者看主播的真实生活；给自己所关注的主播送虚拟的鲜花、掌声、跑车，让自己仿佛置身一掷千金的夜总会；随时随地将自己的生活与网友直播分享，这让自己有可能成为被关注的中心；个人与企业通过直播营销传播。在线直播作为一种 UGC 生产模式，以实时互动营造了新的内容、新的社交。

通过构建“创意平台 + 创意者”的模式，公司将创意筛选、运营、交易等能够标准化的环节聚合成创意传播平台，而把难以进行标准化、批量

---

① 王微宣布退休后，2013 年 3 月开始新的内容创业，成立追光动画电影工作室，志在做“中国的皮克斯”。

② 毕业于美国加州大学伯克利分校、斯坦福大学。1994 年任风险投资公司富国集团副总裁，1999 年起任搜狐高级副总裁兼首席财务官（CFO），2004 年起任总裁兼首席运营官。2005 年创办合一网络，2006 年推出优酷网。

复制的创意交由大量的创意者在平台上生产、呈现。在当前内容创业的风潮中，苹果公司的 App Store、微信推出的公众号、今日头条推出的头条号遵循的都是这一路径。

这种创意管理机制符合创意规律，但又与传统创意管理机制有所不同。首先，这一模式不同于公司制，创意生产者并不是创意平台公司的雇员，他们不是出于谋生，而是出于兴趣或者知识盈余进行创意；其次，这一模式不像传统机制那样，将重点放在 20% 的创意群体头部，而是放在 80% 的创意群体长尾，是互联网思维下创意管理的新机制。

平台、生态式的文化创业公司成为文化创业的土壤，独角兽公司不断成长。独角兽指创办时间少于 10 年、估值在 10 亿美元以上的科技公司；估值在 100 亿美元以上的为超级独角兽公司。[①]

根据科技部《2017 年中国独角兽企业发展报告》的统计，中国估值最高的文化类独角兽公司是今日头条（字节跳动），它以智能信息推荐为核心服务，在媒体编辑分发、社交媒体分发之外构建了计算机算法分发新闻的路径，创新了新闻信息生产、传播业态，改写了互联网媒体的市场格局。公司创立五年估值达到 200 亿美元，成为中国排名第七的独角兽公司（如表 1－1 所示）。

视频赛道是独角兽乐土。爱奇艺创立八年来估值 45.9 亿美元。提供正版长视频服务，成为网大、网剧、网综等 PGC 网生视频内容平台。一下科技、快手则成长于移动短视频、直播风口。两者都于 2010 年创立，估值也均为 30 亿美元水平。

猫眼电影提供在线票务，其业务基础是大银幕电影票务电商。而互联网交易大数据的沉淀和开掘，使其拥有了观影大数据这一网生内容，从而实现了增值。公司创立六年估值 32 亿美元。

表 1－1　　中国文化类独角兽公司

公司	领域	成立时间	估值（美元）
今日头条	智能新闻推荐	2012 年	200 亿
爱奇艺	正版长视频	2009 年	45.9 亿

① 美国 Cowboy Venture 风投机构合伙人艾琳·李（Aileen Lee）于 2013 年 11 月在《欢迎加入独角兽俱乐部：从十亿级别公司身上学习创业》中首次提出了独角兽、超级独角兽的概念。

续前表

公司	领域	成立时间	估值（美元）
猫眼电影	在线票务	2011 年	32 亿
一下科技	直播短视频	2010 年	30 亿
快手	短视频	2010 年	30 亿

BAT 等互联网巨头则通过资本运营，以并购策略布局网生文化领域，积极介入网生内容赛道，或者展开内部创业孵化，把握网生文化内容转型的窗口期。在视频赛道，百度收购了爱奇艺、PPS；腾讯入股快手，组建微视；阿里巴巴入股华谊兄弟、光线传媒、华数传媒、博纳影业等，收购文化中国、优酷土豆等。在网络文学赛道，腾讯收购盛大文学，组建阅文集团，并在港交所上市。

互联网巨头进入文化内容领域，不仅带来了自媒体、算法、人工智能方面的互联网优势技术，更带来了互联网思维，对文化生产创新产生了深刻的影响。

第三节　文化创业者

创业需要制度文化、环境文化、符号文化等外因作为催化剂，但最离不开的是内因：创业者。创业者是第一个吃螃蟹的人，是摸着石头过河的人，文化创业发生、发展的潮流，正是一批批创业者中流击水的结果。

美国学者理查德·佛罗里达观察到，美国社会阶层构成发生了重大变化：除了劳工阶层（working class）和服务阶层（service class）外，新兴的创意阶层（creative class）悄然崛起。创意阶层包括科学家、大学教授、诗人、小说家、艺术家、演员、设计师、建筑师、编辑、文化人士、咨询公司研究人员、对社会舆论具有影响力的人士等“高创造力核心群体”（super creative core），还有高科技、金融、法律等各种知识密集型行业的从业人员等“创造性职业从业人员（creative professionals）”。[①]

文化创业有其特殊性，其对创业者自身的文化修养、文化资源、文化敏感度要求高。在现实语境下，我们可以从两个维度来观察创业者：一是

---

① FLORIDA R. The rise of the creative class [M]. New York: Basic Books, 2002: 67 - 72.

文化创业者的体制特点；二是创业者的世代特点。

一、离开体制的文化创业者

中国的创意阶层，以往主要聚集在国有文化事业单位。文化的事业属性，使记者、主持人、编辑、出版人等高创造力核心群体，需要在有资质的国有文化传媒工作，对单位和体制的身份依附性较高，人才流动性、竞争性、创造力受限。

制度创新与科技创新的合力，使国有文化单位开始文化体制改革，通过转企、改制、股份、上市的路径激发市场主体的竞争力。一大批文创者脱离原有的单位或体制，转换体制和技术平台，实现更大的自我价值。央视、南方报系、网易等，都曾集中出现了辞职转型的现象或创业潮。作为中国传媒的风向标之一，中央电视台一批知名主播、记者出现在辞职创业名单上，罗振宇、马东、王利芬、王凯是文化内容创业的代表。跳槽可以视作个人选择，而当其形成一股由传统媒体向互联网媒体的跳槽的潮流时，我们就不能不看到现象背后的大时代。

离开体制创业，其路径主要有以下几类。

（一）转换生产平台，获得更大的职业发展空间

改革开放带来的政治、经济、文化、社会发展，使一大批体制内的文化工作者获得了自由选择权，互联网文化创业公司的出现，为媒体人转换内容生产平台提供了现实可能性。

“南方系”曾经是中国新闻业的理想和荣耀之地，《南方周末》《南风窗》资深记者陈菊红加入腾讯网任总编辑；曾在《南方周末》《中国新闻周刊》任职的吴晨光加入搜狐网任总编辑，之后加盟一点资讯任副总裁和总编辑；《南方都市报》原总经理陈朝华加盟搜狐，出任搜狐副总裁及总编辑。从纸媒到互联网媒体，他们转换到了制度新、技术新的内容新平台。

（二）探索内容升级，生产网生内容

这些记者出身的内容生产者，掌握了优质内容生产的经验和标准。从平媒、传统媒体迁移到互联网媒体，实现了内容生产平台的转换。而互联网维度的加入，使他们能够有效地弥补内容生产痛点，产出高质量的网生内容。

2012 年，28 岁的《21 世纪经济报道》驻纽约记者吴晓鹏辞职，全职打

理个人博客“华尔街见闻”。在做纸媒记者时，他深感由于时差关系，美国重大的投资信息无法及时在纸媒上报道的痛点。“华尔街见闻”提供专业的美国金融信息和商业资讯，目标是做“中国的彭博社”。2016 年吴晓鹏获得黎瑞刚华人文化产业投资基金（简称华人文化）1 亿元人民币的投资，公司估值约为 1 亿美元。

《南方都市报》记者马凌变身为公众号上的“咪蒙”，通过持续制造阅读量超百万的爆款文章，成为名利双收的女性意见领袖。① 马凌以产品思维制造爆款，其方法论是将内容生产从偶然灵感转化为可操作的生产流程，每篇文章经历如下生产环节：50 个选题、四级采访、5H 互动式写作、100 个标题、5 000 人投票和 1 万字的数据分析报告。每个环节都有详细的要求，如采访环节要完成群访、细分人群采访、个案采访、顶尖专家顾问采访这四级。

北京电视台原策划人王长田，辞职后创办光线传媒，成为“民营电视第一股”。中国教育电视台、北京电视台原记者刘熙晨在 2004 年创办世熙传媒，由电视综艺节目模式引进起步，进而原创节目模式、制作综艺节目。《我们穿越吧》《音乐大师课》《信中国》都有口皆碑。他们通过创业，为电视创意和制作寻找到了更市场化、更灵活的体制和机制。

有意思的是，不少新媒体公司在发展壮大过程中，开始注重内容价值、防控内容风险，纷纷设立首席内容官（CCO）一职。2013 年，45 岁的央视原主持人、导演马东出任爱奇艺首席内容官。2014 年底他策划推出“把全国大喷子聚在一起辩论”的《奇葩说》，第一季播放量达到 2. 6 亿，成为现象级网生内容，并创下 5 000 万元冠名费纪录。2015 年的《奇葩说》第二季引来几十家广告商，招商金额突破亿元。试水网生内容的一炮而红使马东团队找到了创业的支点。2014 年，46 岁的央视体育节目原主持人刘建宏出任乐视体育首席内容官。

（三）搭乘创业风口，尝试内容产品的新形态和新业态

罗振宇于 2012 年在微信公众号上开办视频脱口秀节目《罗辑思维》，以个性的知识视角和表达形式，收获了大量粉丝。在此基础上，罗振宇以付费会员、电商的模式变现。之后更创办了知识付费平台“得到”，为更多

---

① 2019 年 1 月，“咪蒙”旗下微信公众号“才华有限青年”发布《一个出身寒门的状元之死》，因出现失实、杜撰等情形，导致“咪蒙”及旗下多个账号被注销。

知识和内容创业者提供平台。

2015 年 9 月，马东带领《奇葩说》团队创立米未传媒，成为网生内容生产的新势力。米未在成立之初就完成了 Pre-A 轮融资，由创新工场领投、娱乐工场跟投；2016 年 2 月，米未完成 A 轮融资，估值达到 20 亿元。

CCTV-2《财富故事会》《第一时间》原主持人王凯，2014 年正式创办自媒体“凯叔讲故事”，开始“问心而生，随性而活”的创业。该自媒体讲述内容包括故事、名著、古诗词等，运营两年时间，收入突破两个亿。公司进行了四次融资，融资额约 3 亿元，投资方包括黑马基金、分享投资、新东方、挚信资本、浙数文化、微影资本、正心谷创投、上海坤言等，投后公司估值 16 亿元。

与电视记者、主持人辞职创业相比，“南方系”的创业体现出纸媒的特色和优势。

2012 年，35 岁的网易副总编方三文辞职创办“雪球财经”（以下简称“雪球”）。此前他已经历了《南方周末》《21 世纪经济报道》《南方都市报》等纸媒工作，对传统媒体的内容生产瓶颈体会颇深。雪球是一个投资者社交社区，它突破了传统财经媒体内容生产的局限，把由记者、分析师生产的财经报道、投资策略等内容交给了网络达人。雪球注册用户超过 600 万人，日活用户（DAU）100 万人，每天内容生产能力达到 30 万条，远远超出国内财经媒体每天生产 2 000 条内容的效率。雪球用户创建的投资策略组合超过 80 万个，用户可以从“最稳业绩”“最抗风险”“最佳择时”“最佳选股”“最高收益”等维度来选择适合的投资策略组合。方三文还通过雪球募集了私募产品——雷石价值基金，做起了基金管理人。这些都大大拓展了财经媒体的价值创造边界。雪球已完成 D 轮融资，风险投资方包括薛蛮子[①]、晨兴资本、红杉资本、蚂蚁金服，公司估值 4 亿 ~5 亿美元。

2016 年，《东方早报》前社长、澎湃 CEO 邱兵，在澎湃任职两年后，辞职创造了资讯短视频“梨视频”。邱兵创业之初获得黎瑞刚的华人文化注资 5 亿元的创业资金。外卖小哥为赶时间自己动手在饭店后厨炒菜，这条视频代表了梨视频的定位。2018 年，梨视频获得腾讯领投、百度等跟投的 A

① 薛蛮子是天使投资人，投资涉及蔡文胜的 265 网站、李想的汽车之家、方三文的雪球财经、申磊的师兄帮帮忙、余佳文的超级课程表等创业项目。

轮投资，金额6.17亿元。

2014年，40多岁的《外滩画报》前总编辑徐沪生创办“一条”，每天推出一条优质原创视频，在信息爆炸时代做精品推荐。确立品牌后，一条从内容延展到电商，服务新中产阶层的需求。

《智族GQ》副主编张伟于2015年开办公众号“新世相”，主打用户的上升焦虑和孤独焦虑等情绪体验。这家以原创内容为核心竞争力的公司，通过创意营销，制造出“逃离北上广”“丢书大作战”“第一批90后已经出家了”等热点话题，并推出“新世相读书会”，以“每天听本书”“浓缩书”“精品课”等干货内容跨入知识付费赛道。2017年，新世相营收过亿，截至2018年2月，完成了B轮融资，投资方包括真格基金、腾讯、华人文化、昆仑万维等等。

（四）针对创业者提供创业服务和辅导

曾供职于《文汇报》《东方早报》的徐达内，创立新媒体排行榜“新榜”，专注新媒体第三方数据采集监测服务，力图成为新媒体领域的福布斯。新榜创业不久即获得魏武挥天奇阿米巴基金2 020万元的投资，估值达2.02亿元。2016年起，新榜召开一年一度的“内容创业者之春”大会，成为自媒体内容创业服务平台。

2008年，42岁的《中国企业家》杂志总编辑牛文文离职创办《创业家》杂志，将关注点由柳传志等企业家转向创业者，从“追星族”变成“星探”。2012年牛文文开发线上创业服务平台“创业黑马”，开始脱媒之路，逐渐发展成为集创业培训、融资、推广、合作、社交等为一体的O2O创业孵化加速器。公司招股书数据显示，2014年至2016年的三年间，为上万名创业者提供培训，近70位学员的项目或公司实现上市，仅黑马成长营学员融资就达到219亿元。2016年，创业黑马在创业板挂牌上市，成为国内第一家创业服务领域的上市公司，牛文文持股40.37%，身家超过4亿元。

2005年，从美国访学归来的央视《对话》《经济信息联播》原制片人王利芬，策划了中国版《学徒》——《赢在中国》，马云、史玉柱、柳传志等商界大佬都出任创业导师，成为中国最有影响力的创业真人秀。2010年，节目播出三季后，王利芬开始创业，项目是为中小创业企业服务的优米网。优米网较早地开始尝试知识付费，而新版的《赢在中国·蓝天碧水间》也尝试收费服务。

（五）拥抱移动互联网时代，跨界创业

以信息门户为代表的 Web1.0 时代创业项目在移动互联网时代也成为“旧媒体”，网易多位高管辞职开展移动互联网创业，很多人的创业领域分布更为广泛，不再局限于资讯、新闻。

网易新闻中心总监张锐于 2011 年创立春雨掌上医生①，做移动医疗互联网。

网易前总编唐岩于 2011 年创办陌陌，主攻陌生人社交，三年后在美国上市。

曾任网易总编辑、《中国青年报》记者的李学凌于 2008 年推出 YY 语音，成就欢聚时代大业，四年后在美国纽交所上市。

曾经任职网易 UGC 中心总监、新媒体中心总监的龙志，创业项目是专属胖女孩穿搭和瘦身的社群“凹凸曼”。

与网易系创业者相似的还有生于 1982 年的胡玮炜，在浙江大学城市学院新闻系学习，毕业后到《每日经济新闻》《新京报》从事汽车报道。她针对绿色、健康的新生活方式，2015 年创办摩拜共享单车。2018 年被美团以 27 亿美元收购。

他们都勇敢地抛弃了原有单位的稳定感和“小确幸”，成为改变社会的创业者。

这些创业神话就发生在每个人的身边，发生在当下，并且不断被复制，与每个人只隔着一个屏幕的距离。

二、60 后、70 后、80 后、90 后创业者

第三次创业浪潮，奠定了当下中国互联网工业的基础格局：门户和 BATJ，其中的创业者多为 60 后、70 后。移动互联网时代，80 后创业者登上舞台中央，TMD 脱颖而出（如表 1－2 所示）。90 后创业者则随着“网生代”成为社会主流人群，为创业注入新鲜血液。

（一）60、70 后创业者

门户网站的“创业三剑客”，在创业时的年龄在 30 岁左右。张朝阳生于 1964 年，毕业于清华大学，34 岁创办搜狐公司（1998 年）；王志东生于

① 张锐于 2016 年 10 月 6 日因心肌梗死去世。

1967 年，毕业于北京大学，31 岁创办新浪网（1998 年）；丁磊生于 1971 年，毕业于电子科技大学，1997 年创办网易时 25 岁，属三剑客中最年轻的。推出新浪微博的曹国伟是 1965 年生人，他 44 岁时主导推出新浪微博(2009 年)，并使新浪微博迅速成为风靡全国的移动社会化媒体产品，形成了“围观中国”的社会现象。2014 年新浪微博在纳斯达克上市。

BAT 构成了当下中国互联网的地基。马云与张朝阳同岁，毕业于原杭州师范学院，创立阿立巴巴时 35 岁（1999 年)。李彦宏生于 1968 年，毕业于北京大学，创立百度时 31 岁（1999 年)。马化腾与丁磊同岁，毕业于深圳大学，创立腾讯时 27 岁（1998 年)。2011 年，腾讯的卓越产品微信发布，项目由生于 1969 年的张小龙主导，当年 42 岁。

另一家自营电商京东的创始人刘强东生于 1974 年，毕业于中国人民大学，24 岁创办京东（1998 年)，并使其成为中国最大的自营式电商公司。

当然，不少人其实都经历了多次创业。如王志东，在新浪创业之前，就已经创立了四通利方；马云在阿里巴巴之前就创立了翻译社。上述年龄只是他们最成功的创业开启时的数字。

60 后、70 后这批创业者，都受过良好的大学教育，张朝阳、李彦宏还曾留学美国，一个在麻省，一个在布法罗；除马云和刘强东外，多数创业者都具有计算机方面的专业背景，这与创业有较强的相关性。

（二）80 后创业者

从互联网到移动互联网，80 后站上了创业舞台的“C 位”。80 后创业主要面临的挑战是，如何在 BATJ 已经圈定的互联网势力版图上，找到自己的位置。

1. 80 后创业者寻找新赛道，打造出一批新晋独角兽企业

80 后创业者在 BATJ 之外构筑起互联网的新头部阵营 TMD——今日头条、美团、滴滴。

今日头条的创始人张一鸣生于 1983 年，毕业于南开大学，29 岁创办字节跳动公司，2014 年开发出“今日头条”新闻客户端，通过算法取代编辑，为用户智能推荐个性化新闻。截至 2019 年上半年，字节跳动旗下的今日头条、抖音、西瓜视频等产品，MAU 数超过 15 万，DAU 总数已突破 7 亿。张一鸣也属多次创业者，前后创业过五次，涉足领域包括协同办公软件、抢票软件、全旅游搜索引擎、垂直房产搜索引擎“九九房”。

与张一鸣同岁的程维，毕业于北京化工大学，2012 年创办滴滴打车时

也是29岁，滴滴成为O2O模式的代表，也是分享经济的代表性落地应用。

美团创始人王兴生于1979年，毕业于清华大学。24岁开始创业，先后创办校内网（2003年）、饭否网（2007年），31岁创办美团网（2010年）。经过C轮融资，美团估值达到300亿美元，在香港IPO上市。

2. 80后创业者向细分市场深耕创业机会

在线教育、无人机、手游、直播等垂直细分市场都有80后的创业。

生于1980年的张邦鑫创办了专做家教辅导的学而思（好未来）。目前已覆盖全国37个城市，线下学生接近400万人，线上注册用户累计超过3 500万人。公司于2010年在美国纽交所挂牌交易，其个人财富达到400亿。

大疆创新科技有限公司创始人汪滔生于1980年，26岁在深圳开始创业，用七年做成无人机产业的全球第一。无人机应用广泛，其消费级应用也日渐普及。无人机摄影，改变了人们观看和记录世界的视角。正如手机前置摄像头的出现，使自拍、图片社交兴起，无人机摄影同样为网生内容提供了创新的玩法。

1981年出生的林奇，于2009年创办游族网络，专注移动互联网场景下的手游。游族网络推出《女神联盟》《少年三国志》《少年西游记》等精品游戏，整合覆盖75亿移动设备的Mob大数据平台，构建覆盖190多个国家和地区的全球发行体系，发展为国内领先的互动娱乐供应商，并登陆A股主板。2014年林奇成立游族影业，确立“影游联动”模式，将《三体》打造为首个中国科幻大IP。

2014年，29岁的陈少杰，将AcFun（A站）旗下的“生放送直播”更名为“斗鱼TV”，以游戏直播起家，成为直播界的巨鲸。在获得奥飞动漫、红杉资本、腾讯等的四轮风险投资后，斗鱼估值超过100亿元。

3. 个性化的新内容是80后创业者的创业热点

生于1987年的北京电影学院在校研究生姜逸磊，自制吐槽短视频，在网络吐槽文化氛围中，成为网红papi酱。papi酱的短视频最初发表在60后曹国伟创始的新浪微博平台上。这种“前人栽树，后人乘凉”的生态，也表明了互联网平台搭建完成之后，网络文化内容的生产成为迫切需要。

可以看到，80后创业群体在70后互联网文化创业的基础之上，开始深入各个文化细分领域，做更深入的创业。而面向移动互联网应用的创业，成为80后创业的核心场景。

表 1-2　60 后、70 后、80 后创业概览

<table>
<tr><th>创业者</th><th>出生年份</th><th>教育</th><th>创业年龄</th><th>创业时间</th></tr>
<tr><td>丁　磊</td><td>1971</td><td>电子科技大学</td><td>25 岁创办网易</td><td>1997</td></tr>
<tr><td>张朝阳</td><td>1964</td><td>清华大学、麻省理工学院</td><td>34 岁创办搜狐</td><td rowspan="4">1998</td></tr>
<tr><td>王志东</td><td>1967</td><td>北京大学</td><td>31 岁创办新浪</td></tr>
<tr><td>马化腾</td><td>1971</td><td>深圳大学</td><td>27 岁创立腾讯</td></tr>
<tr><td>刘强东</td><td>1974</td><td>中国人民大学</td><td>24 岁创办京东</td></tr>
<tr><td>马　云</td><td>1964</td><td>原杭州师范学院</td><td>35 岁创立阿里巴巴</td><td rowspan="2">1999</td></tr>
<tr><td>李彦宏</td><td>1968</td><td>北京大学、纽约州立大学布法罗分校</td><td>31 岁创立百度</td></tr>
<tr><td>曹国伟</td><td>1965</td><td>复旦大学</td><td>44 岁推出新浪微博</td><td>2009</td></tr>
<tr><td>王　兴</td><td>1979</td><td>清华大学</td><td>24 岁开始创业，先后创办校内网（2003 年）、饭否网（2007 年），31 岁创办美团网</td><td>2010</td></tr>
<tr><td>张小龙</td><td>1969</td><td>华中科技大学</td><td>开发 Foxmail，42 岁开发微信</td><td>2011</td></tr>
<tr><td>张一鸣</td><td>1983</td><td>南开大学</td><td>29 岁创办字节跳动</td><td rowspan="2">2012</td></tr>
<tr><td>程　维</td><td>1983</td><td>北京化工大学</td><td>29 岁创办滴滴打车</td></tr>
</table>

（三）90 后创业者

“网生代”逐渐成为社会主流人群，声称更懂“网生代”的 90 后在创业舞台上也有了一席之地。

1. 以最懂网生代为核心竞争力，创业方向切入 90 后用户的文化需求

马佳佳（本名张孟宁）选择 90 后的性与爱作为创业方向，大学毕业当天，在母校中国传媒大学对面开了情趣用品店“泡否”（powerful），一夜成为网红。

余佳文，在广州大学读大三时，基于学生使用频次高的课程表，创立“超级课程表”项目，围绕课程表做校园社交。

王凯歆创立了大爆炸公司，运营的“神奇百货”是面向 90 后的电商购物平台，以青少年为用户群体开展垂直购物服务。不过，这一项目已经停止运营。

毕业于广东外语外贸大学温城辉，创办“礼物说”，瞄准移动互联网时代90后的礼品需求。截至2018年4月，“礼物说”完成了三轮融资，总计融资约3 300万美元。

温城辉的校友、网红漫画家陈安妮创立“快看漫画”，生产面向90后的漫画内容，梦想做“中国的迪士尼”。不到三年获得了1.3亿用户，签约1 000位漫画作者，总计获得近4亿元融资。

“一起唱”创始人尹桑，在美国读书的经历让他在大二时辍学回国创业“一起唱”，希望将国内的KTV改造为90后游戏聚会的社交场所，成为欧美派对文化的线下社交空间。项目吸引IDG资本进行了三轮投资。

2. 创业者有90后特立独行的世代特点，深谙网红创业者的价值

马佳佳在社交媒体上为创业项目贴上“90后情趣用品”“女大学生代言情趣用品”等标签，自己上阵拍摄大尺度硬照广告，不断制造话题，把自己制造成网红，吸引用户和投资人眼球。

余佳文、王凯歆顶着“90后创业者”的光环，参加电视真人秀。2013年，面临融资难题的余佳文参加东南卫视《爱拼才会赢》，希望融资300万美元。2014年，余佳文在央视《青年中国说》中夸口“分1亿奖金给员工只为开心”。后又翻脸食言，被投资人批评为“儿戏”。第一次上完电视，余佳文获得了红杉资本千万级别的A轮投资，第二次则获得了阿里巴巴的投资。

王凯歆参加北京卫视创业真人秀《我是独角兽》时，以二次元扮相登台，声称要在三到五年赚够95后的钱。2016年初，神奇百货获得经纬中国领投，真格、创新谷跟投的A轮投资。

陈安妮创业过程中，充分发挥了自己网红漫画家“伟大的安妮”的身份，在艰难的创业之初，发表《对不起，我只过1%的生活》漫画，击中了众多90后的内心，这波成功的营销引来了投资人。

3. 创业年龄较小，低龄化趋势明显

马佳佳和余佳文都生于1990年，马佳佳开情趣用品商店时22岁，余佳文在大三时，即20岁开始创业。

陈安妮、尹桑都生于1992年，陈安妮22岁时离开广州北上创业；尹桑20岁辍学回国创业。温城辉于1993年出生，创业时21岁。王凯歆是年龄较小的，生于1998年，17岁时即开始创立“神奇百货”。

同样，在80后创业者提供的地基上，90后文化开始萌芽。生于1991

年的冯提莫辞掉教师职位，成为斗鱼 TV 主播，通过颜值和翻唱才艺获得粉丝加持，她的 71017 房间关注数突破 1 600 万。2018 年冯提莫发表个人单曲《佛系少女》，毫无悬念成为抖音神曲，粉丝超过 2 000 万，名气直逼一线明星。这个仿佛一夜走红的 90 后主播，正是 80 后陈少杰创立的斗鱼 TV 造星计划主推的头号主播。

2018 年，00 后开始读大学，也被定义为 00 后崛起的元年。不出几年，创业群体中，又会有 00 后的身影。在“大众创业、万众创新”的浪潮中，对互联网理解最直接、被互联网塑造得最彻底的，是 95 后、00 后。创新创业的奇思妙想也会在这一代身上体现出更多的丰富性和颠覆性。

第二章 创新驱动的文化创业

互联网技术、亚文化、网生代等因素对传统形态的内容形成了冲击，造成其贬值。与此同时，它们又成为驱动适应互联网文化和传播情境的优质网生内容的动力。

对于文化产业来说，技术和产业进步，文化内容却退步，这是最大的风险和泡沫。因而，文化内容的创意生产，是最基础、最核心、最迫切的创业根基。

第一节　器物符号层次的创新与创业

英国社会人类学家马林诺夫斯基把文化划分为三个层次：器物层次（生产、生活工具和生产方式）、组织层次（社会、经济、政治组织、制度）、精神层次（人的伦理、价值取向）。[①] 文化内容的创新与创业，多是指在其中某个或多个层次上有所创造。

器物是事物的物质存在形式，如一花一草一木。在文化语境中，器物指文化符号、编码等内容的外在形态，也包括承载内容的物理载体形式。

一、符号及意义

符号是文化内容的编码和表征形态。"Duang""wuli""老铁""双击666""葛优躺""CP""语C""菊外人""skr"等网络热词、丰富多彩的颜文字、表情包，就是出自网络流行文化的新物种，成为年轻人的社交沟通符号。

符号学代表人物恩斯特·卡西尔认为，人能够创造并使用符号表达其生存意义。[②] 美国文化批评家贝尔也指出，文化是指由人类创造和运用符号形式的领域，它主要处理人类生存的意义问题。

---

① 马林诺夫斯基．文化论［M］．费孝通，等译．北京：中国民间文艺出版社，1987.

② 卡西尔．人论［M］．甘阳，译．上海：上海译文出版社，1985：87.

从符号的角度来看，文化就是一个由共享的意义、态度和价值观，以及表达或体现它们的符号形式所促成的体系。[①] 也就是说，文化就是一整套的符号表征系统，符号的创造和使用形成了文化，这些符号表征了价值、意义。

瑞士语言学家索绪尔系统地研究了符号及其表征，认为符号（sign）是带有意义的物体，由能指（signifier）和所指（signified）结合而成。[②]

能指是感官直接感知的符号的声音和形象，所指则是符号在使用者和受众头脑中的概念。以文字符号为例，“Duang”这个字符，其能指是影星成龙在某款洗发水广告中发出的一个拟音词，之后被网民用来吐槽虚伪、不真实现象。这段广告台词被网民戏仿到各个情境，制作出“贿赂版”“结婚版”“逃课版”等，形成了网生内容的爆发和流行。这样，一个简单的拟音符号被网民赋予了意义，有了明确而共通的所指，成为约定俗成的表意符号。

以索绪尔符号学理论为基础，法国符号学家罗兰·巴特对符号的表意机理做了进一步的揭示，认为符号含有两个层次的表意系统。

第一层是索绪尔所说的语言符号的“能指＋所指”，是本义性的符号系统；而第二层所产生的新的所指，即“神话”（myth），是转义性的符号系统。[③] 这使符号理论由语言学理论进入更为广阔的社会意义生产领域。

文化符号已经渗入日常，符号消费偏向也越来越超越物的消费。在消费者主动积极地消费文化符号的背后，到底是什么动力在起作用呢？消费社会理论提供了一种解释视角。

法国哲学家让·鲍德里亚（布希亚）选择从商品消费的角度看待社会，这与马克思从商品生产来看待社会的视角有所不同。

在鲍德里亚看来，消费就是“一种操纵符号的系统性行为”，它不仅仅是一般意义上的物质实践行为，更是一种精神实践行为。在《消费社会》（1970）中，他正式提出了“消费社会”（consumer society）的概念，认为关于消费的一切意识形态让人类进入了一个新纪元。

---

① 陆扬．文化研究概论［M］．上海：复旦大学出版社，2008：258.

② 索绪尔．普通语言学教程［M］．高名凯，译．北京：商务印书馆，1980：103－104.

③ 巴特．神话：大众文化诠释［M］．许蔷蔷，许绮玲，译．上海：上海人民出版社，1999：175－187.

在消费社会，“要成为消费的对象，物必须要成为符号”①，符号商品为消费主体提供了社会地位和身份表征。在《物体系》（1968）中，鲍德里亚（布希亚）认为物品构建了一个社会认知体系，标记了个体的社会地位，使陌生人能通过社会地位互相了解——消费是一种“积极的关系模式，不仅是和物的关系，还有和集体、世界的关系”。因此，越能彰显身份地位的商品，越刺激人的消费欲望。消费于是脱离了需求本身，脱离了使用价值，完全转向符号的所指和符号价值。可以说，消费成为一种连接人与物、区隔人与人的社会关系。

当然，鲍德里亚对消费社会持批判态度，认为消费社会使得人们的物欲不断膨胀，甚至超出自己的实际需要或者可承受的范围。媒体有关小学生用父母账户给主播刷礼物、会计挪用公款给冯提莫刷礼物等报道，就是消费社会带来的负面作用案例。对这类消费者而言，主播是梦想符号商品，刷礼物是仪式性社交符号商品。

文化产业的精神性特征表明，文化产业主要是精神符号的生产、阐释、赋权，受众进行的主要是符号价值消费。物品的功能性使用价值让位于其表征的文化价值，如身份、阶层、社会比较等。这样就不难看到，在消费社会，一个情趣用品、一碗米粉、一个烧饼、一个爱奇艺付费会员，都被创业者以互联网思维包装出“轻奢新主义”标签，从而以符号商品的姿态获得增值。但对于消费者而言，付出比普通产品服务贵得多的价格，恰恰给自己带来了彼时彼地的心理满足，更不用说拍照上传，在朋友圈获得的点赞羡慕和社会比较了。

消费社会是一个更加关注意义和价值的社会。因此，文化生产是在两个层次上进行意义的生产：对具体的有形或者无形的产品服务，通过广告、品牌传播、时尚塑造等，对其文化价值进行注入、挖掘或者赋权，使其进入符号体系；同时，通过产品的消费，影响或者创立社会风尚、流行、审美、身份、圈层等，使其成为社会比较的坐标。

每一轮时尚消费兴起的背后，是新的文化符号、文化意义的支撑和生产。在物质产品和品牌围绕消费者的消费社会中，意义是不断流动和变化的。因而，消费者对于购物是有依赖心理的，他们通过不断购买代表最潮流、最时尚的产品，来实现身份认同，以供他人辨识自己的符号身份，由

① 布希亚．物体系［M］．林志明，译．上海：上海人民出版社，2001：223.

此建立起产品消费-符号消费-意义消费之间的连接，不断实现人与物、人与人的关系重组，使消费社会的身份和圈层处于流动和变动之中。

二、符号的创新

麦克卢汉1964年提出了自己的媒介观①，认为媒介即信息。经历旧内容向新媒介的迁移、新内容形态的独立，内容不断向新媒介迁移并适应新媒介特征。从符号创新的角度来看，这主要体现在以下几个方面。

（一）符号形态不断丰富、多元

在传播媒介和技术的升级中，符号系统不断地丰富、发展和创新，使文化内容的编码表征能力不断丰富和多元。

印刷传播技术，使文字、图形成为最主要的内容符号形态。它使信息得以记录和保存，突破人际传播的时空限制，完成异步、异地的传播。文字能够记录抽象的观点、思想，重逻辑思辨；与此同时，文字符号不得不通过转述的方法记录视觉、听觉信息，符号的单一性造成信息的损耗。

电子媒介的出现，使声音成为记录和传播信息的符号。相比文字符号，声音更真实和自然地再现、实现了信息的伴随式消费，但也同样存在符号单一带来的信息缺失。

图像传播技术使人类传播符号丰富为视听双通道，这更为全面地记录和再现了真实场景，为用户提供了身临其境的拟态环境。图像传播技术成为更自然的符号系统。

符号之间的迭代，不断创造出新媒介形态：以文字符号为主的图书、报纸、杂志；以声音符号为主的广播、音频、音乐；以视觉符号为主的图片、表情包、电影、电视、短视频、直播。

（二）符号的表意能力不断创新

文字符号，与各个时代社会文化需求的结合，就有了唐诗、宋词、元曲、明清小说、类型文学、网络文学、网络游戏等符号体系。以小说为例，有鸳鸯蝴蝶派开创、琼瑶等光大的言情小说，金庸等光大的武侠小说等类型。而80后青春文学、世纪之交的网络文学，则开启了“穿越”“修仙”

---

① 麦克卢汉．理解媒介：论人的延伸［M］．增订评注本．何道宽，译．南京：译林出版社，2011.

“宫斗”等小说类型。文字符号的编码及表意发生了极大的变迁。

文学艺术内容的创新，在于用全新的符号体系建构出一个独特的艺术世界。唐诗宋词留给我们的“床前明月光”、相思的红豆、“曲项向天歌”的鹅、老大回乡的客、“枯藤、老树、昏鸦”，其所指为古人的审美观和家国情怀，从而成为我们了解祖先、与历史沟通的中介。罗琳的《哈利·波特》系列小说，使用时间转换器、隐身衣、魔杖、咒语、回魂石等魔法和巫术符号，所指为爱、友情、正义等。这些符号通过英国布鲁姆斯伯里和美国学术出版公司出版的畅销书、美国华纳兄弟公司制作的大电影和美国环球影城设立的“哈利·波特”游乐园，成为新世纪的爆款 IP。

作为视觉传播载体，电影最初只是记录生活片段，如法国卢米埃尔兄弟拍摄的《水浇园丁》，时长 44 秒，这种碎片化的情节故事与现在的短视频有相似性。有的则直接翻拍戏剧，如中国第一部电影《定军山》（1905），就是以固定机位记录京剧大师谭鑫培的表演片段，总长 10 分钟左右。

而随着镜头、机位、角度、光线以及蒙太奇剪辑手法的出现，电影和电视等视觉符号才形成了独特的叙事能力。

在互联网上，15 秒至 3 分钟时长的短视频、“鬼畜”视频、直播中的实时特效，则是移动互联网视频的新符号形态。它指向了网生代寻求共识、认同和自我个性的文化需求。

（三）符号能指不断解构重组

符号的创新与其能指的解构和重构密切相关。符号的变迁并不仅仅是外在形态的变化，更表征着文化内核的变迁和创新。这体现在人物形象、故事情节的推陈出新上。

《红楼梦》、“孙悟空”、“木兰从军”等符号在不同的时代有不同的呈现。1987 年央视投资、王扶林导演的电视连续剧《红楼梦》，人物形象质朴、纯真；2010 年中影集团投资、李少红导演的新《红楼梦》，人物造型就使用了京剧脸谱头饰等，并通过选秀形式选拔演员，以示创新。从观众观感来看，1987 版更为古典，文化氛围更浓；2010 版更青春，商业氛围更浓。

在上海美术电影制片厂制作、万籁鸣导演的动画片《大闹天宫》中，鸡心脸饰、虎皮短裙、黄衣红裤黑靴构成了齐天大圣孙悟空的经典形象。在央视投资、杨洁导演的 1986 年版电视连续剧《西游记》中，六小龄童扮演的孙悟空沿用了这一经典形象。而《大话西游》中周星驰扮演的孙悟空形象及人设则是一种解构，角色以人的面目出现，故事也设定在孙悟空成为大圣之前，建构起了亚文化语境下的孙悟空形象。2015 年高路动画等投资、田晓鹏导演的动漫电影《西游记之大圣归来》中，孙悟空形象也是颠覆传统的。不过，这些符号意义上的创新并不是恶搞，而是为了获得陌生化的艺术效果。

改编创新是一种符号的创新，全新的符号构建则承载了全新的意义。迪士尼创想出的米老鼠、唐老鸭家族，漫威的各种形象角色，电影《捉妖记》中的胡巴，《人民的名义》中的达康书记，创业偶像马云，《中国合伙人》俞敏洪，快手的“社会人”，抖音的“小姐姐”，社会化媒体上的表情包、颜文字等等，都是创新符号。

三、符号的风格

文化符号创造要具备独特的风格。

风格（style）是英国伯明翰学派的一个核心概念，该学派亚文化理论的代表作——斯图亚特·霍尔等主编的《通过仪式抵抗：战后英国的青年亚文化》（1976）和赫伯迪格的《亚文化：风格的意义》（1979）都围绕这个核心概念展开。在伯明翰学派看来，风格就是亚文化制造出来的独特的符号系统，如青少年音乐、文学、舞蹈，青少年群体的行动和暗语等。

文化创业的内容也需要有鲜明的文化风格，以标示自身的文化独特性，为网生代用户标定身份和区隔。

例如，从文风来说，琼瑶小说以“好喜欢好喜欢”的表述让唯美爱情故事风靡 70 后少男少女，金庸武侠小说倡导“侠之大者，为国为民”，《奇葩说》开启的 90 后辩论模式，还有“社会摇”、“嘻哈”、papi 酱的“变音”和“精分”等，都是林林总总的风格化内容。这些风格体现出人物角色、内容的鲜明个性，在内容汪洋中更具辨识度。

创新的符号表征能够形成新的话语体系和符号体系。例如，移动传播中的表情包，成为一种社交和表意能力极强的新内容形态，体现了碎片化传播的特点。而中老年人使用的表情包与网生代的表情包就呈现出截然不同的风格，同一种文化符号也形成代际和文化区隔。

亚文化的符号、偶像有着明显的代际边界。随着网生代成为文化消费主体，曾经的大牌导演、明星阵容、心血之作常常是影评叫好、市场遇冷。例如冯小刚的《一九四二》（票房 3.7 亿元）、吴宇森的《太平轮》（两部票房分别为 1.95 亿元、0.51 亿元），都是华语大导演、明星的大制作，但其票房被郭敬明的《小时代》（三部票房分别为 4.84 亿元、2.96 亿元、5.21 亿元）、韩寒的《后会无期》（票房 6.28 亿元）等“票友”之作轻松超越。这表征着文化供给侧与需求侧的构造革命正在发生。

网生代符号与偶像的商业成功，重新定义了偶像符号的时代文化内涵和审美标准。每一代都有自己的偶像，偶像体现出时代的审美风格：70 后喜欢周润发式的帅酷和潇洒、赵雅芝式的清新和纯美，80 后喜欢周星驰式的搞笑、朱茵的美丽和个性，等等。在视觉优先、多元化、特立独行的互联网情境中，高颜值、高话题性、高参与度的符号获得了更高的优先级。像《创造 101》通过“王菊”“杨超越”等符号化艺人掀起网生代审美之战，体现了亚文化再生产的文化和商业价值。

众多的创业者针对这种文化需求，生产亚文化偶像——网红。

网红是这个时代最具代表性的符号产品，是亚文化内核和互联网外壳融合的产物。与明星相比，网红的知名度从网络空间积累，属于网生的偶像，再辐射到现实空间，成为全民偶像。这种由线上到线下的传播扩散过程，恰恰说明了网生偶像及其背后亚文化的传播力和影响力。

明星对应着工业化的经纪流程，只挖掘、孵化头部偶像。网红则是顺势而为的产物，或者它只是精明地隐藏了经纪痕迹。如“奶茶妹妹”“最帅交警”“最美女警花”等，一般都是网友偶然拍下其美好一面，上传至网上后，引发网民评论和传播，自下而上地成为网红生产的特征。

相对于明星的高大上，网红则更接地气；明星是大众、群体的偶像，网红则是小众和圈层的偶像。

北京电影学院在校生姜逸磊，其塑造的网络视频主角 papi 酱，以亚文化风格的夸张表演、恶搞吐槽语言、扮丑变声、切合网生代口味的选题和快节奏，一夜成为网红。papi 酱每集必说的口号是：“我是 papi 酱，一个集才华与美貌于一身的女子。”其集自嗨、自黑、招黑等亚文化元素于一身。papi 酱的短视频吐槽一切虚假、伪装的言行，槽点辨识度高，话题性强。在短视频风口上，papi 酱成为 2016 年第一网红。

网络直播的出现，形成“千播大战”，一大批主播成为符号级网红。斗鱼平台上的几大女主播，影响力已经不输给明星：截至 2019 年 9 月，90 后女主播冯提莫的斗鱼粉丝超过 2 000 万，微博粉丝 955 万；周二珂的斗鱼粉丝 478 万，微博粉丝 493 万；阿冷的斗鱼粉丝 637 万，微博粉丝 188 万。

当红主播的示范效应，带动更多人试水主播，映客直播的广告语“你丑你先睡，我美我直播”，使主播成为个人创业的风口，也成为网生内容领域的独特符号。

在网生代亚文化的新需求背景下，养成式的文化生产成为网生偶像的主要路径。如《超级女声》《中国好声音》《偶像练习生》《创造 101》等，以开放观众参与、粉丝决定偶像命运的创新模式，为网生代培养专属偶像。这些综艺节目的模式在演艺业也形成了成功的典范。

第二节　习俗制度层次的创新

借用文化三分层框架，在习俗制度这一层次，文化内容的创新创业体现在两个方面。

一、新场景中的生产流程再造

内容生产分为简单生产与协作生产两类。前者如作家、画家、音乐家、网络主播等，个体生产者可以独立创作完成；后者如影视剧、游戏、动漫等，需要多位生产者协作，进行生产管理和协同。

文化创作曾经是个人化的、作坊式的。例如李白写诗、吴道子作画、曹雪芹写小说，都是个人创作完成。从内容生产来看，生产者要形成源源不断的文化创意，而不能靠散点状的、偶然的灵感。出版编辑、经纪人和策展人等文化生产组织者，就是整合个体化文化创作、连接作品与市场的中介，这是一种“文化轻工业”的模式。

电影、电视相比出版、艺术，属于“文化重工业”。不可能由个人创作出一部电影或者一部电视剧，它必然是导演、演员、摄像以及服装、化妆、道具等多个工种环节整合而成，并由此形成了各大制片厂，也形成了制片人中心制、导演中心制、明星制、流水线生产等组织和生产制度。好莱坞正是拥有适应电影产业需求的几大制片厂，以先进的生产组织体系成为全球电影工业的中心。

值得注意的是，在移动互联网时代，微电影、直播、短视频基于 B 站、快手、抖音等平台基础设施的支持，使协作式的生产简化为个人用户可以完成的简单生产，大大释放了文化生产力。

二、新场景中的消费行为变迁

不同的内容、媒介会构成一定的消费场景，从而形成用户消费偏好、行为和习惯。

电视作为定位于家庭客厅的媒介，其消费场景是家庭观看、边看边交流，观看会常常被其他的家庭事务打断和干扰。这些因素决定了电视节目是大众化、娱乐化的，适合主妇的“肥皂剧”、适合家庭成员共同观看的合家欢剧从而大行其道。衣食住行等家庭生活用品类的商品也把电视作为对应的广告媒介。

电影则不同，影片类型多样，通过商业院线、艺术院线、高校院线等区分和影片分级制度，实现内容与观景群体的连接。在放映过程中，观众的沉浸感、专注力更强。IMAX、3D 等电影技术使大银幕能够呈现奇观式的大场面内容，因而科幻、灾难、战争、警匪追捕等类型的影片就更受欢迎。

在移动互联网场景中，手机观看视频变成了更个人化的行为，而用户又通过弹幕等与不在场的同好们交流沟通，形成虚拟社群。

约书亚·梅罗维茨提出的新媒介-新场景-新行为的范式[①]表明，用户文化消费行为和习惯，在新的媒介场景中，不断发生着变迁。

例如日本人发明的“卡拉 OK”一度引领了人们的夜生活，钱柜、麦乐迪等 KTV 巨头风光一时。卡拉 OK 模式的综艺节目也随之出现，浙江卫视《我爱记歌词》成为周末黄金档收视冠军。移动互联网使在线卡拉 OK 的客户端占领了移动端，全民 K 歌等帮助用户唱歌、社交分享。“一人经济”的兴起，使迷你卡拉 OK 如电话亭一样一夜摆上了大商场的角落，主打年轻人的碎片化时间。每一种新的卡拉 OK 都体现了原有文化消费行为和习惯被打破，建立起新的文化消费习惯。

如今，在线直播已经成为 95 后一代晚间的主要娱乐形式。而观看主播与刷礼物互动，成为直播场景下的新的行为。

网络文化还生产出网民自己的节庆，建构群体的仪式感。ChinaJoy 等全国性漫展和游戏展、斗鱼嘉年华、映客“樱花女神盛典”和“映客先生星光夜”、陌陌“直播惊喜夜”、一下科技“放肆一下”、AKB48 握手会等文

① 梅罗维茨．消失的地域：电子媒介对社会行为的影响［M］．肖志军，译．北京：清华大学出版社，2002.

化公司举办的粉丝节，成为二次元用户从线上走到线下的节日。高校的“女生节”“光棍节”“520 节”在网络形成、由网络亚文化缔造，并赋予了自然的日子以专属的网络文化意义，使之成为年轻网民的专属节庆。深谙此道的电商公司投网民所好，京东将 618、淘宝将双 11 打造为网络购物狂欢节，喜马拉雅 FM 把 12 月 3 日打造为“123 知识狂欢节”，得到等知识付费平台推出“知识跨年”，形成了网民的新消费习惯。

第三节　价值观层次的创新

观念、价值观是文化三个层次中最核心、最稳定、最不容易变化的。当然，不同层次的价值观、不同群体的价值观，具有不同的变化速率。而互联网赋能亚文化，使亚文化与主流文化价值观产生明显的差异，也使双方话语权发生了消长。

一、互联网价值观的形成

互联网是规避战争打击的产物，通过设立多个节点，消解传统的唯一中心，以增强在敌方毁灭性打击下的生存能力。1968 年，美国国防部高级研究计划局建立的阿帕网（ARPANET），被视为全球互联网的起点。技术上的去中心化分布影响了网络社会的结构。

网络空间与传统社会空间的不同之处，就在于网络的“去中心化”没有天然的阶级和阶层，没有明显的核心-边缘，没有自上而下的金字塔式社会结构体系，所有的结构也都处于不断地调整、变化和重建过程之中，有着与传统社会不一样的价值尺度。在网络文化场域中，每一位接入者都可以生产和传播信息，主张自己的文化，呈现多元化的特征。而虚拟空间的匿名性、非人际性，更增加了个人文化创作和传播的主动性，也提升了符号运作的价值。

于是，虚拟空间吸引了崇尚平等、自由文化的网民聚集，正如 1620 年，不堪忍受英国宗教迫害的 102 名清教徒乘坐“五月花”号到达美洲新大陆一样。互联网虚拟空间成为新兴的公共领域，网民与互联网相互形塑。由网民聚集而创造生产出来的网络文化也就具有平等、开放、多元化的特征，形成意见广场、街头杂耍的景观。

互联网的交互技术与积极、主动的网民用户形成了共振关系。互联网广泛应用之前，媒体都是广播模式，即传播者向不特定的大众做一对多传播。Web2.0 将信息的单向传播变成用户的主动获得和传播，实时的交互成为互联网新媒体的主要特征。交互性使网民主动地搜索、获取信息，消费自己的群属文化，文化消费的主动性、归属感大大提升。

在网络空间，网民的文化生产和再生产空前活跃。传统文化工业生产需要考虑成本、利润、消费者、社会环境等诸多因素。而在网络空间，多数个人文化创作和生产只是出于兴趣。或者所追逐的不是传统的货币资本，而是布尔迪厄所定义的文化资本、社会资本，寻求身份归属和认同。这样，亚文化和网络空间就相互测绘、相互确认、相得益彰。

要获得独立的文化身份，网生内容也在形成自身的观念和价值观。用通俗的话来说，网生内容与传统内容要有区隔，在网络传播、向网生代传播，成为互联网骨骼上的血肉。这种区隔意识，就会使网生内容更注重"网感"。而不少传统内容制作厂牌所制作的网剧网大，常常是制作水准不差，但用户不是拖进度条快进，就是 1.5 倍速观看，这就是缺乏"网感"产生的文化隔阂。

二、网生内容价值观的创新性

（一）网生内容的价值观层面的创新性体现为文化内核的新

内容内涵的文化内核，是内容特征、风格的集中表现，也是新旧内容的重要区隔。

央视原主持人马东的创业项目《奇葩说》，以"40 岁以上观众请在 90 后陪同下观看"为文化身份标签，这句戏仿传统影视分级制度句法的广告语，表达出网生辩论节目自身的价值观。

40 岁以上观众对辩论和口才的理解，是"国际大专辩论赛"式的，探讨的辩题是"人性本善还是人性本恶"① "高薪是否可以养廉""金钱是不是万恶之源"等指向社会和精神层面的宏大议题，观众则是正襟危坐地仰慕式观赏，鼓掌是仅有的参与途径。而《奇葩说》的辩题则是年轻、网络化、夸张的，例如"要不要牺牲贾玲救大家?""爱上好朋友的恋人要不要追?"（第一季）"好朋友的恋人出轨，你要不要告诉好友?""婚后遇到此

---

① 1993 年国际大专辩论赛决赛辩题。

生挚爱，要不要离婚?”（第二季）“异地恋伴侣建议 available 你接受吗?”“闺蜜约我去撕小三，你去不去?”（第三季），网络感极强。节目组为了提升辩题质量和话题度，从百度贴吧、微博等网络社区挖掘辩题。之后经过网友参与投票，才能成为正式辩题。这样的选题流程，自然使辩题充满了网民喜好的撕裂感和挑战常识的“奇葩”效果。

（二）网生内容的价值取向更倾向于网络亚文化、二次元文化

在网络文学作品《第一次的亲密接触》中，男女主人公痞子蔡和轻舞飞扬的恋爱在网络情境中发生，给网恋披上了美好浪漫的外衣，从而掀起了网恋热潮，丰富了年轻一代的恋爱场景。这就是文化对网络恋爱的赋能。

网文、网大、网剧、网综等网生内容，都包含着宅、腐、基、萌文化。网综中刻意去设置 CP，迎合腐文化。《太子妃升职记》（乐漾影视，鲜橙原著）中的性别穿越、腐文化的雷和污，《奇葩说》（爱奇艺、米未传媒）中的奇思妙想，《中国有嘻哈》（爱奇艺）中的小众说唱、叛逆精神，《吐槽大会》（腾讯视频、笑果文化）中的吐槽与自黑，我们用主流文化的眼光来看，确实难以理解。一方面，这类作品获得了极高的流量，吸引了投资人，以商品化的形式将其“收编”；另一方面，其出格的符号、行为、观念必然受到主流文化的监管，有的甚至遭到下架、修改、停播之类的处罚。

把文化生产与文化权力的探讨置入互联网场域，我们可以看到网络青年亚文化的话语权不断增长，逐渐由亲代向子代的“前喻文化”（pre-figurative culture）传承路径改变为子代向亲代的“并喻文化”（co-figurative culture）和“后喻文化”[①]，青年亚文化不但成为网络空间的主流文化，也成为现实空间里的流行文化。

（三）网生内容的价值观常常被算法和流量挟持

网生内容考评的关键指标是阅读量、独立访客（UV）数、视频播放（VV）次数、点击量、评论转发量、刷礼物数量等量化指标，评价内容平台的指标都是注册用户数、日活跃用户（DAU）数、月活跃用户（MAU）数、付费会员数，无论是快餐化、碎片化、低俗化还是快感化，大家提及网络文化时，总在肯定其去文化中心化的繁荣的同时，也对网络文化的品

---

① 米德. 文化与承诺：一项有关代沟问题的研究［M］. 周晓虹，周怡，译. 石家庄：河北人民出版社，1987.

质抱着一定的警惕。像自媒体大V“Ayawawa”对女性物化、慰安妇的错误言论，网剧《万万没想到》对烈士的侮辱，不少自媒体人为博眼球开吃“人血馒头”，未成年少女孕妇发短视频，直播间主播的挑逗等都一次次拷问网生内容的价值观短板。这表明，网生内容生产者被流量挟持，被所谓的算法中立所迷惑，内容偏向刺激、情色、恶搞、低俗，使不少网生内容缺乏把关和引导，缺少格局和价值担当，成为不合格的精神产品。

在互联网上半场，不少开发者、程序员提出，技术是中立的，算法没有价值观。这看似体现互联网的工具特性，却在网络实践中付出沉重代价。80后的王欣于2007年创立快播，以P2P技术为用户提供视频播放下载服务，用户数一度达到4亿，并逐渐成为网络荷尔蒙文化、宅腐文化的大本营。2014年，深圳快播公司因侵犯版权被行政处罚2.6亿元，随后王欣以传播淫秽物品牟利罪被判处三年六个月有期徒刑。

有一款曾经风靡一时的游戏叫《第二人生》，是林登实验室（Linden Lab）2003年推出的模拟MMORPG（大型多人在线角色扮演游戏）。在游戏中，每个人建立自己的虚拟“第二人生”，玩家可以实现自己在真实的第一人生中未能满足的欲望、尚待实现的梦想。在这个数字乌托邦里，玩家却常常被曝出一些过分的行为，例如虚拟男性角色在游戏中“强奸”虚拟女性角色，发生恐怖袭击，甚至虚拟女性角色与独角兽交配生产等。虽然这款游戏限制成人用户才能注册，这些事情都是虚拟空间的虚拟事件，但还是反映出绝对自由的第二种生活有可能释放“礼崩乐坏”的负面能量。

在2018年亚运会闭幕式媒体会上，奥委会主席巴赫被问到电竞入奥的问题，他明确表示：“我们不能在奥运会项目中加入一个提倡暴力和歧视的比赛，所谓的杀人游戏。它们，在我们看来，违背了奥运会的价值观，所以不会被接受。”这些案例表明，价值观决定了网生内容和文化创业的命运。

在创作和发表更为自由的同时，网生内容必然要经历大浪淘沙的自律过程，进入价值观和大格局的竞争层次上。网易创始人丁磊就曾公开表示，整个中国科技行业最缺品位，因而网易与其他公司的最大差别就是做“一家有品位的、创新的科技企业”，希望大家都会认同“网易出品，必属精品”。形成文化品位，对于网生内容、网络文化公司而言，就是传达真、善、美这样的价值观，构建互联网上的价值标准。爱奇艺推出的“海豚计划”就确立起行业标准：追求高品质，关注好故事，弘扬阳光、青春、正能量的价值观。快手则以算法体现出普惠的价值观。腾讯提出“新文创”，其中之一就是以游戏载体介绍“一带一路”、中国传统文化。

网生内容是“双刃剑”，对政府管理、文化安全、社会稳定乃至全球软实力竞争都将产生深远影响，应当及早地研究和布局，使之安全、可靠、可控。

第四节　网生内容创业

在相当长时间内，文化的生产对应着相应的社会权力结构，对应着话语权，对应着市场垄断。从政治和商业两个维度，文化生产极易形成固化的格局。由专业的、机构化的生产商生产 PGC，在意识形态-市场的二元体制下，形成了垄断的态势。

事实上，以事业单位和国有企业为主的文化供给侧，存在着结构、技术、效率等问题，这造成供给侧对用户侧需求满足的“失灵”。在文化消费中，矛盾的现象层出不穷：一边图书出现大量库存，一边网络文学却爆款频出；一边纸媒不断缩减、关门，一边融合媒体、智能媒体则在资本和用户的加持下欣欣向荣；一边政策扶持产生了不少动漫“补贴次品”，一边迪士尼却基本上每年产出一部票房进入全球前十的动漫影片；一边不少国产电影在影院“一日游”、电视剧收视口碑扑街，一边 IP 电影、美剧却有大批年轻人拥趸；一边电视台投资动辄数十集、每集几十分钟的“大剧”，一边竖屏的短视频已强势占领了网生代的屏幕和时间。

种种看似矛盾的现象表明，并不是用户不需要文化内容，而是某些文化内容缺乏吸引力和竞争力。供给侧结构性改革，就是在压缩、停止不适应需求侧的供给，而将资源配置到新兴的需求领域，从而使供给侧生产力获得释放，产品结构获得优化。

从这个角度来看，内容创业通过创意创新，有效地改善了内容供给侧的结构、技术和效率，这体现在两大动向上：

第一个动向，是传统内容生产通过资本整合、技术升级等，不断向新兴内容转型，激活了存量内容。

第二个动向是新兴内容迅速成长为有竞争力的内容板块，形成全新的内容增量。两大内容板块在互联网空间飘移、碰撞，形成了当代内容供给侧的内容重组和生态重构。

随着互联网从“第二生活”上升为“第一生活”空间①，网络文化内容迎来了爆发。无论从文化影响还是商业开发前景来看，网生内容都已站上了“C 位”。作为内容创业的新大陆，网生内容承载的不仅是创业者的梦想，更是新兴文化的初长成。

网生内容，是指由网络生产者/网民生产，以网络文化为内核，采用网络形态，面向网民用户并主要通过网络平台传播消费的新内容形态。在内容新大陆上，网生内容成为新兴内容中的新贵。

一、从聚合到原创

互联网平台公司对内容的获取路线，经历了从聚合到原创的进阶。

互联网袭来，传统内容生产者逐渐将内容迁移上网，形成报网联动、台网联动等，以图将内容品牌传播力延伸至网络。互联网公司则采取聚合手段，低成本购买和转载传统媒体内容。

1998 年底，王志东、茅道临等创办首个中文门户网站新浪网，聚合全网新闻、娱乐等内容，形成有序、清晰的信息产品供用户阅读。2000 年新浪在美国纳斯达克上市，使门户成为 Web1.0 时代中国互联网内容建构的经典模式，带动了搜狐、网易等门户网站的创立。

美国斯坦福大学的拉里·佩奇和同窗布林于 1998 年创立谷歌，之后推出了谷歌数字图书馆项目，梦想将人类已出版的书籍数字化上网阅读，虽然因为版权问题受到作家、出版社等的抵制，但这表明互联网需要优质内容和信息作为连接电脑与电脑、人与人的中介。

随着互联网上内容数量爆炸，用户对从网上获得信息的价值和效率要求更为迫切。谷歌搜索引擎，为用户提供全网信息搜索服务，并采用 PageRank 算法为网页搜索结果排序。搜索引擎成为互联网信息爆炸背景下，

---

① 巴赫金的狂欢理论划分了“两种世界、两种生活”。第一世界是官方的、严肃的、等级森严的秩序世界，统治阶级拥有无限的权力，而平民大众则过着常规的、谨小慎微的日常生活，对权威、权力、真理、教条、死亡充满屈从、崇敬与恐惧。而第二世界（第二生活）则是狂欢式生活，是在官方世界的彼岸建立起的完全“颠倒的世界”。此处借用这一术语，表达现实时空与网络时空的此消彼长。巴赫金全集：第五卷［M］. 白春仁，顾亚铃，译. 石家庄：河北教育出版社，1998：162.

筛选和获得有价值信息的主要途径。

上述两种内容聚合路径，通过内容的重新组织，形成了适合网络用户和场景的内容形态。随着互联网的创新扩散，传统内容上网的过渡性阶段结束，聚合内容逐渐被形态和价值独立的网生内容所替代。

内容供给结构正在发生深刻的变迁：网络文学与传统文学作品、短视频与电视、手机直播与电视直播，在一段时间的并行、相持之后，网生内容在各个领域都开始占得上风，在文化影响和商业价值上超越对手，成为吸引新生产者、流量和资本的内容新贵。

网生内容是互联网时空上的生产者制作的内容，具备不同于传统内容的内核和形态。生产者包括了专业化、公司化的制作团队和个人化、兴趣式的用户，以及计算机自动化生产内容等。

独家的内容才能够吸引用户。网生内容所面向的年轻用户是好莱坞内容熏陶出来的，他们有较高的判断力和审美品位，对内容也较为挑剔。对网络文学、网络视频、网络直播、网络新闻等众内容平台来说，对 PGC 的投资是核心竞争力的保障。同时，随着版权内容价格的不断攀升、用户话语权的不断提升，UGC 成为网生内容的新物种。

UGC 是网生内容去中心化文化的体现。印刷术使知识生产和文化创作的权力由精英阶层扩散到普通人，从而激发起中国文学艺术的繁荣和欧洲的文艺复兴。互联网使内容生产的准入门槛几乎为零，使传统精英式的文化生产或者传播成为每个人都触手可及的兴趣爱好。围绕 UGC 形成的内容创业已经成为无法忽略的文化创业风口。

二、网生内容的生产模式

网生内容的数量和质量，已经成为互联网时代内容平台的核心竞争力。互联网技术和文化情境，必然为文化内容生产提供独特的生产工具和生产方式，并注入独特的基因。

在此基础上，网络原生的内容开始迅猛增长，从数量上改写了内容结构。

最初是网络 UGC 爆炸性地出现，草根网民成为网络内容和文化的生产者和再生产者，并改变了内容生产的权力和体制格局。从 BBS、贴吧、博客、微博、公众号到土豆、B 站、斗鱼、快手、抖音，用户每天上传着无数的文字、图片、音频和视频内容。

与传统内容相比，UGC 更为适应互联网媒介，其生产成本更低，但同时也存在着创作者随意随性，致使作品良莠不齐、碎片化的问题。

随着网生内容由新奇变为常态，网生内容的质量提升成为一道必答题。于是，PUGC（专业用户生产内容）的模式出现，为 UGC 容提供更好的把关和增值服务。例如抖音，就是为用户提供各种可以借鉴和模仿的模板，从而实现头部用户出创意、长尾用户模仿秀，整体提升了用户生产短视频的质量。

PGC 的登台，意味着头部网生内容进入专业化生产阶段。

在互联网时代，内容生产者与用户并不完全截然分开。从双边市场的逻辑来看，一个吸引用户注意力的要素就是内容与服务，而吸引内容生产者的因素则是用户的质量以及平台激励机制。

随着用户由传统媒介向互联网的迁移，内容再度成为流量担当。与传统情境不同，互联网内容既需要现象级的头部内容来保持品牌效应和话题热度，也需要庞大的长尾内容，保持用户的黏性和使用打开频率。

三、网生内容的特点

文化需要土壤，文化生产方式的变迁源自文化生产情境的变迁。在网络时空，网络社群（virtual community）成为最常见的组织形态，成为网络亚文化、网生内容的沃土。

网生文化是亚文化的最新形态，其中充满了“恶搞”“拼贴”“嘲讽”，甚至“逃避”“抵抗”主流文化的亚文化风格。在互联网时空中，经过流量、技术与资本的赋权，网生内容已经为青年群体所认同，并用于标榜自身的文化身份和风格。

相比传统内容，网生内容具有以下特点。

（一）网生内容具有网络符号和文化形态

网生内容不断创制出网络风格的符号，如暴漫、表情包等（如图 2－1 所示），形态短小。网生内容的符号和故事采用亚文化手法，运用恶搞、拼贴等文本盗猎手法，形成鬼畜、弹幕等表现形式。网生内容的微博、短视频、H5 等竖屏微内容形态，适应了移动小屏传播生态。

（二）网生内容的消费具有网络特色的生产体系和消费情境

网生内容的生产体系包括网络内容公司专业自制和用户自发生产等，

图 2-1 表情包成为网络社交和仪式不可或缺的部分

形成了“头部内容 + 长尾内容”的结构。

从生产者的角度来看，UGC 成为网生内容生产体系的重要板块，而 PUGC 则成为提升 UGC 质量和黏性的一种进化。

在内容消费过程中，用户的再创作、再生产成为网生内容的独特机制。在美国学者约翰·菲［费］斯克所提出的“两种经济”① 理论中，文化经济在网生内容领域体现得更为突出。

网生内容的创作者以草根、素人为主，因而制作成本相对低廉，适宜进行大浪淘沙式的生产。而类似养成式网生内容，更是通过粉丝用户参与，把素人包装为名人，其中的价值增值更为突出。而价值增值的过程，正是互联网将艺人与粉丝深度连接、互动、融合的结果。

（三）网生内容包裹着网络亚文化的内核

网生内容体现出青年亚文化及其价值观。这也使得网生内容成为 95 后群体与其他群体相互区隔的标签。

亚文化本身带着某种对主流文化的反抗性、娱乐性，因而会常常放大某些非主流的价值观，因年轻而放肆。在网生内容出现之初，监管不到位、监管能力不足、生产者良莠不齐、商业化的流量思维诱使一些网生内容生产者为博流量而突破下限、挑战红线。

---

① 菲斯克把文化生产消费描述为两种经济，第一种是“金融经济”（financial economy），指文化产品的销售、播出等；第二种是“文化经济”（cultural economy），指受众在观看文化内容过程中的快感和意义生产。FISKE J. Television culture［M］. London and New York：Methuen，1987：211.

第三章 新物种驱动的网生内容创业

互联网时代就像地球的寒武纪①，迎来了新物种大爆发。在互联网这片全新的大陆上，新的物种蓬勃生长。

文化内容领域同样如此。网生内容——网络原创的网络文学、网络影视剧、网络综艺、微博、微信公众号以及弹幕、直播、暴漫、表情包、嘻哈、吐槽等等内容新物种层出不穷。

网生内容助力了文化供给侧结构性改革，表征着新兴文化、网络文化、青年文化等亚文化在互联网场域的强势崛起。网生内容在商业上成为文化消费热点，在文化及意识形态上对主流文化形成了挑战，并成为新时代传承传播文化、坚持文化自信、构建文化共同体所无法回避的新常态。

第一节　网络剧集、网络大电影和网络综艺

随着带宽、流媒体技术的完善，视频内容成为互联网文娱的流量担当。经过市场、用户的选择，网络剧集、网络大电影、网络综艺这些新物种成为网生视频内容的“铁三角”，形成了爱（奇艺）优（酷）腾（讯）三大视频生产和播出平台，网生视频内容变得相对高级和有质感。

一、网络剧集（网剧）

美国视频网站 Netflix 基于大数据分析制作的剧集《纸牌屋》，成为网络剧集生产者的对标。

在国内，制播分离体制下，诞生了光线传媒、华策影视等民营电视节目创业公司。而视频网站的崛起，则对电视台作为主流播出渠道的地位形成了挑战。

---

① 寒武纪是距今大约 5.42 亿年前到 4.85 亿年前之间的地质时代，寒武纪地层在 2 000 多万年时间内突然出现门类众多的无脊椎动物化石，被古生物学家称作“寒武纪生命大爆发”（Cambrian explosion）。这个现象自达尔文以来就一直困扰着学术界。

电视剧播出的模式由先台后网到先网后台、全网独播，视频网站的文化话语权不断增长。视频网站最初作为“2 + X”中的 X，成为电视台播放渠道之外的增量，而随着实力的增强，视频网站获得了独播、自制网络剧集的能力。在短短几年时间内，网剧与电视剧分庭抗礼，成为网生内容的主力品种。

播放量代替收视率成为评价网剧的关键指标。播放量超过 10 亿的是头部网剧。这类超级网剧由 IP 带动，制作团队上乘；播放量在 1 亿 ~ 10 亿间的腰部网剧，体现出类型的丰富性、故事的独特性等特征；播放量在 1 亿以下的网剧为长尾网剧，单剧流量价值不高，但数量最多。头部网剧吸引了接近八成的流量，腰部网剧吸引了接近二成的流量。

综合中国网络视听节目服务协会、骨朵等多家网剧监测机构发布的数据，超级剧集的数量在不断增加。2015 年，全网超级剧集有 9 部，播放量最高的是《盗墓笔记》，有近 30 亿次播放。2016 年其跃增至 23 部，播放量最高的《老九门》，突破 100 亿次播放。2017 年微增至 26 部，《锦绣未央》播放量突破 200 亿次，《微微一笑很倾城》接近 200 亿。从数量增长上，显示出头部网剧的质量和用户需求都在提升。

从网剧内容来看，《盗墓笔记》为网络文学作家南派三叔的大热 IP，2006 年起在起点中文网首发，开启了“盗墓”的类型。网剧由欢瑞世纪出品、爱奇艺独家播放。《老九门》是《盗墓笔记》的前传，讲述《盗墓笔记》中提到的老长沙九个盗墓世家抗日的故事，由慈文传媒出品。网络小说积累了 10 年的 IP 效应，加上李易峰、杨洋等新生代流量小生参演，《盗墓笔记》上线 22 小时后流量破亿，创造了网剧最快破亿纪录。值得注意的是，爱奇艺首次尝试差异化排播模式：VIP 会员可以抢先观看全集，非会员则一周一更地追剧。观看全集功能开通后 5 分钟，即有 1.6 亿次播放请求、260 万个付费会员订单。这体现了头部内容的价值，也体现了内容观看消费中的抢先看需求。

分析三年来的数据，可以发现以下规律：

第一，排名前十的网剧总播放量不断上升，表明网剧蛋糕在不断做大，成为吸引网生代注意力和时间的网生内容。

第二，排名前十的网剧在总播放量中的占比接近一半。头部网剧对流量的垄断能力非同一般。

第三，头部网剧已经摆脱粗制滥造的形象，通过精品化进入品牌精耕细作阶段。

口碑剧更具有生命力。在播放量之外，口碑成为网民观看的核心维度。豆瓣评分成为网剧质量的口碑指标。五元文化出品、优酷独播的《白夜追凶》，豆瓣评分一度达到9.2，成为国产高分网剧之一。优酷提出了“超级剧集”的标准：有影响力的IP、有号召力的主创及电影级的制作。精品化使网剧制作成本不断刷新，华策影视、完美世界影视联合出品的新《射雕英雄传》投资近2亿元；爱奇艺、闲工夫联合出品的天下霸唱作品《河神》和企鹅影业、耀客传媒、七印象联合出品的《鬼吹灯之黄皮子坟》投资都在1亿元左右。

第四，网剧的形态不断适应移动点播场景。爱奇艺在2017年发布的“海豚计划”中，提出超级网剧每季12集、每集45~60分钟，根据不同类型制作一至三季；采用季播周播方式，节奏快、剧情紧凑。都市、青春、悬疑、喜剧等题材成为网剧的主流。搜狐视频则提出了“精致用心而美丽美好”的审美尺度。

网剧的繁荣，与网络文化情境的变迁相关。随着版权购买成本高涨、绩效下降，自制剧成为各主流视频平台的战略方向。根据已经公布的片单统计，2018年，爱奇艺自制剧达40部，腾讯有35部，优酷有26部。腾讯和爱奇艺的自制剧占比首次超过版权剧。2017年的数据显示，爱奇艺自制剧带来的流量是非自制版权剧的1.4倍，占总有效播放的58.9%。

作为头部内容的超级网剧，是三大视频平台的战略要地。2018年，爱奇艺、腾讯视频都宣布付费会员数超过6 000万，优酷未公布具体数据，业界推测为5 000万。

网剧代表着网生代，也代表着电视剧这一文化内容产品的未来。2017年，优酷提出“超级剧集”概念，使网剧有了涵盖电视剧的视野和野心。越来越多的网剧向电视台输出，展开网台联合运营。虽然仍是平台渠道的组合运营，但其中台与网文化权力的此消彼长和重构，已然为一个时代画上了句号。

市场的发育成熟，使一批以网剧制作为核心业务的创业公司出现在这一“蓝海”① 之中，成为网剧制作的新生力量。

---

① 蓝海战略（blue ocean strategy）由W. 钱·金（W. Chan Kim）和莫博涅提出。其核心理念是跳出产业竞争激烈的“红海”，开创全新市场的“蓝海”。

《河神》联合出品方闲工夫文化传媒，是工夫影业控股公司，以陈国富导演为核心，2013 年成立，2017 年 12 月首次融资。作为影视界大咖，陈国富转向网生内容的制作，这既提升了网剧的艺术质量，也体现出网生内容面临的巨大发展空间。

2013 年成立的小糖人文化，由曾在光线传媒和搜狐视频供职的朱振华创办，主推“不一样的青春剧”。首部网剧《匆匆那年》以单集百万的投资，4K 高清拍摄，细致考究的服装、化妆、道具获得成功，这表明该剧摸到了青春校园题材的生产标准。随后，改编自八月长安作品的《最好的我们》和《你好，旧时光》也成为爆款。2017 年公司完成 A 轮融资，由中信金石投资领投、正心谷资本跟投，估值 3 亿元。

留白影视成立于 2014 年，出品的《亲爱的，公主病》《亲爱的王子大人》等少女风作品，成为网络青春剧的代表厂牌。公司已经完成 D 轮融资，估值 15 亿元。

新圣堂影业成立于 2014 年，由编剧田羽生与投资人周子健创立。田羽生 2010 年创作《人在囧途》剧本，并参与《泰囧》剧作，后执导《前任攻略》系列电影，成为大热的 IP。成立不到一年，华谊兄弟收购其 58% 股份，公司估值 1.5 亿元。随后华谊兄弟将 7% 股权以 1 050 万元转让给天津金米（小米）。

《白夜追凶》的制作方五元文化，成立于 2015 年，在悬疑、漫改剧方面已确立江湖地位，成为网剧新生厂牌。其推出的《灭罪师》《画江湖之不良人》等也都属网剧代表之作。公司基于对网剧的理解和实践，不断用有效的方法制作出优秀爆款作品，体现出创业公司的敏锐和新锐。

2016 年成立的编剧公司余洲影视，由编剧兼制片人杨朔和李阳合作创办。其为企鹅影视定制的《双世宠妃》，成本小，口碑好。

网络小说改编的《鬼吹灯之黄皮子坟》出品方之一耀客传媒，已在新三板上市，2017 年 10 月获得上亿元融资。另一出品方七印象，由导演管虎和妻子梁静于 2011 年成立。

这些新创的网剧制作公司，通过创意和创新不断推出热播、高口碑的网剧，集中于悬疑、校园青春、盗墓等新类型，体现出新生产者与网生内容之间的依存和赋能。

二、网络大电影（网大）

电影作为一种成熟的艺术形式，与互联网相遇便有了微电影、网大等新物种。相比之下，微电影更具备 UGC 的特点，网大则“用付费点播模式进行分账”①，比电影时长要短，不在电影院而在视频网站播放。

自 2014 年“网络大电影”概念出现以来，网大在院线电影和网剧的市场空白中成长和发展。目前，网大的播放平台也集中于爱奇艺、腾讯和优酷三大平台，其中，爱奇艺平台上线的网大数量占到市场份额的七成以上，形成了寡头垄断的格局。

网络电影制作成本低，一般在 50 万元到 100 万元之间；制作周期短，一两个月就能够制作完成上线。

2014—2016 年，全网上线的网大数量实现爆发式增长，分别为 450 部、689 部、2 463 部（如图 3 - 1 所示）。2016 年网大数量实现了 350% 的大跃进，而 2017 年网大监管趋严，一批粗制滥造、打擦边球、题材踩线的作品被下线，使网大数量同比大幅下降 23%，仅有 1 892 部。网大必然要走上合法化、主流化的道路。

与之相应，爱奇艺排名前二十网大的分账票房也有了大幅的增长，2014—2017 年四年票房分账分别为 601. 6 万元、5 627. 8 万元、1. 98 亿元、2. 3 亿元，且增幅及持续性大于数量的增幅，这说明头部网大的商业价值不断增长。在爱奇艺 2016 年分账票房排名前一百的网大当中，喜剧和动作类型的影片数量最多。四年单片冠军及票房分别为：青春喜剧《成人记 2》（天娱传媒、湖南奥斯卡），63 万元；都市喜剧《山炮进城》（七娱乐、本山传媒、华谊），988 万元；《山炮进城 2》（七娱乐、本山传媒、华谊），1 829 万元；魔幻喜剧《斗战胜佛》（朔世文化、莱峰影业），2 655 万元。

作为新物种，在发展之初，相比院线上映的“龙标”电影，网大存在着准入门槛低、审查宽松、无须备案、题材不受限、尺度比较大的互联网红利，一些大电影没有关注或者无法出现的题材，如僵尸、丧尸，成为网大的标配。一些网大还涉足耽美、百合、鬼怪等，突出网络亚文化中的阴暗、敏感点。超半数作品都为惊悚、搞笑类型，造成网大口碑不佳、厂牌

① 爱奇艺影业于 2014 年提出，获得行业认可。

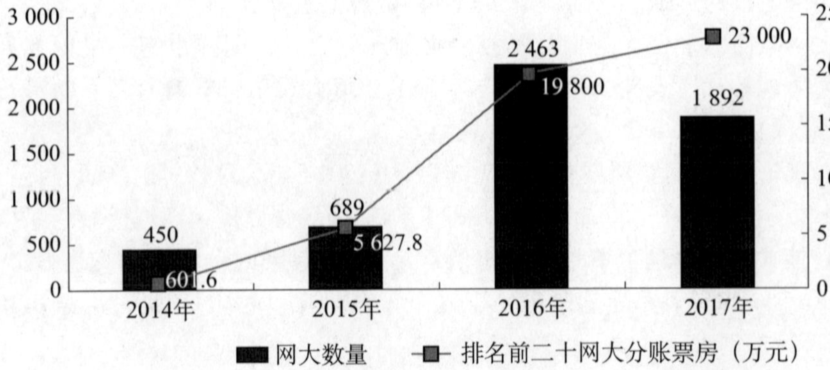

图 3－1　2014—2017 年网大数量及排名前二十网大分账票房

多品牌少。

不少网大粗制滥造、低俗暴力，靠噱头来吸引“不明真相”的观众，“标题党”“海报党”“前 6 分钟党”“打擦边球党”在网大上体现得尤为明显。如《尸恋 33 天》《房事百科》《美女主播惊魂记》《豪门少女寂寞心》《一夜情旅》《疯狂大宝剑》以及各种“囧”层出不穷，留下满屏尴尬。

针对网大野蛮生长中出现的弊端，行业采取了多种自律措施，主动接受监管。主要的措施有三类：

第一，视频网站纷纷出台最严审片标准，充分自律。爱奇艺“九禁”、搜狐“七把控”、乐视“十不准”，以重拳治理蹭 IP、软色情等三俗内容，提倡内容健康、价值观积极向上的优质作品。

第二，培育专业人才，提升网大质量。2016 年，爱奇艺相继推出“网络大电影 2.0”“大师监制计划”，并与索尼、北京电影学院展开合作，以期为网大输送专业人才和资源，提升网大的整体质量和文化水准。

腾讯影业则与中国电影导演协会联合发起“青葱计划”，挖掘、孵化、选拔和培养优秀青年电影导演。腾讯着力打造孵化平台，并在影视项目筹备、剧本孵化阶段，为青年导演提供大数据指导，使其作品具备网感。

第三，优化评估指标。针对网大“唯播放量”带来的种种搏出位、吸睛、刷量行为，2018 年爱奇艺壮士断腕，果断关闭了全站前台播放量显示，代之以综合用户讨论度、互动量、多维度播放类指标的内容热度。优酷则探索新分账模式，引入“播放时长”和“会员拉新”两个维度，多维评估一部网络电影的贡献，推动行业回归到内容价值上来。

在网络播出平台、专业影视公司业务延伸之外，同样也有一批网大新创业公司，具有代表性的有网大内容制作公司七娱乐、奇树有鱼、映美传媒，还有网大宣发平台淘梦、新片场等。

七娱乐由 80 后张斯斯和导演焦洋创立于2014 年 5 月，所出品的《道士出山》以不到 30 万元的成本，收获了 1 500 万元的票房。《山炮进城》系列和《超能太监》系列也单片票房超千万元。《山炮进城》和《山炮进城 2》成为 2015、2016 年爱奇艺票房分账冠军，《山炮进城 2》还是首部票房超 2 000 万元的网大。

淘梦以微电影垂直众筹业务起步，2015 年成立淘梦影业，并拓展出网络电影和网络剧集的策划、出品、宣传、发行等，公司估值 5. 2 亿元。淘梦每年出品约 150 部网大。

三、网络综艺（网综）

网综指在网络首播、以网生代为核心用户的综艺节目，与在电视台首播的综艺节目（简称台综）相对。较早的网综，可以追溯到 2007 年搜狐制作的《大鹏嘚吧嘚》。

国家新闻出版广电总局监管中心的统计数据显示：2017 年新上线网综节目 197 档，同比增长 53%；播放量总计达到 552 亿次，同比增长 120%。而排名前十的网综播放量占到总量的 42%，体现出明显的头部效应。根据艺恩视频智库的数据，同期台综数量为 149 档。经过几年的发展，网综节目收视率、点击量、关注度等关键指标都与台综不相上下，有的网综还向电视台输出。

随着网生代用户成为文化消费主力，不少现象级的网综作品不断涌现，如《奇葩说》《吐槽大会》《创造 101》等超级网综，网综的类型也更为丰富：

- 选秀类，如爱奇艺的《中国有嘻哈》、腾讯视频的《创造 101》《明日之子》。
- 语言类，如腾讯视频的《吐槽大会》《见字如面》、爱奇艺的《奇葩说》、优酷的《圆桌派》《晓说》。

- 明星综艺类，如腾讯视频《拜托了冰箱》[①]《饭局的诱惑》、芒果 TV 的《明星大侦探》、优酷的《火星情报局》。

综艺内容作为娱乐快速消费品，迭代总是迅速、创意总是新鲜的。网综在内容创意上更有其独到的“网感”。

网综从策划之始，就扎根在网络这片亚文化土壤上，保持着年轻态、网络感。《奇葩说》的辩题确定，是编导先从网络社区获得线索，并经过网民投票决定的，网民是决定辩题能否通过的重要把关人。《火星情报局》的话题来自优酷大数据。《吐槽大会》的嘉宾及话题，也都跟网络文娱热点相关。加之网综内容更为开放、尺度更为宽泛，使其常常能够更具有感官刺激力和思想冲击力。现象级网综与台综之间的分野更加清晰。

网生综艺类型创新变化频率更高，内含并引爆网络流行文化。嘻哈、街舞、机器人、偶像养成等网络文化热点都被开发成网综节目，体现出互联网基因。

爱奇艺的《中国有嘻哈》走垂直细分路线，成功地用综艺形式把小众的、圈层式的嘻哈文化推向大众流行，使之成为现象级网综。这一模式迅速复制到街舞，爱奇艺推出《热血街舞团》，优酷推出《这！就是街舞》，深耕年轻一代的文化。

爱奇艺的《机器人争霸》和优酷“这就是”系列第二部《这！就是铁甲》，把机器人变成综艺主角，充满了网络高科技的炫酷感。

独乐乐，不如众乐乐。网综不仅内容注重接网络文化的地气，更把网民参与、互动和养成做成节目的卖点。2018 年迎来两大现象级偶像养成类网综：《偶像练习生》和《创造 101》。

《偶像练习生》是爱奇艺推出的中国首档偶像男团竞演养成类真人秀。制作方从国内外 87 家经纪公司推荐的 1 908 位练习生中，选拔出 100 位练习生，在四个月中进行封闭式训练及录制，最终由网友票选出 9 人，组成全新偶像男团出道。节目首播上线一小时播放量就破亿次。同期，腾讯视频引进韩国节目模式，制作《创造 101》，主角由男练习生变为女练习生，模式是从 101 名练习生中选出优胜的 11 人组成偶像女团。腾讯视频的《明日

---

① 腾讯视频出品，集明星、美食、脱口秀于一身。每期揭秘两位明星的冰箱，何炅与王嘉尔主持，明星与六位主厨以美食为线索，聊生活、八卦等趣事，每期两位主厨利用明星冰箱食材进行 15 分钟创意料理对决。

之子》也是男团偶像养成类娱乐选秀节目。

网生内容也吸引了优秀创意制作团队的集结，优质的头部内容及生产者已经成为内容平台拼抢的目标。

网综《奇葩说》由爱奇艺 2014 年底推出，第一季播放量达到 2.6 亿次。试水网生内容的一炮而红，使马东于 2015 年带领《奇葩说》团队创业，米未传媒成为网生内容生产的新势力。公司目前已完成两轮融资，投资方为创新工场、娱乐工场等，公司估值达到 20 亿元。

2017 年现象级综艺《吐槽大会》是笑果文化制作、腾讯视频播出的脱口秀节目。笑果文化由叶烽[①]、贺晓曦等联合创办于 2014 年，是以“年轻态喜剧生活方式”为定位的网生文化公司。《吐槽大会》以美国《喜剧中心吐槽大会》节目模式为蓝本，两季播放量超过 50 亿次，单期播放量最高达 2.1 亿次。

笑果文化已拥有三档播放量过 10 亿的网综节目：《吐槽大会》《脱口秀大会》《周六夜现场》，形成了网生喜剧节目矩阵。

成立三年，笑果文化完成 A + 轮融资，投资方有王思聪普思资本、华人文化、南山资本、游素资本、天图投资等，融资额约 2.6 亿元，对应估值 12 亿元。

网生综艺的火爆，也使得网络综艺节目成为广告的理想载体。爱奇艺《奇葩说》第一季节目广告招商收入 5 000 万元，第二季破亿元，第三季破 3 亿元，第四季近 4 亿元，花式口播广告让广告金主蜂拥而上。爱奇艺《偶像练习生》总招商额达 3 亿元；《热血街舞团》6.5 亿元，其中节目总冠名权价值 1.5 亿元；优酷《这！就是街舞》总招商额超 6 亿元，其中节目独家冠名权价值 1.5 亿元。

可以说，在这场抢夺用户时间、注意力以及广告主的大战中，网生内容呈现出强大的攻势，逐渐确立了其文化的独立性和合法性。

第二节　网络文学内容创业

美国学者约书亚·梅罗维茨在《消失的地域：电子媒介对社会行为的

① 曾担任湖南电视台记者、制作人、出镜记者，湖南经视《明星学院》总导演，东方卫视《加油！好男儿》《加油！东方天使》《今晚 80 后脱口秀》制作人，《青蛙王子》总导演；被《新周刊》评为中国电视十大金牌制作人之一。

影响》中指出，权威基于信息控制，印刷媒介将人们区隔在不同的知识领域，加强了某些人对特定知识领域的独特占有①；与此相反，互联网媒介将不同场景和领域相融合，并带到了相同场景中，不同领域的相互开放，致使权威被质疑。

网络文学是最早成规模的网生内容创业模式。网络文学经由互联网的赋权，全面改写了当代文学生产与消费的格局，形成从内核到样态都高度互联网化、商业化的内容供给。

截至 2017 年底，中国网络文学用户 3.78 亿人；45 家重点文学网站的原创作品总量达 1 646.7 万种，年新增原创作品 233.6 万部；网络文学作者约 1 400 万人，签约作者约 68 万人。作为网生内容生产的源头和基础，网络文学焕发出越来越大的文化影响力。

一、网络作家创业

个人就可进行文学创作，通过写作表达自己的情感、思想，寻找认同和同好。随着改革开放，写作也经历了体制内作家的精英式、职业化写作到草根作者写作的变迁。80 后亚文化代表韩寒、郭敬明等非职业作家，掌握住了青春文学的写作话语权，打破了老一辈青春文学的教化味和隔阂感，体现了年轻人对于文学表达和内涵的个性需求。

网络上的 BBS 提供了自由发表的场所。这种新的发表形式，激发了创作者的能量。

1998 年，痞子蔡发表《第一次的亲密接触》，把网恋呈现在网民眼前："你轻轻地旋转，在高高的舞台上，别人投射过来异样的眼神，诧异也好、欣赏也罢，可会曾使你的舞步凌乱，还是，令你飞扬的，不是那注视的目光，而是你年轻的心。"痞子蔡的作品，不仅内容和主题是网络恋情，写作也是 BBS 式的：段首不空格，段与段之间空行，写作中使用了不少网络语言。这些元素符号组合到一起，构成了网络文学文本和审美的独特性，也使之获得了独特的文体身份。

网络文学从兴趣发轫，随着网络文学的付费和 IP 商业模式逐渐成熟，成长为稳定的创业模式。

---

① 梅罗维茨．消失的地域：电子媒介对社会行为的影响［M］．肖志军，译．北京：清华大学出版社，2002：79．

在“网络作家富豪榜”[①] 上，唐家三少连续六年蝉联该榜榜首，且自2015年起年版税收入过亿元，成为网络作家群体中符号性的人物。

唐家三少本名张威，生于1981年。他的创作始于2004年2月的《光之子》，小说讲述一个懒惰男孩误打误撞学习光系魔法，最终成为大魔导师的故事。其小说为玄幻类型，主角多是从受人欺负的弱者变成超级英雄，然后解救苍生。语言追求口语化，适合轻松阅读。唐家三少累计创作10多套作品，每套作品都由10部以上小说构成，他曾保持着10多年每日不断更的纪录，成为最高产、最勤奋的网络作家。

2005年，唐家三少签约起点中文网。2013年，与盛大文学合作创立个人工作室“唐Studio”，开始对作品进行“全版权”运营。2014年，唐家三少入选《福布斯》中国名人榜，位列第87名，成为榜单上唯一的网络作家。唐家三少拥有千万量级的粉丝群体，被称为“唐门”。唐家三少曾说：“我保证核心受众群永远是最基层的小白读者，因为这个群体的量是最大的。”

网络文学到底能否称作文学？这一度是传统文学界争论的一个热点话题。不少批评者质疑道：网络文学动辄数百万字、上千万字，流水线式的生产是否能保证质量？类型化创作，特别是诸如耽美、架空、穿越、恶搞等，这是否能体现文学的艺术价值？这就回到了法兰克福学派对文化工业批判的视角之上。

话题的点燃，表明了网络文学本身的良莠不齐，也表明了新物种出现对原有文学定义和权威所带来的冲击。

二、网络文学平台创业

从自由的文学创作到热门的创业风口，网络文学既赶上了互联网和资本的赋权，又遇上了网生内容生产的上升期。

文学与互联网的融合，带来了网络文学这一新物种，也带来了“流量+平台+内容”的运营模式和“付费+IP版权”衍生的新商业模式。

随着网络文学创作的日渐繁荣，1997年底，朱威廉创办国内最早的网络文学站点榕树下；1999年，商学松和吴文辉等创办起点中文网；2000年，

① 网络作家富豪榜为中国作家富豪榜的子榜，由吴怀尧团队从2012年开始制作，在《华西都市报》发布。

清华大学毕业生童之磊创办中文在线。

榕树下当时每天能收到近 5 000 篇投稿，饶雪漫、安妮宝贝等知名网络作家和路金波等出版人都从这个平台上脱颖而出。2000 年，朱威廉个人出资近百万，按字数购买作品版权上网传播。2002 年，贝塔斯曼以 1 000 万美元将榕树下收购。但由于商业模式不清晰，到 2006 年转让给欢乐传媒时，作价已腰斩为 500 万美元。2009 年，盛大文学收购了榕树下。

2003 年，起点中文网尝试 VIP 付费阅读的商业模式，次年被怀着“网络迪士尼”梦想的网游公司盛大网络收购，作价 200 万美元。盛大还收购了一系列网络文学原创网站，包括红袖添香网、言情小说吧、晋江文学城、榕树下、小说阅读网、潇湘书院等，2007 年成立盛大文学，以网络文学为主营业务，由新浪原副总编侯小强出任 CEO。盛大对网络文学的发力，体现了网络文学对于网络游戏的故事、角色、粉丝培育的价值。

网络文学付费阅读商业模式的建立，使网络文学的创作、传播获得了可持续的基础。而网络文学在 IP 运营、流量入口上的文化及商业价值，迅速被 BAT 准确地捕捉。创业公司与互联网巨头都在网络文学赛道奔跑冲击。

2013 年 9 月，腾讯文学成立，旗下有男性向的创世中文网和女性向的云起书院，作品通过移动端的 QQ 阅读和触屏网站 QQ 书城传播。2014 年，从盛大文学出走的起点中文网 CEO 吴文辉任腾讯文学 CEO，掌舵腾讯泛娱乐战略的重镇。2014 年，腾讯以 50 亿元收购盛大文学，随后将其与腾讯文学重组为阅文集团。从这个意义上来说，网络文学最初的创业者多被腾讯收入囊中。

2013 年，百度以 1.9 亿元收购完美世界旗下的纵横中文网，同年以 116 亿元收购包括 91 熊猫看书在内的 91 无线。2014 年，整合纵横中文网、熊猫看书、百度书城等资产成立百度文学。2016 年 6 月，完美世界以 10 亿元回购百度文学，百度持股 20%，并继续提供流量支持。2017 年百度文学更名为纵横文学，获得红杉资本、完美世界的 8 亿元投资，公司估值 40 亿元。

2015 年，阿里移动事业群推出阿里文学，与书旗小说、UC 书城组成移动阅读业务。阿里文学签约了张小娴、何常在等经典作家和网络文学作家，并将旗下 60 部精品 IP 向合作伙伴开放。背靠阿里大文娱，阿里文学成为网络文学领域的又一“富二代”。

据国家新闻出版广电总局数字出版司数据，截至 2017 年 12 月，中国规模较大、影响力较强的重点网络文学网站达 45 家，原创作品总量达 1 646.7

万种；网络文学作家650万人，日更新文字量1.5亿；网络文学用户规模3.53亿人。

网络文学作为泛文化娱乐产业链的上游，为网剧、网大、网综、游戏提供着创意和故事。正是这种网生内容源头的地位，激发了创业者和投资人的兴趣。而中国的网络文学已经成为和美国好莱坞大片、日本动漫、韩国偶像剧并称的世界四大文化现象，文化影响不可小视。

第三节　移动直播、短视频

与网剧、网大、网综等PGC视频内容相比，直播、移动短视频的特点是竖屏拍摄和观看、用户生产，以独特的产品形态和产业业态体现出网生内容的特性。

一、直播创业

降费提速、移动智能手机普及，使直播应用迅速崛起，成为文化娱乐新物种。截至2018年6月，我国网络直播用户规模达到4.25亿人，较2017年末微增294万人，用户使用率为53.0%，较2017年末下降1.7个百分点。艾媒咨询数据显示，在线直播平台约70%的用户为男性，其中，18~30岁用户占比超过70%。

直播风口曾经激起“千播大战”，如今逐渐形成较清晰的市场版图，行业用户规模前十位公司有一直播、YY、映客直播、斗鱼、虎牙直播、花椒直播、熊猫直播、NOW直播、小米直播和企鹅电竞。

斗鱼是国内直播领域创业公司的代表，孵化自A站的“生放送”。2014年脱离A站逐步成长为游戏直播的头部公司。

虎牙直播由2012年上线的YY直播发展而来。平台拥有KPL（《王者荣耀》职业联赛）、LPL（中国《英雄联盟》职业联赛）、LCK（韩国《英雄联盟》冠军赛）等专业电竞游戏赛事直播，众多世界冠军级签约主播与战队。虎牙月开播主播数超过60万，还有超过3万个公会组织入驻。财报显示，虎牙平均MAU数为9 290万，平均移动MAU数约为4 150万，付费用户数为340万。

虎牙在游戏直播行业中首次推出1080P高清码率直播服务，并能够支持百万用户同时在线。2016年启用HTML5直播技术，让用户享受“远离卡顿发烫，1 秒即开看直播”的良好体验。

映客直播由奉佑生在 2015 年创立，其创业初衷是“缓解人性孤独”。映客注重服务主播和用户两端。对主播，提供实时美颜的直播软件，提供有竞争力的直播薪酬，且能够实现日结，在主播竞争中具备了一定的竞争力。作为泛娱乐直播平台，映客注重孵化和培育网红主播。“樱花女神”“映客先生”已成为映客的专属选秀 IP。映客还会为头部网红主播定制原创直播综艺。对用户，通过优化直播技术，让用户秒开视频，杜绝卡顿。另外，通过新增附近功能、增加直播 PK 以及狼人杀等，使直播向泛社交方向扩展。这些都丰富了平台的服务，也增强了用户的沉淀和粉丝的开发。

二、移动短视频创业

（一）短视频的文化风格

国内短视频的创业始于 2005 年，土豆网开设播客，主张“每个人都是生活的导演”。这种短小的内容形态，降低了普通网民的制作门槛。自胡戈的《一个馒头引发的血案》恶搞陈凯歌导演的《无极》开始，诞生了一批短视频名人，如“叫兽”“老湿”“敖厂长”。这也使短视频有了亚文化的底色：恶搞、拼贴、文本盗猎。

移动短视频是移动社交时代的新物种。2012 年，美国的罗斯·亚索波夫（Rus Yusupov）等三人创办 Vine，提供 6 秒时长的短视频社交分享，用户可以制作三段 2 秒的视频组合上传。这种创新的想法让公司被 Twitter 以 3 000 万美元收购。2013 年 Vine 上线后，制造出多个网红大 V，如被称为“美国版 papi 酱”的 Lele Pons，拥有 1 110 万粉丝，其作品观看次数达 84 亿次。Vine 开启了移动互联网时代碎片化、社交化内容产品的新样态。

在国内，移动短视频用户规模领先的应用有秒拍、快手、土豆、西瓜视频、美拍、抖音短视频、火山小视频、小咖秀、VUE 等。截至 2017 年上半年，秒拍月度用户规模为 2.86 亿人，快手 1.29 亿人，土豆 3 013 万人。

秒拍是一下科技 2013 年推出的应用，用户拍摄内容可通过微博传播。腾讯则推出“微视”，主打 PGC 短视频，时长为 8 秒。美图的美拍，为用户自拍提供全方位的滤镜、美化服务，主打颜值，时长为 10 秒。

2012 年，宿华创造的快手短视频和头条系 2016 年上线的抖音，激发了新一轮短视频创作和消费的高潮，它们成为短视频“双雄”（如图 3－2 所示）。

图 3－2 快手（左）与抖音（右）的风格大相径庭

快手的口号是“记录世界，记录你”，以去明星化的普惠文化策略风行一时，一二线城市用户与其他用户的比例形成二八结构。在推荐算法上，快手主推草根作品，鼓励用户真实记录生活，不追求特效、美化、创意，以求真实；不向大 V 倾斜流量，不扶持头部内容，鼓励草根参与。这样的算法贯彻了创始团队普惠、平等的价值观。这使众多“五环外用户”“小镇青年”获得了文化自信，他们多元而驳杂的原生态生活纪录影像都在快手平台上聚集。

抖音的口号是“记录美好生活”，与快手的风格相比，包括了三个方面的文化差异：

一是用户去发现和记录生活中的美好一面。抖音网红用户制作的音乐可以供用户配上相应的美图和视频。用户看到美好的抖音视频，还可以轻易地“拍同款”。这使抖音短视频的内容主要是唯美画面、各种时尚奢华场景、各类萌宠、流行歌曲 MV，抖音与快手使用了完全不同的记录视角。

二是提供各种滤镜、工具为用户美颜。抖音不仅是漂亮“小姐姐”的专属，对于普通用户，抖音把 AI 美妆、美颜做到了极致。瘦脸、大眼、美白、拉长腿等一键生成。这使抖音上满眼皆是美女帅哥，与快手的素颜有了显著的区别。

三是帮助用户进行二次元文化包装。抖音提供各种猫耳朵、头花等动态贴图，满足用户变萌的文化需求；提供变脸、甩狗头、变老、合录等玩法，增加了短视频的乐趣和内涵。

在法兰克福学派看来，文化是经典的、精英的、优秀的文化，而伯明翰学派的雷蒙·威廉斯则将文化定义下沉，他认为文化是“全部的生活方式”，“是对一种特殊生活方式的描绘”①。从文化的角度来看，快手就展现了与网络亚文化、二次元、精致表演文化等不同的文化内容，成为记录和展现中国社会“底层物语”的平台，其在互联网上展现了另一个并不光鲜的现实世界拼图。当然，由此也伴生了博眼球、内容低俗的问题。

作为网生内容形态的短视频也被主流媒体收编。新华社在2014年专门推出“15秒”新闻客户端，它依托于新华社强大的资源优势，以优质、及时、精练的短视频迎合“短、平、快”的移动互联网传播需求。2014年底，中央电视台推出英语新闻短视频客户端CCTV-NEWS，由央视英语新闻频道在北京、北美和非洲三地的国际新闻团队运作，实现24小时为用户提供有关中国的英语视频资讯和互动服务。

2016年，《新京报》的“我们”视频、《南方周末》的“南瓜视业”、界面的“箭厂”、原澎湃团队离职创业的“梨视频”等接连推出。媒体基因的浸润使短视频报道既带网络感，又真实可信，体现出PGC短视频的价值。不过，这些内容的分发还要依靠互联网平台。因而，内容与平台的深度合作显得必要。

微博、美拍、今日头条、快手等内容平台上的短视频内容迅速丰富，淘宝、京东、大众点评等非传统内容平台的“短视频化”也正在进行，短视频模块的接口已经被预留。

（二）短视频平台创业

短视频创业看似一个账号、一台手机就可以开展，其实涉及持续创作能力、运营能力以及商业变现能力的全面竞争。

在早期，短视频靠UGC的新鲜感就能获得流量和用户份额。但随着UGC数量的爆发，用户的口味也越来越挑剔，提升内容创意质量成为竞争的支点。对口型的音乐、表演类的短视频应运而生。

---

① 威廉斯．文化与社会［M］．吴松江，张文定，译．北京：北京大学出版社，1991：19.

音乐短视频先行者是阳陆育、朱骏于2014年发布的Musical. ly。阳陆育生于1981年，中南大学肄业。这款“对口型”应用发布后，意外被美国得克萨斯州几个青少年发现而走红，成为青少年表达自我的新媒介。用户发起的一项“don't judge me”挑战就很有文化代表性：视频中用户先把自己化妆成丑陋的样子，最后再露出真容。这项挑战表达了不要以貌取人的观点，一周新增视频数达到20万条。正是其贴近青少年的文化，使得平台涌现一批青少年网红：拥有1 810万粉丝的16岁Baby Ariel、拥有1 580万粉丝的15岁Jacob Sartorius、拥有330万粉丝的英国14岁双胞胎Max和Harvey。

在完成三轮融资后，2016年，Musical. ly被今日头条以10亿美元收购。

2015年，一下科技的小咖秀上线。其以经典影视素材作为模板，供用户对口型、模仿。这种网络模仿秀的形式减少了用户创意的难度，并助力UGC达到及格线，让普通用户在模仿大咖中过足“戏精”瘾。

字节跳动推出的抖音，也是音乐短视频的模式。人气用户负责生产内容创意模板，多数用户进行模仿秀，类似“双簧”。这种形式使困扰UGC生产的数量庞大与质量密度低的矛盾得到一定缓解。针对同一模板，如冯提莫的《佛系少女》手势舞，引发大量用户模仿“拍同款”，形成挑战PK，增添了乐趣。如今，抖音神曲流行，像《海草舞》《学猫叫》《偶像万万岁》等，成为用户拍摄率高的音轨；各种新的滤镜，如“甩狗头”“一起走”“变脸”“控雨”“吃水果”等，也吸引众多用户跟随。这一定程度上使平台的内容类型集中、窄化。

作为一种新的内容形态，短视频的文化和社会影响也逐渐显现。微视、美拍和秒拍先后发起“春节拜年”“全民社会摇”以及“冰桶挑战”等热点活动，这使短视频深入网民生活。

风口的不断涌现，也使激励政策不断出台。一众平台都把网生短视频的生产作为内容转型战略。

优酷土豆把网生内容（自制、PGC、UGC）作为战略发展的首选。优酷土豆计划在三年内向来自视频用户和小型制作室的原创内容投资100亿元人民币。

腾讯视频在2014年宣布“V+原创平台”计划，为专业视频用户、明星、名人、机构、工作室等建立独立内容合作平台。在2014年，腾讯视频“V+原创平台”PGC累计播放量达到218亿次，流量增长达到6倍，在全平台流量比重已经达到10%。平台还吸引了200多家核心媒体、机构类合作伙伴入驻。2015 年腾讯视频联合万合天宜、暴走漫画、胥渡吧等百家 CP（内容提供商）启动了“惊蛰计划”，重点支持 100 个优质 PGC 项目，全方位支持原创者。

2016 年，今日头条宣布发力短视频，投入 10 亿元补贴内容生产者。

网络直播、短视频的内容形态与传统的长视频、PGC 专业制作界限明显。其生产者是少数的网红和大批梦想成为网红的普通用户，主播和播主们在镜头前生活、表演，收获粉丝的观看互动。这些内容为用户创造了新的娱乐场景：无聊时、碎片化时间刷视频，看自己关注的用户的表演新作，仿佛置身演艺场、夜总会，体会类社会交往的满足；或者自己动手拍摄上传短视频，将自己的生活和表演与网友分享，如果创意充沛，有可能成为被关注的中心。围绕移动互联网的内容生产和消费情境，未来会有更为丰富和多元的网生内容形态。

第四节　自媒体内容创业

BBS、贴吧、博客、微博、微信公众号、快手、抖音，内容传播平台不断诞生、迭代，改变了传统的媒体形态，也使自媒体成为网生内容的生产者和传播者。

一、自媒体的兴起

从读者来信、来电到 BBS，再到网络文学、短视频，用户的表达和创作需求是推动网生内容繁荣的动力。社会化媒体和自媒体等，则成为用户表达和发表内容的新平台。

主打即时通信的微信启动公众号，搜索引擎百度启动百家号，宣称“没有编辑，更没有总编辑”的今日头条启动“头条号”，这些正是各大平台顺应自媒体创作和创业大浪的举动。

2011 年，张小龙在腾讯推出即时通信工具微信。微信的开屏画面是，一个人站在远方期待与蓝色的地球交流和沟通。微信用户在一年时间内就突破 2 亿，成为移动互联网时代最重要的社交平台。2012 年，微信推出公众号，包括订阅号、企业号、服务号，重新连接了人与信息、人与服务，成为自媒体云集的平台。2017 年底，微信公众号已超过 2 000 万个，其中月活跃公众号 350 万个，月活跃粉丝数 7. 97 亿。

2014 年，微信公众号开始显示阅读和点赞数，这使传播效果得以量化，阅读数超过“10 万 +”成为爆款网文的门槛。7 月，公众号开始测试流量主和广告主，为公众号提供了现实的赢利路径。公众号运营者通过广告主功能可向用户和潜在用户精准推广自己的服务；流量主则使粉丝 10 万以上的公众号可以向广告主开放广告展示位，按月获得收入。

大批创业者、传统媒体人、草根创作者涌入内容平台，很多大 V 从中崛起，年入百万者众多。

罗振宇是第一波收割公众号红利的创业者。2012 年，他与申音一起开通了“罗辑思维”微信公众号，以知识型视频脱口秀为创业项目，以会员制和文化电商为赢利模式。2015 年完成 B 轮融资时，罗辑思维估值达到了 13.2 亿元人民币。

财经作家吴晓波于 2014 年上线吴晓波频道，让会员“每天听见吴晓波”，它与罗辑思维一样通过会员制建立内容付费商业模式。

既然是自媒体，其个性化、人格魅力就显得至关重要。这也是内容增值、招收会员的关键。罗振宇每天在公众号上发布 60 秒语音，亲自回复每一条留言，使罗辑思维对应着一个博学、亲切的罗胖形象，将其打造成网红品牌。吴晓波则以自身在财经报道和出版中积累的专业形象，成为用户了解复杂财经世界的知识入口。

打开智能手机，用户的信息来源已经发生了巨大的变化，每一个由专业媒体所报道的领域，都生发出一批自媒体，它们的选题、风格、维度都具备个人化的特征，这为千篇一律、同质化的内容带来一股清流。它们也成为各自领域内的文化、商业的意见领袖。

- 财经类：吴晓波频道、雪球、华尔街见闻、古豪。
- 情感娱乐类：关八、同道大叔。
- 文艺类：毒舌电影、十点读书、新世相。
- 美妆类：新氧、小猪姐姐。
- 美食类：吃货研究所、日食记、日日煮。
- 时尚类：黎贝卡、女神进化论、石榴婆报告。
- 旅行类：猫力、王小猴。
- 乐活类：一条、二更。
- 电竞类：中国 boy、c 菌、PDD。

可以说，自媒体的涌现，成为内容供给侧结构改革的创新力量，各个垂直领域都形成了有影响力的自媒体。

自媒体内容创业常常会很快遇到创意枯竭、更新节奏变慢的“天花板”。可持续运营成为自媒体面临的主要问题。

情感类大号“咪蒙”就总结出一套爆款文章生产的方法论：以偏激、情绪化的表达风格，寻求与用户的共鸣。咪蒙团队会从网络上找热点，知乎高票回答、豆瓣八组、天涯热帖、微博等都是其选题的灵感来源。按照其“三级共鸣”的方法论，一级共鸣点包括热点、痛点，涉及金钱、性、暴力等。引发网友热议的爆款文章《说来惭愧，我的助理才月薪五万》就是这类共鸣点的代表。二级共鸣是属于亲情、友情、职场、社交类的话题。代表作如广告帖《我不要你风光，我只要你健康》。三级共鸣则属于生活方式类的购物、美食、旅游等。

罗辑思维在成为网红产品后，开始思考转型。在收购 papi 酱等头部网红的产品未达预期后，2016 年上线的“得到”，打造知识付费内容平台，开始规模化运营更多的头部知识产品。

二、平台激励与竞争

用优质内容吸引优质用户，形成有效的双边市场，成为自媒体平台构建竞争力的正确姿势。随着微信公众号、头条号、网易号、搜狐号、企鹅号、大鱼号、B 站、快手、抖音等自媒体平台群雄争霸，建立激励机制吸引优质作者和内容就显得尤为重要。各平台纷纷以金钱补贴和创作辅导双管齐下的策略，激励优质自媒体内容的生产。

以算法推荐新闻的今日头条，于 2015 年宣布“千人万元”计划：选择 1 000 个自媒体，每月分别资助 1 万元，一年总计投入 1. 2 亿。腾讯 2016 年启动“芒种”的计划，投入两个亿补贴以扶持自媒体发展。作为搜索引擎，百度在对存量信息进行搜索之外，也开始布局网生内容的整合与生产。在桌面端时代就推出百度贴吧、百度知道等内容产品，通过众创、众包的方式整合和提炼搜索内容。百度百家号则面向移动内容创业，整合原有的贴吧、知道、百科等产品，为用户提供内容生产、传播、变现的网生内容生产平台。

网易云音乐通过营造社区、鼓励用户制作传播歌单、聚集用户评论，使其摆脱了单纯的音乐播放工具的单一性，竞争也由版权转移至用户围绕音乐的社交和内容再生产。音乐社交带来的社区氛围和用户黏性成为网易云音乐的护城河。

网生内容还能实现有效的导流，从而成为电商升级的重要手段。淘宝头条在货物之外加入自媒体导购内容，为激励导购自媒体的成长，淘宝头条“三年预计发放20亿元人民币”。“小红书”则主要以自媒体内容“种草”，帮助电商“带货”，形成更具传播力的内容电商形态。

自媒体新大陆的兴起，形成了新的传播场域。人们对自媒体传播效果的监测、测评需求，使徐达内的“新榜”有了创业的土壤。

第五节 知识内容创业

从网络文学、短视频、网综到段子，网生内容几乎充满了当下的娱乐生活。而百度学术、谷歌学术、中国知网、维基百科、知乎、得到等的出现，表明克莱·舍基关于人们更加建设性地利用闲暇时间来从事创造性活动的主张[①]，已经得到实践。互联网开始影响到社会的知识内容形态和知识生产格局，并重新连接和匹配网生知识与用户。

一、网生知识的生产与创业

知识就是力量、知识改变命运，这是对知识价值的表述。长久以来，知识的生产、传播一直是精英阶层的权力，他们通过学校、科研院所、媒体、出版社、科技期刊、图书馆等职业化、专业化、机构化的组织构建起庞大而系统的知识供给侧。

互联网的到来，使得知识传播也走上了数字化、网络化道路。艾思唯尔、斯普林格、中国知网、谷歌学术等将学术文献数字化上网，构建专业文献数据库，供用户通过互联网随时检索、获取。它们由于获取便捷、资源全面，已经成为互联网时代学习和科研的主要知识入口。

维基百科、百度百科则更具创新性，它们以在线百科的形态，由分散在世界各地的网友志愿协作，编写词条。互联网发挥组织能力和赋权机制，将每位参与者的“认知盈余”聚合起来，这也是维基类百科与传统百科全

① 舍基．认知盈余：自由时间的力量［M］．胡泳，哈丽丝，译．北京：中国人民大学出版社，2012.

书在产品 DNA 上的根本不同。在线百科对原有知识进行整合和重述，并且永远在更新，形成了内容不断进化的新生产机制。

这种生产方式改变了知识生产的话语权，其由网民群体协作，而不是完全垄断在学者、科学家、教育科研机构手中。同时，完整、成体系的知识被简化为词条，满足了浏览、查询的需要。一些网络关注的内容、话题可以得到及时更新，甚至可以进一步创建为词条，这增强了网络文化的话语权。

百度知道、新浪爱问、头条系的悟空问答等，则对人类已有的知识进行了二次加工，进一步改变了知识的形态。知识由文献本身转化为用户问题的回答。提出一个优质问题的题主与高质量回答的答主，形成了对知识的筛选、激活，使之满足了移动互联网时代普遍的轻度知识需求。它们通过提问的形式使知识简明扼要，提升网络信息搜索的满足率。

在上述互联网知识服务的迭代基础之上，知识付费这一新物种最终孵化问世。2016 年可称得上知识付费元年：4 月有问咖、值乎，5 月有分答、知乎 Live，6 月有得到“李翔商业内参”、喜马拉雅 FM“好好说话”。新平台、新产品如雨后春笋般冒出，形成了知识付费的风口。

二、知识付费的内容形态

互联网付费学习并不是新事物。新东方网校、学而思网校、VIPKID 等在线课程学习已经成形。

从内容角度来说，这些教学内容是教育体系的一部分，消费者主要为学生，而知识付费的内容是网生内容，消费者是拥有知识需求的更广阔范围的用户；从基本模式上来看，知识付费是作者以收费的方式向用户共享自己独特、专业的知识积累和认知盈余，与付费英语学习、考研培训有相似之处；从本质上来看，知识付费提供的是网生知识内容，通过具备认知盈余的人重述、重组知识内容，使其嵌入移动互联网学习和传播场景。

以知识付费为代表的网生知识有以下两种内容形态。

（一）有质量的知识内容重述和再生产

有质量的知识梳理是知识付费模式的支点。樊登读书会、罗辑思维、薛兆丰、高晓松等，都是有特色的网生知识创业者代表。他们通过广泛的涉猎和积累，用自己的角度和方式重述人类知识。

罗辑思维以读书为线索，结合白领用户关注的社会热点、生活难题，以故事讲新奇的、颠覆性的观点。内容追求“有种、有料、有趣”：“有种”即态度上不媚俗；“有料”即传播内容要有价值，这使其划清了与八卦娱乐的界限；“有趣”即分享方式好玩、有趣，这也有别于严肃媒体，发挥脱口秀的语言和思想之美。用罗振宇的话来说是“死磕自己，愉悦大家”。节目包装朴实不花哨，适合伴随性观看。

罗振宇本人的妙语连珠和博览群书，形成了独特的“公知”风格。《夹缝中的80后》《这一代人的怕与爱》等有较高口碑的节目，充满了罗氏金句，例如“用互联网思维吃霸王餐”“建立连接”“U盘化生存”“魅力人格体”等，表达着他对于商业文明、自由主义的拥护的价值观。基于知识内容的独特性，罗辑思维打开了通向知识社群的大门，形成了微信公众号、微信群、微商城、知识服务客户端等服务矩阵。

樊登读书会以语音讲解图书的方式，帮助和带领用户完成阅读。马东等借着《奇葩说》的品牌，开设了口才课，授人以渔。

2016年，北大经济学院教授薛兆丰在罗辑思维旗下“得到”平台推出专栏《薛兆丰的北大经济学课》，售价199元，订阅用户逾20万人。薛兆丰不仅获得了财务自由，也成为经济学界的网红。他随后辞去北大教职，全职做知识付费课程。有意思的是，此前北大英语系教师俞敏洪因在校外开辅导班被校方发现，受到处分后于1991年辞职，并于两年后创办了新东方学校。这一方面体现出创业对于知识分子来说具有独立自由的价值，另一方面也体现出创业可能性路径的丰富。

企鹅智酷的调查数据显示，用户最欢迎的知识付费内容是深入浅出、主打专业知识的干货、硬货。近2/3用户愿为“能提高工作效率或收入的知识和经验”付费，近四成用户愿为“职业与学业的发展建议”付费。

知识付费的内容形态以短音频、短视频或图文结合等形式为主，时长从一分钟到一二十分钟不等，适合移动端阅听，用户在等候、运动等碎片化时间内便捷、易得地进行消费。

（二）个性化的问答式网生知识产品传播

知识存在着半衰期，知识能够满足当下需求的程度不断降低。知识付费提供有效、有用的现实知识方面，有其价值。其体现形式就是针对用户现实需要的问题提供知识解决方案。问答类知识与新浪爱问、百度百科等相似，都是通过提问、回答的形式，对知识进行筛选、激活，实现知识的个性化传播，以有效应对互联网信息和知识爆炸的现实。

分答、知乎 Live 通过付费的形式，更加注重问答的个性化、权威性、有用性，这提升了对答主的知识水平的标准要求，从而也对知识的重述和重构提供了更强大的动力。

第四章 互联网思维驱动的文化创业

文化产品与服务，是对多样化、个性化创意的制作、赋形，使其具备统一的形态、质量标准，并获得与消费者沟通的能力。

福特汽车公司创始人亨利·福特说过："如果我当年去问顾客想要什么，他们肯定会告诉我：'一匹更快的马。'"敢于打破刻板印象的互联网思维成为文化产品创新和创业的重要维度。新的产品与服务创业，通过颠覆原来产品的刻板印象，重新定义新的产品形态和增值服务，从而实现全新的价值发现和创造。

第一节　互联网产品的创新

文化产品本身指向感官愉悦、理性思考、精神审美等多个层面，具有与其他物质产品所不同的功能。

而互联网文化产品与传统文化产品也有所不同，它并不是孤立的产品形态，而是自带关系、结构，并匹配或定义消费场景，还提供用户再生产的入口。

互联网的基本价值在于连接，关系即表明连接的维度。社会关系就是社会成员的连接维度，而互联网的连接不仅借助和再现社会关系，同时也创造出新的社会关系。

一、关系维度的创新

从关系维度来看，报刊、广播电视作为信息中介，使新闻信息、文化娱乐等内容与受众建立起连接，形成了读者、听众、观众等关系；同时又使受众与广告建立起连接，这样就构成了"双边市场"。

（一）互联网：以信息为中心的关系

互联网的创新扩散，使受众开始迁移上网，原有的连接关系模式被打破，影响了传统媒体的内容生产和商业模式的可持续性。用户与内容服务，需要基于互联网重建连接。

在 Web1.0 阶段，互联网媒体以其海量、便捷、免费等优势，将原有的内容产品数字化、网络化，在互联网情境下重新建立用户与信息的连接，网众成为新的受众群体。

贝索斯 1995 年创立的亚马逊，使迁移到互联网的“移民”与书刊音像产品重建了连接；2007 年推出的 Kindle，以新产品形态和业态与“网络原住民”建立起关系。贝索斯的创业，构建了全新的网络销售、阅读和消费图书的场景，倒逼传统出版业、图书馆迅速电子化、数字化、网络化，与迁移到互联网上的用户重建关系。①

同样，互联网的出现，也使传统音乐产业面临与用户关系的重建问题。1999 年，美国东北大学学生肖恩·范宁开通了搜索、共享 MP3 的 Napster，其以免费、共享的特性在大学生群体中风靡一时，但因触动了唱片公司的“奶酪”而遭到起诉。2001 年，Napster 被法庭下令关闭。

然而，在线、触网已成为音乐产业无法回避的创新趋势。2001 年，乔布斯的苹果公司发布 MP3 播放器 iPod，产品以炫酷的设计、优化的操控连接了年轻、新潮的音乐用户。苹果公司同时推出 iTunes 在线音乐商店，销售正版数字音乐，并提供下载。从此，音乐升级为在线数字流媒体，正版音乐与用户在互联网上重新连接。而曾经大火的手机音乐彩铃，也使数字化音乐在新的网络场景中满足了用户的文化需求。

在 Web2.0 时代，互联网的连接能力大大提升。由信息/产品与人的连接拓展到人与人的连接。社会化媒体的出现是标志性的产品升级。

携程、猫眼电影、饿了么、滴滴出行、摩拜单车等 O2O 模式创业公司，不仅使互联网连接了网民与线下产品服务，更关键的是，连接建立在网民口碑、评论基础之上，即新用户是通过其他用户的意见而选择产品服务，而不是商家发布的广告。这表明了用户话语权的提升，这也促使商家更加注重用户反馈、积累口碑美誉度。

从天涯社区、豆瓣到微博等产品，网民通过点赞、跟帖评论、转发、关注等交互行为，形成虚拟社群。豆瓣以“兴趣和发现”为关系，构建趣缘式的网络社区，这与以往的血缘式、地缘式、业缘式的传统社区连接明

---

① 翁昌寿. 理解文化产业：网络时代文化与意义生产研究［M］. 北京：中国广播影视出版社，2016：80.

显不同。这一方面再现了现实生活中的信息及舆论广场机制，另一方面使网络时空不再虚拟，成为真实的社群构建、组织、动员、认同的新空间。

（二）移动互联网：以人为中心的关系

由互联网迁移到移动互联网，互联网连接能力大升级，并引发了新一轮产品与用户关系的解构和重组。

移动终端的独特之处在于它的个人特征，能够24小时随身。智能手机、智能手表、传感器、可穿戴设备等智能终端，使对应的人与物无时不在线，无处不连接。

以人为中心的连接迅速展开。当然，这个“人”是移动终端对应的人的数字化身，以移动终端为其数字器官。已存在的社会关系，即“强关系”，例如家庭、同事、好友通过社会化媒体得以数字化再现，PC时代的校内网、人人网基于同学关系，微信各种群最初基于各种熟人关系。

新的社会关系也开始构建，Facebook、微博基于大V与粉丝，形成围绕意见领袖的新连接。自媒体更是突出人格化的特征，如罗辑思维、吴晓波频道等，以建立人际化的连接关系。映客、斗鱼、花椒等直播客户端中，粉丝对网络主播的追捧和刷礼物，连接了粉丝和主播。陌陌等交友软件，帮助陌生人建立社交关系。争议不断的拼多多则通过砍价、拼团构建电商领域的社会关系。LBS（基于位置的服务）技术，美团、滴滴、陌陌、微信、快手、抖音等通过地理位置匹配附近的人、信息、产品和服务。

算法是最新的连接。基于大数据，信息、内容与用户，用户与用户的连接更为精准，连接关系也更具有黏性。

美国学者霍华德·瑞恩高德于1993年提出网络社群（virtual community）的概念，并将其定义为“是一种社会群体，是足够的人、情感与人际关系在网络的虚拟空间上长期互动、交流与沟通而产生的社会聚合体”。[①] 网络社群因互联网的连接而突破以往基于血缘、地缘和业缘的群体组织方式，亦即突破了一定物理空间和熟人圈的限制，从而将固定地点的社区转变为关系空间，使兴趣趋同、价值观趋同的人们汇聚在网络空间里。网络社群也是一种全新的结群方式和社会组织方式，在这种方式下，人们进行聚集、

① RHEINGOLD H. The Virtual community: homesteading on the electronic frontier [M]. Cambridge, MA: MIT Press, 2000.

意义分享和群体行动。[①] 互联网产品在虚拟社群的建立、维系中，起着不容忽视的作用。

（三）网络文化生产中的关系

新的关系建构还体现在文化生产之中。

用户不仅仅是内容产品的消费者，也是内容产品的再生产者、再定义者。UGC 遍及从起点中文网（网络文学）、微信公众号（公众号）到快手和抖音（短视频）的互联网文化空间，内容生产的门槛降至零，生产者的规模急剧扩大，用户规模也随之增长。

网生内容并不是一个静态的、完成式的产品。上线后用户的点击、播放、弹幕、话题，是对内容产品的再生产。网生内容天然是一种“受众参与式文本”，它成为内容连接用户的关系产品。

在阅读一则新闻的时候，用户会下拉看评论区，自己也会跟帖评论、转发。PGC、UGC 两者共同组成了信息传播与反馈互动的流程。甚至在很多时候，用户跟帖的“神回复”和“段子”内容带给读者更大的快感和共鸣。从中可以看到，新闻阅读的行为发生了新的变化。

可见，互联网内容产品其实是被嵌入一个系统、平台或者生态之中的。不被网友传播和再生产的内容，不能称为互联网内容产品，也无法实现其快感和意义的流通和增值。这正是不少传统内容生产者在网络场域中所不适应的地方。

大数据、计算机算法的应用，使移动互联网挖掘关系、精准连接的能力有了质的提升。

信息推荐算法，通过对大数据的清洗筛选、分类、排序，为用户和信息产品画像，从而发现人与信息、服务的关联。搜索引擎谷歌使用的 PageRank 算法，可以对搜索结果进行排序，使更符合用户需要的检索结果得以优先呈现；亚马逊等电商使用协同过滤算法，它通过“购买此商品的人，还购买了 × × 商品”，为用户推荐相关商品，提高客单价值；快手、抖音的算法则根据用户的偏好和刷屏行为不断地智能推荐短视频内容。

快手的算法体现了公司的普惠价值观，换句话说，就是让普通用户创作的内容获得更平等的对待。字节跳动推出的今日头条、抖音等产品，都

① 张华．网络社群：网络舆情研究的核心概念和分析框架［J］．新闻界．2014（15）．

是以推荐算法为核心，发挥自然语言处理和图像识别的技术优势。今日头条起初并不生产原创内容，而是以算法推荐取代人工编辑判断，破解了信息爆炸时代的传播痛点。算法推荐通过对海量文章进行分类、摘要抽取、主题分析、信息质量识别等处理，在0.1秒内计算推荐结果，3秒完成文章提取、挖掘、消重、分类，5秒计算出新用户兴趣分配，10秒内推送到用户端。

如果说今日头条还主要是对全网新闻资讯的智能分发，那快手和抖音则是对网生内容的智能分发，两者借助算法重新匹配和连接了新内容与新用户。

二、场景维度的创业

由于移动互联网无处不在，移动智能终端成为24小时伴随的媒介，这就一方面打破了原有使用场景的边界，另一方面也极大地丰富了使用场景，场景维度成为互联网产品的新尺度。

场景由用户需求和行为以及使用的时间、空间等指标综合构成，它使互联网产品能够更为精准地满足用户此时此地的个性化需求。

场景并非互联网时空的专属，传统的电影档期、电视收视时段都是对消费场景的建立和开发。电影暑期档，观众以放暑假的学生和亲子观众为主，这一档期上映的电影就要以青少年、校园、科幻、动漫、主旋律题材等为佳。有关管理部门与市场还默契地设立了“国产电影保护月”，以保护国产电影和青少年观众。而借力“光棍节”的网络文化，在2011年11月11日“超级光棍节”来临之际，完美世界影视推出由同名网络小说改编的《失恋33天》，主打失恋治愈文化场景，使投资不到千万的小成本电影斩获3.5亿票房，成为华语电影小成本大票房的经典之作。之后，“光棍节”也被开发为新的电影档期。

在互联网情境下，场景的解构和重构同时发生。

传统的场景或者消失，或者在网络上复制和再建。

书店变成网上书店，书籍变成电子书，夜总会变成直播，电话变成即时通信，媒体变成智能客户端等，这些都说明原有的场景被网络场景所替代，而原有场景则趋于消失。实体书店原来所倚重的地段场景贬值，书籍所倚重的书房、图书馆场景弱化，电视所倚重的客厅场景变得稀缺。

移动互联网环境下，新的场景不断浮现。

随身移动媒介使用户候车、通勤、工作间隙、无聊等碎片化时间变成有价值的场景。针对碎片化时间的“杀时间”应用，如朋友圈、今日头条、快手、抖音，内容的生产与消费都是碎片化的。这些应用具有15秒到几分钟的内容形态，下拉总有更新的信息流，这些特点使其都适应了移动互联网时代的新场景。类似薄荷阅读等的“打卡阅读”、“得到”上的知识付费课程，都是将学习化整为零导入碎片化场景的创业成果。

陌生人社区、汽车、智能家居也成为新场景。喜马拉雅FM等音频服务于用户开车、听歌、语言学习等伴随性收听的场景。乐视虽然由于扩张过于迅猛、资金链断裂，遭遇“窒息”，但其视频生态思想仍体现出互联网产品的场景思维，即把正版视频内容，推送到各种消费场景中去，实现版权视频内容价值的最大化。与这一战略相应，乐视规划的互联网电视、智能手机、汽车等产品，切入网生代用户的客厅场景、移动场景和驾驶场景。

场景的丰富，使文化产品与服务获得增值。针对早高峰、通勤和睡前、家里等不同场景，同一种音乐、新闻客户端就要考虑向用户提供适应不同场景的内容。前一个场景需要节奏明快的音乐、硬新闻、短资讯，后一个场景需要舒缓的助眠音乐、故事特稿类报道。与晚间娱乐场景相匹配的网络直播，以聊天、歌唱、喊麦、演艺等人际交互内容为主，这形成了网络夜生活。

同一种产品和服务的应用场景，也出现跨界、融合的趋势。音乐与移动互联网融合，从一个人听的场景，丰富为社交场景、仪式场景、社区场景。腾讯的全民K歌客户端、网易的云音乐，都使音乐应用的场景大大拓展。

手游也天然地增加了社交场景。腾讯的小游戏“打飞机”“跳一跳”，首先是利用碎片化场景的轻度手游，其次通过微信排行榜排名，激发好友间的社会比较，这些特点都使其风行一时。日本HIT-POINT公司开发的放置类手游《旅行青蛙》，适应了时间精力不多的非专业游戏玩家，并通过朋友圈的分享和社交激发玩家的兴趣。

图片、文字、视频、游戏都构建起丰富的场景。语音操控也成为新的消费场景。从苹果的Siri到微软的小冰，语音智能助手已经成为用户与智能手机交互的主要手段。而在驾驶场景中，中央操控屏、智能后视镜等更依靠语音进行人机交互。在智能家庭场景中，智能音箱的崛起，迎合了用户不起身声控智能硬件的现实需求，也成为全新的人机交互场景。

社会发展变迁正在不断地构建出更多的文化生产和消费场景：可穿戴设备、智能汽车、VR（虚拟现实）/AR（增强现实）、人工智能等新技术新设备创造出新场景，粉丝文化、网络社交、UGC 等新产品得以诞生，成为新兴文化风尚。对新场景的捕捉、构建，是文化创新和创业的维度之一。

互联网线上场景的丰富和构建，并不意味着线下场景全部都会消亡。恰恰相反，线上与线下的融合，形成了互联网时代的全新场景，即 O2O。从饿了么、美团、盒马鲜生到共享单车，垂直细分的新场景都是融合线上与线下的场景，融合创造出更大的价值。2014 年，在红杉资本的撮合下，唱吧客户端与麦颂 KTV 合并为唱吧麦颂。手机音乐与线下 KTV 实体店的融合，打破了 KTV 曲库限制，不仅支持用户从 QQ 音乐、虾米音乐、网易云音乐等手机客户端中直接同步歌单到 KTV 点歌系统，还拓展出无界娱乐、近场社交等互联网玩法，从而成功转型为年轻人的 KTV 品牌，截至 2018 年底在全国 31 个省份开设超过 550 家门店。通过线上的信息流向线下的产品流和服务流导流，线下场景实现了互联网化，被收纳进移动互联网生态之中。

场景和关系，是互联网文化产品的特征，也是创新和创业的维度。各种维度并不是独立、单一存在的。刘慈欣的科幻小说《三体》中提到"降维打击"，指对生物采取降低或者去除其生存维度的方式，实现致命打击。而从进化的角度上来看，互联网产品的场景和关系两个维度，正是其进化得来的高级特征。

三、互联网思维

传统文化产业向新兴文化产业的转型和升级，有形的路径和模式易于分析掌握，而互联网思维方式却是看不见的深层文化结构。这就形成了转型升级中既明显而又难以弥补的"阿喀琉斯之踵"。

什么是互联网思维？至今没有一个学术上的定义，更多的是实践中的多维描述，一百个互联网人心中就有一百种互联网思维。

小米创始人雷军把互联网思维的精髓归纳为四点："专注、极致、口碑、快"。腾讯创始人马化腾列举出"标签思维、简约思维、NO.1 思维、产品思维、痛点思维、尖叫点思维、屌丝思维、粉丝思维、爆点思维、整合思维"等具体内容。

其实，具备互联网思维，最重要的是要认识到，互联网是新地基，而不仅仅是一个渠道增量。因而我们必须站在互联网的情境中去运营创业，从而发现并满足用户的新兴文化需求。

传统电视机生产竞争激烈，属于附加值较低的电子制造业。电子商务也只是通过互联网销售电视机。而真正的互联网电视，是来自互联网科技公司的创新：小米公司、微鲸科技抓住三网融合的机遇推出机顶盒、智能电视，打造互联网电视产品，使智能电视重回客厅娱乐中心的地位，并替代传统的电视机，成为家庭场景中的互联网入口。

曾经的手机巨人摩托罗拉、诺基亚，不仅使粗笨的“大哥大”变身纤细靓丽的时尚产品，还设计出翻盖、折叠等手机式样。但它们没有觉察到移动互联网将对移动通信带来的冲击和变革，从而黯然丧失江湖地位。而苹果、三星、华为、小米研发的智能手机，则由语音通话、发短信的通信工具成为移动互联网时代的入口。

物联网概念和实践的推进，使家电行业面临着终极淘汰赛。家电行业如果不能向智能家居的方向转型和进化，将彻底与互联网升级的红利擦肩而过。

硬件产业的此消彼长，深刻地体现了互联网思维决定互联网时代的创业结局。

互联网思维意味着适应互联网的创新。

谷歌作为互联网巨头，就是以互联网思维看待网络的信息和内容，以搜索引擎的模式缓解了信息爆炸、质量良莠不齐的痛点，提升了信息传播效率和消费体验。在其他公司还在 PC、平板、智能手机等赛道上跟随苹果公司时，谷歌就已经将 AR 眼镜和可穿戴设备摆到了用户面前，成为人的“嵌入终端”。当电视屏幕和电影银幕在尺寸大小上做文章时，360 全景摄影以及更具革命性的 VR/AR 技术进入实用阶段，使人们以第一视角“身入”现场或者场景，完全改变了人们的临场感和时空观。

这些技术的产品化应用必将完全改写当前的新闻制作、电影观看、游戏娱乐、社交互动产品形态和业态，带来全新的产业发展机遇。

在互联网思维加持下，全新的运营方式也被创造出来。

文化项目众筹模式发挥互联网的“长尾效应”[①]，实现了粉丝向投资者

① “长尾理论”由美国《连线》杂志总编克里斯·安德森提出。该理论认为，当网络技术的发展极大削弱了产品生产、展示、储存、销售等各个环节的综合成本后，长尾产品聚合而产生的总体收益非常可观。传统观点认为并不能带来可观收入的那 80% 的尾部，其实是网络经济的赢利点。安德森. 长尾理论［M］. 乔江涛，译. 北京：中信出版社，2006.

的转化，为中小文化企业和项目引导了资金流，有效控制了市场风险。2014年，阿里巴巴推出电影众筹产品“娱乐宝”，一年间参与者近千万，融资额接近5.6亿元。“娱乐宝”投资了近20部电影，累计票房超过37亿元，开启了文化投融资和互联网金融的蓝海。

在互联网企业反向进入传统产业、完成模式重建和价值重估的同时，一个现象值得我们深思：一些传统企业试图主动与互联网联姻，却往往以失败告终。①

在Web1.0时代，各家出版社、发行公司都看到了网上书店的变革性力量和全新商业模式，纷纷创立网上书店。

但在泡沫退去后，文化出版发行巨头新华书店，包括上市的上海新华传媒、四川文轩、凤凰传媒等新华系公司，并没有把传统的发行和渠道优势延伸到互联网上。文化电商的领导品牌的地位被2003年进入中国的亚马逊、1999年创业的当当、京东等非出版发行背景的互联网公司占据。

当数字出版出现第二个风口——电子书时，出版社出现了一大批弄潮儿。早在2000年，辽宁出版集团就推出“掌上书房”，中国出版集团推出“大佳”，上海世纪出版集团推出“亦墨”，但它们都远远不及领跑者亚马逊Kindle和半路杀出的汉王电纸书。

而在专业出版领域，转型数据库出版商成为清晰路径。国外已有成熟的样本：斯普林格、艾思唯尔等专业出版商。而历史悠久、品牌卓著的“人大复印报刊资料”，与网络知识文献中心的机会擦肩而过，把机会送给了清华同方、北大方正、超星数字图书馆等高科技企业。如今，清华同方的“中国知网”成为互联网中文文献入口。

在网生内容赛道上，网络文学这一最具互联网基因的内容产品，其领跑者为阅文集团、中文在线、阿里文学、纵横文学等，传统出版商缺少孵化和培育网络文学IP的能力，被边缘化为网络文学价值链上的价值实现窗口之一。

在一波接一波的技术革新业态的浪潮中，传统文化生产者大多成为新兴文化生产者的陪跑者。

同样的故事也发生在媒体领域。Web1.0时代，媒体对互联网的反应更为迅速，通过“报网互动”“台网互动”的模式，试图将传统媒体的品牌、

---

① 翁昌寿. 阅读终端的变局与布局［J］. 中国出版，2011（13）.

公信力和受众资源延伸到互联网上。但最终没有媒体背景的互联网公司新浪成为新闻门户。

在 Web2.0 时代，《人民日报》曾投入巨资发力搜索引擎，集各种国字号资源与品牌于一身，终以失败告终。而试图在移动终端 iPad 上再造新闻帝国的默多克，试水全数字媒体《日报》（The Daily）铩羽而归，于 2012 年宣告实验失败。《日报》的失败在于用传统方法来经营这份杂志：定价高，更新慢，不注重用户体验……与互联网免费、全时化编辑、计算机算法智能化推送的信息整合能力对比，可谓处处有硬伤。

而在移动互联网时代，理工男张一鸣的今日头条，让新闻传播发生了颠覆性的质变。编辑的角色和功能被计算机算法所取代，算法成为重新分配话语权的“看不见的手”。

这表明，作为移动互联网时代的“移民”，传统文化产业要适应新的传播环境，必须要补上互联网思维这一课。

第一，用互联网思维去思考“连接”。

互联网把信息、人、万物连接在一起，创造出互联网空间的社会组织结构。这就意味着，传统文化产业的内容生产要连接用户，特别要与互联网用户重新建立连接。否则，只能成为互联网文化平台的资源供应商，而失去用户这一核心资源。腾讯创始人马化腾在 2014 年反思腾讯战略时说：“在移动互联网时代，腾讯专注做连接器，连接人、设备和服务。”而 QQ 和微信就是最重要的两个连接器。

第二，用互联网思维去思考内容生产。

连接互联网用户不能用传统内容，而要用网生内容。网生内容并不等同于将传统文化产业的内容“搬运”到互联网上，而是要从互联网思维出发重新思考内容服务形态：既要制作优质的内容，也要构建内容生产平台，打响内容生产的人民战争；既要生产内容，还要分发内容，在传播中实现内容的价值和增值，从而深度嵌入互联网文化生产和消费场景，由内容生产变为互联网产品生产。

第三，用互联网思维思考入口和生态。

在互联网场景中，传统文化产业执着的“内容为王”“渠道为王”的二分法不再适用。融合内容与渠道的平台已经成为基本文化生产和消费的空间。这就意味着，文化企业应当重新审视自身在互联网信息和文化生产中的定位。互联网文化企业应当围绕用户需求构建起平台和生态，使之成为互联网文化内容入口，从而具备更核心的竞争力。

对文化创业者而言，互联网思维强调的是，不能仅仅把互联网视作工具和技术革命，而是思维革命、世界观革命，它带来了对产品、用户、连接、价值的全新思考和全新行动。

第二节　数字虚拟产品服务及体验

互联网由巴赫金所说的“第二世界”上升为“第一世界”，其间的原住民——“网生代”和“移动网生代”对虚拟符号的认知不亚于实体物品，对动漫游戏等二次元人物的喜爱不亚于真实偶像，对网络社区的认同与归属感也并不亚于真实社区，对虚拟时空的真实感不输于物理时空。

自然，这也为创业者们提供了一片新兴的蓝海：加 V、黄钻、皮肤、会员等各种虚拟的网络身份标识，游戏点卡、游戏装备、直播所刷礼物等虚拟财产，虚拟偶像等娱乐明星，都围绕用户的数字身体和身份而被研发和生产出来。

这些虚拟符号和器物构建起网民的数字身体和网络身份，形成了在网络情境下的独特行为与需求。

一、虚拟产品经济

虚拟产品是文化创意产业的产品之一。从 ID 皮肤，到微信朋友圈中的表情包、游戏中的装备点卡、网络直播间的虚拟礼物，都属此类。

游戏中的点卡、装备、装扮服饰等，在游戏中增加玩家的快感、级别和生存度。《王者荣耀》中的皮肤、《恋与制作人》中的卡牌，都增加了玩家的生存能力、通关能力，提升了游戏中的控制感。恋爱经营游戏《恋与制作人》中玩家若想顺利通关、完成任务，需要拥有高级卡牌。卡牌有两个来源：一是免费抽取，但中奖率不高；二是购买，不少玩家选择充值获得游戏金币或游戏钻石，并用此道具实现更多抽取机会。同时，在游戏文化体系中，这些虚拟产品有构建虚拟身份的社交价值。

在新的风口——直播平台上，粉丝向主播送出的虚拟礼物，都是虚拟数字财产，用户需要付钱去购买。花椒直播中的“花椒豆”可以购买到虚拟的鲜花、跑车送给心仪的女主播。映客销售汽车、飞机、游艇、岛屿等多种虚拟礼物，供用户刷给主播。2016 年，有 210 个用户在映客上充值超过 100 万元，409 位用户充值数额在 50 万至 100 万元之间。2017 年 1 至 3 月，32 个用户充值超过 100 万元。用户出手大方，在于刷礼物能够赢得主播隔屏的问候和青睐，获得专属的情感体验。

随着虚拟产品生产和消费的不断增加，虚拟产品经济也受到学者的重视。虚拟产品的价格、价值、消费者体验等都是研究的方向。

传统实物产品成本由固定成本和可变成本两个部分组成，随着产量的增加，边际成本先递减而后递增。新兴内容产品或者数字产品固定成本较大，但复制成本几乎可忽略不计，也没有运输成本，边际成本永远递减。这从成本定价的角度，分析了虚拟产品的特殊性。

当然，生产商为了使虚拟产品具有价值，必须运营维护其使用的虚拟时空和场景，并使其持续稳定地运行。一旦脱离了游戏和直播平台构筑的虚拟世界，这些虚拟物品便毫无价值。另外，为了培养用户付费购买虚拟产品的习惯，厂商必须保证虚拟产品的有用性、唯一性等价值，使付费用户获得比普通用户更多的虚拟社会资本和虚拟文化资本。

二、数字身份产品

网络时空是虚拟的、数字化的，而身处其中的网民通过 ID、头像、标签、实名认证等获取自己的网络身份标识。基于在虚拟空间的数字身份，网民建构起自己的数字身体，这就有了与社会身份、真实身体同样的身份认同、品位区隔和社会比较的需求。

消费主义背景下，产品本身的功能性已经不再是最重要的指标，产品与用户身份的关系和关联地位上升。产品对用户身份认同和建构的满足、产品调性与用户的匹配，成为产品与产品区隔、产品与用户认同的要素。

具有数字身份的虚拟产品，主要包括以下几类。

（一）各种虚拟的形象符号

虚拟的形象符号包括社会化媒体用户、游戏玩家的头像、皮肤、装饰品、头衔、勋章等外在形象符号。像 QQ 会员就有动漫头像、动漫身体等基础形象符号。如果想要在自己的虚拟形象上做一些装饰，那就需要花钱购买。

（二）数字美颜

随着社交媒体的兴起，用户更加注重对社交媒体上的个人形象建构。

而构成个人数字形象的照片、视频等的修图、美化就成为刚需。美图、脸萌、美拍、抖音等都提供了大量的一键修图工具，供用户轻松完成美白、去痘、瘦脸、大眼等美妆式修图。直播和短视频也提供了实时动态美颜工具，它一方面提供实时的美颜，另一方面也提供二次元的装饰，如猫耳、尾巴等，使用户的社交形象更美、更风格化。

（三）会员身份

在会员制的文化内容服务中，会员身份对应着各种内容优先消费权利。如爱奇艺会员、优酷视频会员、网易云音乐会员等，拥有会员身份可以高速下载、免广告、优先看新剧等。例如，在普通级别的 QQ 会员之上，依次有黄钻、绿钻、蓝钻等级别，不同级别对应不同的用户特权。“超级会员”享有 80 项顶级特权，半年收费 120 元。用户 ID 上嵌上超级会员、钻石标记，以显示优越身份，“不做大多数”。而微博、微信、头条号、百家号、抖音号等实名认证、加 V，则赋予数字身份以真实性、权威性。淘宝买家和卖家 ID 的加钻、皇冠标识，表明买家和卖家的信用度。

（四）游戏中的角色身份

在网络游戏中，特别是角色扮演游戏，玩家操纵游戏中的数字身体进行打怪、通关。在网络游戏中，除了游戏娱乐，游戏角色身份认同也是重要的文化体验。

腾讯的现象级手游《王者荣耀》，基于真实历史人物或神话形象设定了 48 个英雄角色，其中 80% 以上的英雄角色来自传统文化原型，玩家通过购买英雄皮肤来实现对英雄的认同，构建自我游戏角色。皮肤的等级分为普通皮肤、勇者皮肤、史诗皮肤、传说皮肤等，在营销中还会加推英雄皮肤的年份限定款等。不同等级的皮肤，其声音、视觉、特效等均有所不同，带给玩家不同的角色体验、身份认同体验，增加游戏角色的能力和美感。

史诗皮肤售价在 88 ~ 98 元间，角色拥有漂亮的外形、炫丽的技能特效、特别的语音特效等。传说皮肤售价在 178 ~ 198 元间。就传说皮肤来说，一方面，游戏中只有极少数英雄才有这一等级皮肤，具有稀缺性；另一方面，在史诗级特效设计和效果基础上，又加入了回城特效，即玩家操纵英雄角色回城时，会有炫丽的视效，提升游戏体验（如图 4 - 1 所示）。

图 4-1　《王者荣耀》中的“传说皮肤”：貂蝉和武则天

第三节　互联网产品的迭代

产品具有生命周期，将创意产品化、标准化，并推陈出新地迭代，是互联网产品的基本路径。创业者通过产品迭代优化和重新定义产品，从而延长其生命周期。

一、*自媒体产品迭代*

互联网给了每个人以“麦克风”，每个人都可以像媒体那样写作、发声，自媒体也成为网生内容新物种的创新土壤。有意思的是，当一个新的自媒体物种诞生时，业界习惯以“元年”来标记其文化意义。

20 世纪 90 年代末，各类 BBS 兴起，“灌水”“盖楼”成为网民内容生产力释放的主场。

2002 年，方兴东等引进 Blog 概念，创立“博客中国”，但直到 2005 年新浪和搜狐上线博客，2006 年网易上线博客，博客才突破小众圈层，成为文化热点。2005 年被标记为“博客元年”。博客这一新物种使自媒体产品更为成形，也更为个性化。它为用户提供首页模块化编辑，实现个性化页面；它具有图片、视频上传等多媒体符号形态，增强了内容可读性；它组织名人参与内容生产，从而替代了 BBS。截至 2009 年底，中国有 2 亿多个博客，博主每天发布超过 400 万篇博文，这使博客成为互联网最热闹的领域。徐静蕾博客点击量短期突破1亿次大关，成为“博客女王”。

博客抗不过的，是大时代。移动互联网时代，新的王者登场。App生态取代了Web，流量和内容生产转移到移动端。

与博客的长篇大论相对，微博以140字篇幅成为移动互联网的“黄金搭档”，它降低了写作发表的门槛，更适应移动互联网时代的快节奏（如图4－2所示）。2010年，新浪微博上线，“微博元年”到来。意见领袖、政务微博与粉丝有了更直接、频繁的互动，并通过关注、评论、转发形成“微观中国”的网络舆情影响和生成机制。

图4－2　博客、微博产品形态

在新兴互联网产品迭代的冲击下，用户迅速迁移。2014年，中国互联网络信息中心（CNNIC）最后一次提及博客，称博客的使用率从2011年的62.1%降至19.3%，总用户规模仅为1.22亿人。到2018年，网易博客等多家博客运营商宣布停止运营，博客时代落幕。而新浪微博2017年底MAU数达到3.92亿，其中93%来自移动端；DAU数1.72亿。微博构筑起新公共领域，“政务微博”提供了网民微博问政的现实途径。微博还催生出众多名利兼收的微博大V，演员姚晨、谢娜粉丝数都先后超过8 000万，成为名副其实的自媒体。微博粉丝数成为衡量公众人物影响力的客观标准。

2011年，微信面世，并迅速成为用户即时通信的底层设施。微信朋友圈则成为主打强关系社交的社区，微信公众号则成为自媒体新平台。

不仅微信，各大平台都开设公众号自媒体平台，吸引用户产出内容。百度百家号、企鹅号、头条号、人民号等，为自媒体提供了深厚的土壤。各公众号平台还推出各种激励、导流措施，激励用户生产内容。

二、创意定型产品

在移动互联网进入4G时代之后，带宽和流量瓶颈不断突破，直播、短视频进入寻常百姓家，产品开发与迭代的节奏、频率都明显加快。

2016 年被称为“移动直播元年”。秀场直播、游戏直播、泛娱乐直播等类型纷纷发育、丰富。众多创业公司入场，映客、斗鱼、花椒、熊猫等垂直平台，以及微博等都开辟直播业务。

这一年，“集美貌与才华于一身”的 papi 酱成为年度网红，也使短视频的文化和商业价值得到释放。一下科技、快手、字节跳动等深耕短视频的专业公司跑步进入短视频赛道，BAT 也展开这一领域的布局，开启“短视频元年”。

短视频的万众创作带来了短视频内容的爆发式增长，而用户对内容的求新求变，则使同质化、良莠不齐的短视频快速引发审美疲劳：多数用户制作的短视频，虽然真实、接地气，但粗糙、缺乏创意，少了文化产品的创意和美感。如何解决这一痛点，辅导用户产出更有创意的内容？

33 岁的韩坤于 2011 年创立一下科技，通过产品研发，一步步地解决这一痛点。用户拿智能手机拍视频，总是随意拍很长时间，内容既拖沓又不利于上传和观看。一下科技 2013 年推出秒拍，把短视频时长限定为 10 秒，使用户在有限时长内抓拍有意思的画面。秒拍随后获得新浪微博的投资，并内置于微博客户端。2014 年，“冰桶挑战”从国外传播至国内，参与的明星名人把挑战短视频发到秒拍上，引爆了秒拍的品牌影响力。

限定 10 秒时长，定义短视频产品形态，是产品创新的第一步。如何让用户在有限的时长内拍出有创意的作品呢？

一下科技 2015 年上线的“小咖秀”客户端就着力解决这一问题。这款对口型秀演技的搞怪短视频应用的宣传语是“人生如戏，全靠演技”。用户对着小咖秀提供的影视作品音轨，进行对口型的夸张表演，相当于为用户提供了一个模板和剧本，大大降低了创意创作门槛。所提供的音频诸如甜馨的“我们白着呢”、《还珠格格》经典对白、岳云鹏《五环之歌》等，都给普通用户留出了夸张、搞笑的表演空间。明星和粉丝、用户之间还可以发起挑战。表演短视频能一键分享到朋友圈、微博、小咖秀社区，其与社交的结合，更激发了用户使用和传播的积极性。

2015 年，王珞丹等明星掀起模仿金星“橙汁完胜空姐”段子大战，单条转发数达到几十万次。2016 年洗脑神曲《PPAP》爆红，各路明星大 V 用小咖秀对口型模仿该歌曲，玩出了河南方言、警察蜀黍等多个版本。超过 10 万普通用户参与模仿挑战，相关微博话题一日内阅读量突破 1.5 亿。

小咖秀也在不断地完善产品功能：2015 年新增合演功能，让异地的用户可以合作拍视频，进一步加强社区互动性、娱乐性；2016 年新增视频送礼功能，形成鼓励优质内容产出的机制。

重新定义短视频的小咖秀获得了成功，在于其适应了 90 后“文本盗猎”式的网络文化需求，并将其标准化、模式化，从而将用户搞笑、表演的欲望产品化。

产品创新无止境。2016 年，一下科技再次联手新浪微博，推出移动直播应用“一直播”，与秒拍一样内置于微博。新浪微博 2016 年第二季度财报披露，当季度微博客户端直播场次超 1 000 万场，6 月日均观看人次为 773 万，日均观看时长为 38.7 万小时。

一下科技的产品创新与迭代，受到了资本市场的欢迎。经过四轮融资，公司估值超过 10 亿美元，成为新晋独角兽。投资者包括晨兴资本、红点创投、新浪微博、红杉资本等。

在短视频领域，字节跳动公司也创新和迭代了多款产品：火山小视频、西瓜视频、抖音。其中，抖音于 2016 年 9 月上线，成为短视频红海中的一匹黑马。

抖音音乐短视频的时长为 15 秒，用户可以选择歌曲，在规定的歌曲情境和时长下，充分发挥创意，拍摄有趣的画面，或者参与挑战。如冯提莫的手势舞《佛系少女》，不仅播放量超过 400 万，还有 1.7 万名用户录制了同款视频挑战。

抖音不断提升视频美颜、滤镜效果，让用户呈现更完美的颜值。同时，抖音不断开发 AR 相机等多种特效道具，如控雨、变脸、甩狗头、流鼻涕、吃水果等，提升短视频的炫酷感和游戏感，让用户创作出更有意思的作品。抖音客户端的用户界面不同于其他短视频产品的用户界面，开屏即播放一条短视频，用户可以上下滑动式操作，全屏直接播放增加了视频的曝光率。

文化创意和生产存在的一个风险，是内容形态的多样性与标准化、流水线式生产之间的矛盾。特别是对 UGC 而言，产品化意味着标准化。对产品的研发、打磨、定型和迭代，是文化创业者核心竞争力在产品维度的体现。

第五章 新兴需求驱动的文化创业

文化内容创意、产品制作和服务研发，反映了供给侧产品、业态的创新与升级，其本质是对用户注意力的再分配。

以用户为中心，是传播学研究范式转换的节点。对用户的划分，有多种维度：按人口统计学指标来划分，如性别、年龄、地区、职业、收入；按社会群属来划分，如单身青年、职场精英、自由职业者；按兴趣偏好来划分，如音乐达人、吃货、背包族、“吃鸡”达人；按运营指标来划分，如新用户、下载用户、活跃用户、兴趣用户、付费用户。

从文化创业的角度来看，以用户为中心，一方面要率先洞察并满足用户的新兴需求，同时也要发现新用户群体。另一方面，培育用户需求也是重要的环节。它可以通过产品形成潮流，实现用户拉新、激发用户潜在需求。

用户的固化会在一定程度上为某些企业提供稳定甚至垄断的收益，而创业者常常需要打破用户固化的现实，实现用户的流动和新用户的定位。

第一节　网生代用户的需求

20 世纪末，新兴的创业公司都强调自己是“互联网科技公司”，以获得技术红利带来的增值。如今，文化创业公司也会强调自己的按需生产能力：由大数据、人工智能算法洞察用户需求的能力，由需求驱动网生产品的研发和生产。

新兴文化需求体现为两个维度，一是用户文化样态、内容的需求升级，二是新兴一代用户的文化新需求。

一、用户需求升级

根据马斯洛的需求层次理论，生理、安全、社交、尊重和自我实现等构成了需求升级的序列。用户的文化需求是在物质需求、生存层次的需求得到基本满足之后才生发的，存在于更高级别的需求层次之中。

文化需求通过媒介和内容产品的使用来获得满足。

收看新闻、阅读小说、观看综艺演出、观看影视剧等，给用户以了解外部世界、融入社会的窗口，明确自身的处所。购买付费会员、课程，应援追星，实现文化身份的归属和认同，这些都有利于构建用户的安全感。

发朋友圈、参与热播剧的话题讨论、加入文化社群、穿上偶像同款、为偶像投票呐喊等，以文化为线索展开社交，构建了新的文化兴趣社群。在文化需求中，有很多是个人体验式、沉浸式的，如代入剧中角色遭遇、为偶像流下泪水、一首歌的单曲循环、在朋友圈或弹幕里讨论等，体现出用户对于社交的需求，也体现了文化审美、情感共鸣等自我实现的特征。

自媒体写手、知乎的题主和答主、B 站的 UP 主（uploader）、快手和抖音的创作者，在碎片化的内容创作和上传后获得的粉丝点赞、评论、转发，收获“10 万 +”的点击量，收获大批“路转粉”，成为意见领袖，以知识盈余和文化盈余获得了尊重和自我实现。

网络文学写手、直播主播、自媒体公号、短视频制作者，由 UGC 进入 PUGC 的层次，甚至以此为职业和事业，影响到更多人的情感和价值观，从而获得自我价值的实现。

从文化需求的视角来看，上述需求层次体现出受众—粉丝—用户的变迁。在安全层次，接受和欣赏各种文化产品服务，获得自我认知；而社交层面，则是基于文化要素展开的社会交往，开始使用各种文化载体和工具来进行表达和创作。时代不同，文化需求层次的内涵也会发生变化，出现文化消费的增加以及升级的趋势。如自我实现，在文化产业并不发达时，无功利的创作、阐发内心的作品会更多；文化产业发达的当下，商业驱动的内容生产成为普遍情形。

在移动传播的情境下，用户面对一个移动端屏幕及其背后的无限内容，其注意力和时间受到多重分割和干扰。网生代中较为普遍的“拖延症”问题，很大程度上是由移动端缺乏专注的场景所造成的。不少手机重度使用者都体验过，一天花很多时间刷屏，但放下手机却发现没有多少有用信息沉淀下来。正如童话中那只小花猫，一会儿扑蝴蝶、一会儿捉蜻蜓，结果一条鱼也没有钓到。一心多用、不专注、“杀时间”成为移动端常见的消费行为。

当然，要想占领用户有限的时间和注意力，就需要洞察用户的需求。QuestMobile、恒大研究院的数据表明，2018 年上半年，腾讯系产品占据了移动用户47.7%的时长，今日头条系产品占据10.1%，百度系为7.4%，阿里系为6.4%，新浪系为3.6%。同比数据表明，今日头条系时长占比增长了6.2%，相应地，腾讯时长占比下降6.6%。从数字的此消彼长可以推测出，今日头条系产品对腾讯系产品形成了一定的替代和挑战。

今日头条系正是凭借算法推荐系统，更了解用户需求；同时以资讯、短视频这两大需求旺盛的网生内容产品作为内容支点，使用户处于新内容不断档的信息流之中。这样，从老牌巨头腾讯手中瓜分了用户注意力和时间。可见，用户是以需求满足为指向的，发现并满足新需求，正是创业者撬动现有用户市场固化格局的支点。

二、"移民"与"原住民"

文化是代际区隔的重要维度，新兴一代自然有其新文化新需求，从而形成新的用户群体。

根据2010年人口普查数据，中国70后、80后、90后、00后的人口数量分别是2.15亿、2.19亿、1.88亿、1.47亿。一代代的用户都有属于自己的文化需求，也努力通过扬弃上一代的文化而形成自身的文化风格。

正如《奇葩说》的片头语"40岁以上人群请在90后陪同下观看"，一句话道出了互联网上"移民"与"原住民"文化话语权的消长。用户的迭代，是新兴需求的土壤，也是文化创业的地基。

以音乐消费为例，各个世代有不同的消费内容和行为。70后不像老一代那样热衷唱"红歌"，他们开始接受港台流行歌曲，消费音响、CD等硬件。80后的音乐视野扩展到欧美流行乐，用随身听听歌，夜店、卡拉OK成为唱歌社交的新场景。90后用唱吧等社交音乐软件唱歌，用iPod听数字音乐，互联网使"神曲"频出，洗脑力大增。00后有小咖秀、抖音等风格化音乐需求，在直播间听主播演唱、刷礼物，用网易云音乐听算法音乐。而"一人经济"的兴起，使街头的迷你卡拉OK成为00后们独自娱乐的空间。文化需求变迁既由技术带来，更由世代文化需求变迁决定。

新的文化需求与文化场景相互塑造。例如，在线下社交场景，人们通过化妆品美颜、美白、去痘等，或者做整形，使个人形象符合社会审美。迪奥口红、海蓝之谜面霜等化妆品成为刚需。而在在线社交的情境下，互联网用户对在线形象的美化、构建需求更加优先。各种图片、视频美颜、美声滤镜工具成为用户刚需。而应用技术门槛越来越趋向"一键美颜"式的傻瓜智能应用，让用户无门槛地完成消眼袋、大眼睛、瘦下巴、瘦腿等数字化妆术。这些数字化妆术造成了无瑕脸、尖下巴、巴掌脸、铅笔腿等网红形象，一定程度上主导了网络审美观。

随着直播、短视频等实时、动态需求的出现，用户对数字化妆的需求由后期、图片情境，升级到实时、交互的情境。秒拍、抖音等相关平台就此研发应用 AR 相机、计算机深度学习技术，以满足直播、短视频等网生内容用户的数字美化新需求。在抖音等平台上，充满了“漂亮小姐姐”，颜值即点赞数、礼物数。这使美颜应用工具如线下社交的口红、香水、面霜一样，成为从网红到普通用户的新刚需。

在社会化媒体时代，社会比较时刻都在屏幕上进行，各种社会情绪会瞬间传导到各个群体。例如焦虑感，充满了育儿、作业、升学、出国、职场各个阶段。而针对焦虑感的创业撑起了知识付费的创业蓝海。知识学习由传统的课堂、书籍、培训班进入移动端。付出的 VIP 价格和在朋友圈的分享打卡，带给用户以虚拟的安全感。

随着年轻一代的成长，其亚文化逐渐强势，会演变成流行文化，被商业所收编，成为炫酷的文化商品。年轻群体的流行文化最易成为文化创业的切入点。

吐槽、喷子等网络亚文化，成为腾讯视频和笑果文化的《吐槽大会》、爱奇艺和米未传媒的《奇葩说》等网生头部节目的文化内核。《吐槽大会》第一季收官播放量总量超过 14.5 亿次，单期播放量最高达 2.1 亿次，微博同名话题阅读量近 11.5 亿次。而背后的笑果文化和米未传媒，成功收获了创业果实。

从嘻哈到街舞，本属于年轻人圈层的亚文化，在创业和资本的推动下，成为广为流行的大众文化产品，接连形成爱奇艺的《中国有嘻哈》《热血街舞团》等爆款综艺。而老年人热衷的广场舞、地域文化明显的民族舞却难有这样的大众文化式的转化，这表明了文化创业和资本对于文化的赋权能力。

三、Z 世代

时间是最奇妙的手，寒来暑往、秋收冬藏，导演着新陈交替、世代交班，使世界永远生机勃勃。时间总是站在年轻人这边，20 世纪 20 年代的《新青年》，和当下的“网生代”，都是各自年代的社会新势力。新兴的青年群体，自身具备着创新社会、创新文化的动能。他们创造出特别而个性化的亚文化，努力使之获得主流文化接纳，或者干脆重新定义文化。

80后，因为独生子女一代而被定义；90后，因为与80后有着明显的差异而被单独列出。1984—2000年间出生、在千禧年达到成年的群体也被称为“千禧一代”（millennials）。千禧年已经远去，与新世纪同步到来的00后新新人类开始读大学，新一轮文而化之的过程正在展开。

社会变迁使代际区分的颗粒度越来越细，而互联网作为一种影响社会结构的技术，成为标记新兴群体的新尺度。

1994年，中国接入国际互联网。95后由此被称为“网生代”，他们是互联网的“原住民”。从互联网到移动互联网的迭代，又细分了网生代群体：95后是互联网“原住民”，70后、80后是互联网的“移民”；而00后是移动互联网的“原住民”，处于互联网“鄙视链”的顶端。美国及欧洲把1995—2010年间出生的人群称为“Z世代”（generation Z）。这一代人出生在互联网时代，沉浸在网络、智能终端、社会化媒体的数字情境中。他们的生活、学习、工作、社交、娱乐、消费全都互联网化了，实现了数字化生存。他们构建和归属于网络虚拟社群，用互联网视角构建崭新的世界观。

了解、认识网生代，洞悉其文化需求，已经成为互联网公司和创业者们的必修课。互联网公司、风险资本等制作了大量针对网生代群体需求和消费行为的调查，包括《中国Z世代研究报告》、百度《95后生活形态研究报告》、企鹅智库《“解剖”95后》、唯品会联合艾瑞咨询《种草一代·95后时尚消费报告》、《腾讯00后研究报告》、《红杉00后泛娱乐消费研究报告》等。这一方面显示出产业和资本急切想了解未来主流用户的心态，另一方面也佐证了代际差异的显著性。

第一，从群体规模来看，网生代已成为不可忽视的独立社会群体。IBM与美国零售联合会（NRF）的调研报告预测，到2020年，全球Z世代消费者总数将达到26亿。百度《95后生活形态研究报告》称，中国95后（1995—1999）人口总数约0.99亿人。

第二，网生代已成为消费主力。“种草”和“拔草”① 已经成为网生代文化。《种草一代·95后时尚消费报告》显示，95后占到电商用户的约

① “种草”指用户在社会化媒体上宣传分享某种商品的优异品质，使他人也喜欢和购买。“拔草”指用户消费被“种草”的产品或服务。

1/4；在受访的95后中，63.9%每天使用电商平台，10%每天都网购下单。90后和95后在美妆购买人群中的占比已经过半。

第三，网生代是移动互联网的重度用户。综合一些公司和机构的市场调研数据来看，00后拥有平板电脑的比例高出整体网民1.7倍；00后平均每40分钟都要打开一次手机QQ，平均每次登录2分钟；人均登录手机QQ达到每月13.5天，高出PC端QQ 2.7倍。

第四，网生代对虚拟商品有良好的付费意识和习惯。《中国Z世代研究报告》表明，Z世代有着强烈的在线娱乐消费需求和付费意识，83%的受调查者认为自己拥有做决定的权利和自由。00后更愿意为游戏和动漫付费，他们经常购买QQ秀的服装、萌宠道具等，从小养成为虚拟商品付费的习惯。59%的00后用户倾向于按需或次数付费，而5%的用户是三个以上平台的年付费会员。78%的00后用户习惯在晚上使用泛娱乐类应用，即18—24点为主要时段，其中19—22点是最为集中的使用时段。

第五，网生代追求专属的文化场景。根据百度指数和用户下载数，95后、00后最爱的客户端，除了抖音之外，还有一些体现出其个性的专属应用。

在内容方面，深受网生代喜爱的短视频应用是"最右"，该App以话题和评论为核心内容，搞笑风格明显，以短视频、GIF、图文等素材形式供用户吐槽。在二次元音频娱乐社区"幻音"中，95后用户占到90%。社区中强化了古风、VOCALOID、工口、耳骚等音乐和声音，用户可以用弹幕交流。"番薯小报"是95后的个性化资讯应用，内容上突出动漫、游戏、小鲜肉偶像等。

在社交应用方面，网生代也有自己的圈层应用（如图5－1所示）："Tiki"主打一对一实时视频社交，快速随机匹配陌生人聊天，匹配后可以聊60秒，加好友或送礼物可以聊更久。另一款一对一视频交友App"处处"由YY出品，以"处Q友""处对象""连麦""王者荣耀"等00后标签进行聊天匹配。

图5－1　网生代的热门App体现鲜明的代际区隔

网生代的社交常常以游戏为外壳。“隔壁同学”是真人恋爱养成游戏，用户可以同时和多人结成线上情侣关系，在30天内完成“真心话大冒险”“你画我猜”等恋爱任务。“派派”主打熟人社交游戏，游戏从80后的“偷菜”进化到“偷红包”，从“抢车位”到“整蛊熟人”，从电子宠物到“Q萌宠物”等。“小肚皮”是与“奇迹暖暖”类似的00后养成社交应用。这款女性向社交游戏提供“女神”养成游戏，如参与各种任务获得美丽的衣服、换装搭配，或是体验艺人练习生、服装设计师或画家等职业任务。用户可在平台上找到同校好友，结识姐妹，并参与话题。

一些应用内含着网生代的专属亚文化形态。“语C”是网生代中风行的一种文化，即语言cosplay。用户利用网络平台，选定剧本角色作为身份“面具”，以文字表达设定角色的背景、动作、语言、心理活动等，与其他玩家互动，是以文字为介质的虚拟世界创建。“名人朋友圈”就是主打这一文化的应用，开发者为武汉华中时讯科技。在这款社交平台上，用户可选择自己喜欢的剧组（兴趣专区）和角色，包括动漫、明星、商业大佬等，然后像微信朋友圈一样发动态和内容，将自己带入所扮演的角色里，和其他同剧组的用户交流。

文化的迅速迭代，是考验创业者目光和行动能力的时机。当前创业者多为80后和90后，服务目标群体偏重于85后这一代的社交及消费升级机会。围绕95后、00后的泛娱乐、社交、电商等领域是创业的蓝海。

网络空间是一片文化新大陆，网民很年轻、规则不完善。而网生代/Z世代更是这片新大陆上的新新人类，天然具备创新思维和创新行为。他们带来了有辨识度的互联网文化风格。弹幕文化、二次元文化、宅腐基萌文化、屌丝文化、乙女文化、喊麦文化、直播文化、吐槽文化、自黑文化、自拍文化、恶搞文化、cosplay、修图文化、表情包文化、语C文化等层出不穷。这些日新月异、丰富多样的网络亚文化形成了网生代群体的文化标签，成为文化创新和创业的土壤。

第二节　亚文化群体的需求

二次元是亚文化的一种，但并不是亚文化的全部。文化是一种生活方式，亚文化也就是亚文化群体的生活方式。

亚文化具有多样性、圈层化的特征，呈现出垂直细分的状态。群体划分的颗粒度趋于精细，使人们得以更好地洞察和满足其群体需求差异。

有的细分亚文化经过沉淀，形成稳定群体的稳定专属风格，有的则昙花一现，群体迅速聚集又被新的热点所引开，具备明显的快速消费品特征。

一、二次元群体需求创业

新的文化场景、新的用户群体，自然会在传承主流文化的基础上，萌生出新的文化需求。人是文化的创造者，也被现有的文化所塑造。

发现并满足亚文化需求，正成为文化创业的前沿。像网生综艺《奇葩说》，20～29岁观众的比例为86%，这充分揭示了网生内容与亚文化需求的表里关系。

二次元文化已经成为代际区隔的维度。三次元的真实世界是成年人的，而网生代年轻人则在二次元的世界里聚集。把创业触角越过次元壁、伸进二次元，成为触及网生代年轻用户的路径。

（一）动漫创业：二次元的内容刚需

二次元文化是日本的优势文化产业，它形成了成熟的ACGN模式，即动画（animation）、漫画（comic）、游戏（game）、轻小说（novel）等相互转化、衍生，构成协同贯通的产业链。

国内的漫画领跑者包括巨头新浪微漫画、纵横动漫以及腾讯漫画，创业公司包括有妖气、快看等。

有妖气是国内最大的互联网原创动漫平台，于2006年由25岁的周靖淇（妖气君）创建，供漫友交流、分享国内外漫画。2009年，有妖气获得盛大文学的资助，开始商业化运作，转型为"中国原创漫画梦工厂"。

如今，有妖气上线超过3万部漫画作品，入驻1.7万名漫画家，月更新漫画6万页，十大作品点击量超过143亿次，积累的漫画IP超过100部。《十万个冷笑话》《雏蜂》《端脑》《镇魂街》等多部现象级动漫均出自有妖气平台。

《十万个冷笑话》由寒舞创作，2010年开始连载。2012年有妖气推出自制漫改动画，在爱奇艺播放；2015年与万达推出漫改大电影，票房超过1.2亿元，成为继《喜羊羊和灰太狼》及《熊出没》之后又一部票房过亿的国产动漫电影。《十万个冷笑话》大电影以二次元看待世界，引发了二次元与三次元的文化碰撞。

2015 年，奥飞宣布以 9.04 亿元人民币收购有妖气母公司，成为国内动漫产业金额最大的收购案。奥飞影业将携手妖气影业、剧角影业和美国 451 集团，以漫威模式为路径，将有妖气的优质 IP 打造成一系列真人大电影，借此将动漫业务由低幼拓展到全年龄段。

快看漫画也是一家面向 Z 世代用户的创业公司，由拥有千万粉丝的网红漫画家、90 后陈安妮于 2014 年创立。她把创业艰苦与坚持画成漫画《对不起，我只过 1% 的生活》，展现了创业的坚持："曾经你有一个梦，但那个梦一定跟我一样破碎过。它曾经破碎得只剩下 1%，但它被我抓住了，真好！"核心用户定位为 95 后，给了快看漫画以更大的世代文化红利。快看漫画的编辑团队从数据、画风、故事、社会价值等多个维度筛选适合 95 后审美和口味的产品。例如，提升作品颜值、制作精美封面；首页以算法推荐漫画精品；在 10 分钟阅读时间内，每隔 2 分钟就会设计剧情转折，持续吸引读者注意力。

动漫不仅是作为内容存在，还作为一种萌系风格而流行，从而打破了少儿低幼的文化圈层。1989 年出生的郭列，在腾讯工作之后辞职创业，想做"一个地铁里面有人玩的产品"。2013 年底上线的脸萌，主打二次元风格化的产品，帮助用户将个人照片转化为卡通头像。这一卡通化工具满足了网生代追求"萌"的审美需求，用户数量一度过亿。

图 5-2 Faceu 主打萌系风格

随着视频和直播时代的到来，郭列做了一款完全属于年轻人的社交产品——2016 年上线的 Faceu（如图 5-2 所示）。Faceu 综合了国外的 Snow 和 Instagram 的功能，可以实时在人脸上叠加具有动态效果的贴图和道具，并提供美颜和滤镜的功能。贴图和道具素材主打二次元萌文化，例如水手服、兔耳朵、阿拉蕾帽子等，让用户 1 秒变萌宠。Faceu 通过人脸实时追踪技术，让用户在拍摄的过程中实时添加贴图道具，借助 AR 特效技术实现所见即所得，使 AR 技术成为消费级的大众玩法。从用户数据来看，这款萌系应用获得了女性网民、Z 世代的喜爱，在Faceu累计下载的2.5亿用户中，女性用户占75%；在通过QQ账号登录的用户中，00后用户占比超70%。

得用户者得天下，Faceu获得了来自IDG资本、光速中国、美图等的风险投资，2018年以3亿美元估值被今日头条收购。

（二）二次元人群的文化再生产

二次元文化和商业的拓展，使二次元的外延大大延展，逐渐超出了AGCN的边界。虚拟偶像、周边及衍生品等，具备“宅腐基萌”文化特征的文学、影视、游戏、动漫、音乐、演出、衍生品、短视频等都可被视作泛二次元文化产业。二次元的内涵也丰富为具有架空、虚构、幻想等性质的文化，这一定程度体现出二次元文化的跨次元影响力。

A站（AcFun）和B站（bilibili）这两家创业平台是国内二次元人群的主要聚集地（如图5-3所示）。随着A站和B站等互联网创业者的助力，二次元内容的创作和创业也蓬勃兴起，成为网生代的身份文化。

2006年12月，日本第一家弹幕视频网站NICONICO建站，弹幕文化也随着日漫被“搬运”到中国。2007年A站成立，2009年B站成立，服务年轻的网生代。

A站[①]由Xilin创始，之后经历了数次股权变更：2010年出售给棋牌游戏平台边锋网络潘恩林、陈少杰；2014年，奥飞娱乐创始人蔡东青收购A站92%股权，后将其中的41%转让给杨鑫淼；2015年优酷土豆购买A站18%股权，2016年软银购得15%的股权，“网络文学第一股”中文在线拟以2.5亿元购得A站13.51%股权[②]，A站估值18.5亿元；2018年6月，快手宣布整体收购A站，A站估值10亿元。股权的数次变动体现了投资者对于一个二次元文化社区的渴求和价值发现过程。

2009年，A站资深会员徐逸（bishi）与三名大学生创办了视频分享网站Mikufans，2010年改版为哔哩哔哩，简称B站。从这个意义上说，A站和B站“本是同根生”。相比之下，B站发展更为顺利，成为国内最大的二次元社区，创立九年后把握住去纳斯达克敲钟的机会，成为闪亮的“二次元第一股”，IPO整体募资规模4.83亿美元，对应公司估值约为32亿美元。

---

① A站控制和运营实体为广州弹幕网络科技有限公司。

② 中文在线公告称拟以2.5亿元购买上述资产，公司估值18.5亿元。但A站并未满足相关增资协议中的先决条件，中文在线仅向A站支付投资预付款1.385亿元，亦未进行工商变更。

A站（AcFun）页面

B站（bilibili）页面

图5-3　二次元文化孵化出众多创业公司

服务网生代的二次元文化，是A站和B站创业的根基。这意味着服务新人群、新需求的创业正在开启巨大的想象空间。以B站为例，它满足了二次元用户的哪些文化需求呢?

1. UP主的内容再生产

B站以“丰富中国年轻一代的文化生活”为使命，也享受到了二次元群体的文化和商业魅力。招股书显示，B站2017年第四季度的MAU数为7 180万，其中81.7%都是出生于1990—2009年之间的年轻人。可以说，B站正是通过满足“网生代”“Z世代”的文化需求获得创业成功的，B站也成为观察和了解网生代用户二次元文化需求的理想窗口。

B站的二次元内容最初是以“搬运”日本动画为家底的。而使其基业长青的，正是二次元群体个性化表达欲强的文化基因，由此形成了基于素材的二次创作、文化再生产。

UP 主是 B 站二次创作的主体，依靠 UP 主的视频投稿，B 站获得了每天数万条的内容供给，内容为二次元向的动漫、视频、歌曲等。

招股书显示，B 站的活跃 UP 主超过 100 万，占活跃用户的 1%。UP 主创作的内容，占到平台视频播放量的 85.5%。通过内容再生产，B 站形成了二次元群体的文化调性，这也使内容更加多元、丰富。B 站社区拥有 7 000 多个亚文化内容标签，这种内容的丰富性和多元性，使其成为二次元文化受到充分尊重和呈现的场域。

那么，B 站的 UP 主与 Web2.0 以来的 UGC 相比，有何进化？如何激励 UP 主产出高质量的二次元内容？

除了生产有兴趣、走心的内容，UP 主的内容生产还具有一定的专业性，B 站称之为 PUGV 模式，即专业用户生产视频。经过 UP 主们专业的策划和制作，其视频质量比碎片化的 UGC 视频更高。B 站排名较高的视频，有"papi 酱"上传的吐槽视频、"暴走漫画"上传的娱乐新闻暴漫、"敖厂长"上传的游戏讲解和游戏文化等。UP 主的高质量内容生产成为 B 站构建二次元视频的内容护城河。

B 站不仅是年轻人的潮流文化社区，也是社会文化热点的新策源地。有很多社会热点是由 B 站的用户原创的。例如成龙的"Duang"①，雷军的"Are you OK?"②，形成了"金馆长""普通 disco""容嬷嬷""雪姨"等网生文化热词。

2. 用户的弹幕再生产

在二次元文化场景中，弹幕实现了两种文化功能：一是内容再生产的文本类型，二是用户交互手段。B 站将弹幕文化这种网生代的新玩法确立为自身的亚文化标签。

打开 B 站视频，弹幕一条条地飞来，多时甚至遮蔽了视频画面。而在重度二次元用户的心中，弹幕的意义已经远远超过了视频内容本身。这与 70 后、80 后用户买会员追剧看节目的目的可能是大相径庭的。而这正是 A 站和 B 站等所营造的二次元文化场景。

弹幕从其功能来看，分为介绍背景知识的"学霸型"、发表意见挖掘槽

---

① 成龙代言某品牌洗发水广告遭到网友恶搞。这件事最初于 2015 年 2 月 20 日在 B 站上发生，并于 2 月 28 日达到高峰。

② 用鬼畜视频形式恶搞雷军说的英语，在 B 站上有"500 万 +"的播放量、"10 万 +"条弹幕。

点的“吐槽型”、呈现社交仪式性内容的“社交型”等类型。常见的弹幕生产手法有吐槽、空耳、玩梗、计数等。① 弹幕采取碎片化、拼贴、恶搞等亚文化手法，基于视频文本进行文化再生产，体现出二次元用户的“文本盗猎者”特征。

弹幕并不是内容留言区的跟帖信息，它与视频同屏出现，从文化意义上来看，二次元用户的再生产内容与视频内容是同等重要的。其他世代通过现实社会中的衣着、打扮、职业、住房、消费等来构建群体身份，网生代则在网络空间的身份和认同方面建构区隔和标签，他们对群体认同和归属有特别的渴望。二次元即是一种主要的身份标签：一方面，通过二次元文化，用户在B站聚集；另一方面，通过弹幕形式，用户间寻找认同、获得归属。

B站用户如果想要发弹幕，要通过100道题的“二次元文化”测试，了解弹幕的基本社交礼仪。比如避免发送影响观看体验的弹幕，包括剧透、刷屏、无意义、引战之类。用户通过用户、词汇、位置等选项来屏蔽不喜欢的弹幕，还可以举报违规弹幕。B站还对每个视频设置了弹幕上限，当弹幕数量超过上限时，早期弹幕会被覆盖，只能在历史弹幕中查看。

从文化视角来看，这些弹幕发布规则和维护机制属于文化习俗、制度层面，是比符号更为深入的层次。

弹幕既是根据用户亚文化需求开发出来的娱乐产品，也是网生代沟通的亚文化方式，体现出二次元群体的价值观。

弹幕使用户以身体不在场的方式连接了二次元群体，构建了交互的观影社群。弹幕是一种生产性的、不断更新的用户文本。围绕某一个梗或者槽点，不同用户在不同时间发出的弹幕，不仅刷出用户在那一刻的存在感，还会在以后视频播放时同时呈现出来，形成一种有意思的在场、共时互动效应。B站特色的弹幕正是满足了网生代互动社交认同的需求，从而具有了社区的黏性。文化黏性是持久、真诚、发自内心的。在知乎问题“B站弹幕对你意味着什么”里，得票数最高的答案是：伙伴。

弹幕不仅是二次元群体的娱乐形式，也是他们的沟通方式。良性的社

---

① 吐槽是整合和再生产出视频中的“槽点”、“萌点”、段子；空耳指故意听错，以谐音产生娱乐效果；玩梗是对二次元文化典故的创造性运用，如弹幕中常见的“前方高能”就来自动画《机动战士高达》系列，理解与不理解构成了文化的次元壁；计数是模拟游戏中的计数形式，对视频中的内容进行计算，例如剧中某角色说要磕一百个响头，弹幕就会开始计数。

群文化、圈层秩序、认同感是 B 站弹幕文化不断发展的基础核心。一条弹幕就可能激起千万人加入讨论，那些 80 后、70 后看不懂的“槽点”和“梗”，让网生代获得了专属的愉悦感。

二次元是一种世代文化偏好，但它已经产生了打破圈层的影响力。如今，弹幕已成视频运营网站的通用手段。一些电视播放的广告、大银幕放映的影片也把弹幕作为吸引网生代用户的手段。《小时代 3》就专门开设了弹幕专场；动画电影《秦时明月》在全国 12 座城市开启了百场弹幕观影。一些主流媒体播出的文艺晚会、综艺、广告等也引入弹幕手段，这丰富了符号表意体系，呈现出主流文化与亚文化的收编与驯化。

3. 二次元风格的再生产

新媒介、新场景需要新的内容。正如唐诗、宋词、元曲、明清小说所体现出的文化内容与时代的联系，在视频时代，网生视频内容也正在创造属于亚文化的小时代文化内容，鬼畜视频就是一种具有代表性的亚文化视频语言。

鬼畜源自日本二次元文化，原意指以视频中的声音素材对某一歌曲进行演奏，这需要专业的剪辑调教，是一项小众技术活儿。二次元文化中的鬼畜，指网友基于已有的视频素材进行的风格化再创作。其特点是，对某些镜头作高频、快节奏重复剪辑，并与背景音乐的节奏声画同步。画面上的人物动作如抽搐一般，能达到特别的恶搞和洗脑的艺术效果。

鬼畜最初被用于恶搞，如胡戈恶搞《无极》的《一个馒头引发的血案》，就有鬼畜段落。之后逐渐流行，成为网友二次创作视频的标准剪辑手法，形成网生视频的风格化特征之一。

B 站把鬼畜作为其二次元文化标签之一，其鬼畜分区下设四个子板块：教程演示、鬼畜调教、音 MAD、人力 VOCALOID。B 站的 UP 主们早已突破了单纯的 ACG（动画、漫画、游戏）素材的边界，使鬼畜的应用扩展到更多的影视作品、新闻报道、广告、热门人物话题。鬼畜成为二次元人群特殊的话语体系。

“痒局长”的经典鬼畜视频《坷垃时代》，就是用地方台肥料金坷垃的广告词填入韩国女团少女时代《Gee》的旋律，其点击量超过 170 万，留下了“非洲农业不发达，必须要有金坷垃！”的“梗”。

而成龙代言的某洗发水广告、雷军的“灵魂英语”“Are you OK”也进入鬼畜 UP 主的视线，被疯狂玩坏。通过鬼畜的二次创作和编码，极度夸张的核心符号获得了极大的传播力，成为网络文化中人尽皆知的“梗”。

类似的具有强效传播效果的经典鬼畜素材还有很多，被网友收入“鬼畜全明星”阵容，包括：

- 诸葛亮：我从未见过如此厚颜无耻之人。
- 雪姨：开门啊，开门啊，你有本事抢男人，你有本事开门啊！
- 梅长苏：私炮坊炸了！炸炸炸炸炸炸炸炸！
- 未知：浙江温州，浙江温州，江南皮革厂倒闭了！
- 庞麦郎：真垃圾，真垃圾。
- 侯兴祖：八心八箭，八心八箭。

这些明星素材经过用户的鬼畜二次创作，具有很强的搞笑和洗脑效果，令用户循环播放。被网友形容为“有毒”的鬼畜视频“一遍忘不了，两遍跟着摇，三遍四遍终身洗脑！”。

鬼畜虽然使用的是影视素材，但制作者却进行了再生产，从而完全解构了素材原本的意义。通过鬼畜视频，无论是浅层追求快感和宣泄的恶搞，还是深层的情绪和意见表达，用户都在解构和重构编码与解码协商过程中制造了快感和意义。

（三）御宅族的虚拟偶像

偶像是文化娱乐业的重要产品，制造和培养偶像，是文化娱乐业的重要功能。在二次元文化背景下，从青春、阳光、萌宠的真实偶像，到二次元虚拟偶像，御宅族的偶像群体不断演化。

“御宅族”（otaku）指对动漫、游戏产品及文化极度痴迷的特定社会群体，其成员以青少年为主。美国学者帕特里克·加布里思（Patrick W. Galbraith）研究发现，20 世纪 90 年代中期，日本 NHK 等主流媒体将“御宅族”视为贬义词并禁止使用。但“御宅族”依然成为日本青少年的文化标签，并流行至欧美，进入威尼斯双年展。此后日本主流文化开始把这个“流浪多年的孩子”拉回自己的怀抱。2005 年，在日本富士电视台播出的电视剧《电车男》中，“御宅族”被塑造成热心而有生活趣味的人，改变了“御宅族”不爱社交的刻板印象。“御宅族”还成为日本官方“Cool Japan”（酷日本）战略的重要内容。[①] 日本青少年“御宅族”亚文化的合法

① 陈一．新媒体、媒介镜像与“后亚文化”：美国学界近年来媒介与青年亚文化的述评与思考［J］．新闻与传播研究，2014（4）．

化过程以及文化资本化历程，反映出亚文化随着网生代成长和互联网技术更新而被赋权、合法化的现实过程。

成立于2005年的日本AKB48，以其二次元特质，成为日本御宅族的偶像团体（如图5-4所示）。AKB48由“小猫俱乐部”① 创始人秋元康担任总制作人。首秀时台下只有7名观众，如今却一票难求，成为日本音乐史上单曲销量最高的女团。在日本，其CD总销量突破3 000万张，48模式在日本和世界其他各地得到复制。

AKB48　　初音未来　　洛天依

图5-4　二次元偶像

为服务御宅族等核心用户群体，公司将AKB48打造成少女养成的完美对象。成员形象是女中学生扮相：工整的水手服、格子裙、长袜和皮鞋，萌宠和粉红色系，带着二次元特质和青春气息。公司禁止组合成员谈恋爱，并在作品中隐含着不少卡哇伊式的软情色：成员身着泳装或者内衣，用手势、眼神等身体语言含蓄地传达性幻想。

在AKB48举办的握手会上，女孩们以精心设计的二次元装扮，与粉丝握手。成员的衍生作品也主要在二次元领域，如AKB48部分学员参拍、根据日漫《热血高校》拍摄的《真假学园》，并演唱主题曲、片头曲和插曲。②

① “小猫俱乐部”成立于1985年，成员是并无演艺经验的中学生。团体以富士电视台的《黄昏喵喵》栏目为主要演出场所，该团体成立七个月后就登上了日本单曲销量榜的冠军，有30首单曲夺下了36个周销量冠军。后因为团队成员派系斗争、丑闻频发和大众审美疲劳等问题由盛转衰，迅速解散。

② 谢辛. AKB48御宅族粉丝的孵化：基于“泛娱乐”语境的二次元粉丝文化形态与电影IP衍生策略［J］. 理论前沿，2016（6）.

让粉丝崇拜追星的，不止是真人偶像。对于二次元人群而言，追逐虚拟的二次元偶像是再正常不过的事情。

初音未来是二次元虚拟偶像界的神话。2007 年，日本公司 CRYPTON FUTURE MEDIA 利用雅马哈公司的语音合成引擎 VOCALOID，以声优藤田咲的声源做了合成声音软件，并设计了动画形象“初音未来”，即一个扎着长马尾、拥有蓝绿色头发的 16 岁二次元女孩形象，这使声库销量倍增。2008 年，一款 3D 跳舞软件 MikuMikuDance 推出，能够让初音未来按照用户指令跳舞。声音、形象和动作软件的融合，使初音未来有了二次元生命。

CRYPTON 公司深谙二次元文化的参与性和开放性，鼓励同人创作，允许创作者在非营利使用时无须获得授权。这激发了众多二次元网友参与到数字偶像的生产和传播中来，以 UGC 模式产出大量内容。到 2009 年，在日本二次元大本营网站 NICONICO 上，网友为初音未来制作的歌曲已超过 2 万首，其中最著名的就是《甩葱歌》。初音未来的偶像之路是无数创作者和粉丝赋予的，他们通过创作表达自己心中的初音未来，使初音未来拥有千人千面的变化和灵性。

初音未来拥有的人气和认同感，已不输明星，而她也不再仅仅在网上刷存在感，还来到了现实世界，要开个人巡回演唱会。

2010 年，游戏厂商世嘉公司为初音未来举办了首场个唱“初音未来的感谢祭”，3 000 张演唱会门票被抢购一空，超过 3 万名粉丝付费观看了网络直播。在全息投影技术的支撑下，虚拟偶像在粉丝面前载歌载舞。像真实偶像那样，初音未来有了专辑，有了世界巡回演唱会，有了粉丝后援团，有了专属电子游戏、电视栏目。世嘉出品了多款 PlayStation 游戏，收入过亿美元。对粉丝而言，初音未来已经从虚拟偶像成为超真实的偶像。

“洛天依”是第一款中文虚拟歌姬，其背后的创业者是天矢禾念集团董事兼总经理曹璞。与初音未来一样，洛天依以雅马哈公司的 VOCALOID3 语音合成引擎为基础。洛天依的声库于 2012 年正式推出，音源是国内配音演员山新。洛天依的人设是一个情感丰富、看起来有点冒失的 15 岁少女。核心粉丝年龄定位在 15 岁到 25 岁间。

2015 年，洛天依推出了网络神曲《普通 disco》，人气歌手李宇春在湖南卫视跨年晚会上翻唱，使洛天依从小众圈内的虚拟歌手，成为代表国内二次元产业的 IP。不久，洛天依登上了 2016 年湖南卫视小年夜春晚舞台，与杨钰莹合唱《花儿纳吉》。借助电视直播 AR 技术，洛天依成为首位登上中国主流电视媒体的虚拟歌手。随后凭借全息投影技术，登上2016年第十一届金鹰节互联盛典、2016—2017年湖南卫视跨年晚会舞台进行现场演出。2017年7月，洛天依在上海举办演唱会，7 000多名粉丝现场观看，票价基本和国内一线歌手持平。目前，中国已有几十个虚拟偶像，但洛天依是少数赢利的。洛天依母公司天矢禾念也因此连续获得奥飞动漫、bilibili以及启明创投的两轮投资。

虚拟偶像相比真实偶像，具有很多的优点，它本身就是二次元文化的载体，文化标签明确。在网生代的观念中，虚拟偶像萌、宠，可以放置幻想和情感。虚拟偶像不需要像真实偶像那样长时间的训练和培养，它永远年轻，没有绯闻和丑闻缠身。

与真人歌手不同，虚拟歌手的生命力来自纯UGC，即由有音乐创作能力的粉丝使用声库软件制作。这些被称为“P主”（producer）的粉丝，是虚拟偶像背后的生命之源。目前，洛天依在B站上的相关UGC歌曲有将近1万首，单曲最高播放量达到500万。

2018年，曾经作为AKB48中国姐妹团的SNH48，其运营方丝芭传媒以千万元投资参与了动漫创作公司七灵石A轮融资。七灵石由旅日动画独立制片人龚震华创立，丝芭传媒投资的目的之一，就是开发SNH48的虚拟偶像团体。通过虚拟偶像团体，SNH48的影响力向更低龄的用户拓展，同时也面向二次元、御宅族群体。

虚拟偶像只是恋爱或者情感的寄托对象。而在网络空间，不仅能够模拟出虚拟世界，还能够让玩家重新设计自己的人生，当然是在游戏之中。如苏州叠纸开发的游戏《恋与制作人》，就是用户与虚拟二次元偶像谈一场恋爱，获得恋爱养成的体验。

二、女性向文化需求创业

文化消费群体的细分，是文化产业的发展必然。男性与女性用户就有不同的文化需求。通常，迎合和满足男性文化需求的文艺产品可以称为“男性向”的，迎合和满足女性文化需求的则是“女性向”的。

男性向的文艺内容更侧重热血暴力、格斗、推理悬疑等题材类型；相应地，女性向的文艺内容多侧重玛丽苏、乙女、言情、宫斗等。相对而言，传统社会男性向作品较为普遍，互联网则为女性向作品提供了存在和发展的空间。而女性向的文化内容，与口红、包包一样，对女性而言具有独特的性别文化的意义。

文化创业将这种需求商业化之后，形成了更细致、更完备的创意生产线。例如，网络文学就出现了晋江文学网、潇湘书院、红袖添香等女性向网络文学创作传播汇集地。

女性向文化也需要对女性文化需求做进一步垂直细分，琼瑶的言情小说、日本的耽美和同人，都是女性向文化的代表。而在网络文学、游戏、影视中，女性向获得了更为充分和自由的生长空间。女性从年龄特征来分，有萝莉、御姐；从情感需求来分，有乙女、玛丽苏、腐女、耽美等。新的概念所对应的新的细分群体和需求层出不穷。女性向文艺作品中的女性形象，也逐渐摆脱男性视角和身体消费，变为女性自我认可的形象。

流潋紫创作的《后宫·甄嬛传》是经典的"宫斗类"网络小说，以女性视角看待残酷的后宫斗争，描写了甄嬛女性意识逐渐唤起、手段逐渐毒辣、斗争对象由后宫女性转向皇帝的觉醒。小说改编成76集剧集，成为现象级作品。

女性向的游戏也自成一类，包含耽美向、乙女向等内容，主要游戏类型有RPG（角色扮演游戏）、AVG（冒险游戏）和MUG（音乐游戏）。

"乙女"在日文中指14～18岁的未婚女孩，乙女文化主要承载着自称"小仙女""小公主"的少女对恋爱的幻想与期待，与国内所称的"玛丽苏"含义相近。乙女向游戏就是满足这一群体情感需求的产品。这类游戏通常会有不同人设的男主供玩家选择经营，玩家可以从女性视角出发谈一场虚拟恋爱。较知名的乙女向游戏，包括完美世界的《梦间集》、苏州叠纸网络的"暖暖"系列（腾讯发行）、B站的《梦王国与沉睡的100王子》、乐元素的《偶像梦幻祭》《梦幻西游》《阴阳师》等。

"暖暖"系列2013年由叠纸网络推出，属换装养成女性向手游。公司创业团队以女性为主，所以游戏更了解女玩家心理。从《暖暖环游世界》到《暖暖的换装物语》《奇迹暖暖》，暖暖女孩被打造成优质国民女性IP，并获得女性玩家认可。2014年，叠纸网络获得IDG资本数百万元的A轮投资，2015年其完成B轮融资，融资额1.5亿元。

2017年底，叠纸网络推出现象级手游《恋与制作人》，上线仅一个月单日最高流水便在2 000万元左右，月流水在2亿元到3亿元之间。

《恋与制作人》是专为女性用户打造的全新超现实恋爱经营手游，是一款不折不扣的乙女向游戏。游戏融合了RPG、AVG等类型，采用卡牌通关剧情的游戏模式。故事背景设定于现代都市，玩家扮演刚刚接手父亲影视制作公司的少女，一面通关维持公司生计，一面与花美男上演恋爱故事。游戏中设定了4名二次元男主角，一是痞帅学长型（白起），二是霸道总裁型（李泽言），三是温柔深情又腹黑的教授型（许墨），四是超级偶像型（周棋洛）。男主由夏磊、阿杰、吴磊和边江等声优配音，这赋予了人物更大的魅力。

游戏还努力营造社交感，玩家可以给男主角打电话、发短信、微信聊天，通过拟真的社交体验，培养玩家与男主的好感度。男主会给女玩家以情绪支持，比如摸头杀、默默守护、鼓励安慰、强烈表达爱意等。如许墨的名言“我贪得无厌，想要你的全部”，让不少玩家不能自拔。而玩家要想解锁剧情、通关完成任务，必须购买卡牌，这也是游戏最主要的收入来源。

根据极光大数据的监测，《恋与制作人》的玩家以年轻女性为主，24岁以下的玩家占比达到73.7%。用户标签数据显示，68.8%的玩家对动漫感兴趣，社交风格被标记为“二次元”的玩家占比也达到16.8%。

三、面向边缘群体需求的文化创业

在一个社会中，边缘小众群体的需求是认识和认同，他们“人以群分”的观念更重，以满足自身的安全、社交、尊重和自我实现需求。互联网使边缘群体获得了新的存在空间。

LGBT[①]边缘群体会隐藏自己的真实想法，产生沉默的螺旋效应，以半地下的方式活动，以避免主流社会的误解、歧视、批判、收编。

基于同性恋贴吧、豆瓣小组、博客、网站等媒介的同性恋社区迅速出现。百度同性恋吧是同性恋贴吧中最大的贴吧，有33.6万的关注度和976.1万的发帖量。它的友情贴吧链接更包括了“Les”“出柜”“腐女”“同爱”“同志”“攻受”等亚文化社区。国内比较著名的同性恋网站有“淡蓝网”“阳光地带”和“朋友别哭”。阳光地带是中国互联网上最早的同性恋网站之一，已有20年历史。

LGBT群体的核心需求是交友、认同，属于爱与归属的范畴。在微信主打强关系、泛社交之后，创业公司开始向垂直细分社交领域深入：钉钉主

---

① LGBT指女同性恋者（lesbian）、男同性恋者（gay）、双性恋者（bisexual）与跨性别者（transgender）群体。

打办公社交，领英主打职场社交，陌陌主打陌生人社交。国内外服务同性恋社交的创业公司迅速出现。

2000 年，当过警察的耿乐创办了男同社区淡蓝网（blued），2015 年底上线视频直播功能。新传播技术的应用，使同性恋群体的正能量传递、疾病预防、社会认可等都有了新的可能。据耿乐对媒体透露的数据，blued 直播的 ARPU（每用户平均收入）是普通直播平台的 3 ~ 5 倍，这体现出这一人群强大的付费能力。网站于 2016 年实现国内赢利。目前，blued 的融资已进行到 D 轮，参与的风投有上海中路资本、清流资本、顺为资本、DCM、鼎晖投资和 UG 资本，公司整体估值 3 亿美元。

ZANK 于 2013 年上线，其创始人均为男同。为打破“同志约会神器”的刻板印象，ZANK 提供附属的线下活动、电台、自制情景剧、“北京同志地图”等内容服务。2015 年 ZANK 上线圈子功能，更广泛地通过共同的兴趣爱好连接同志，如找合租、驴友。公司获得了经纬中国、联创策源 2 000 万元投资。

同志交友软件开创了移动互联网时代新的同性恋群体的交往方式，这种圈子内的交往工具，对同性恋者的社会互动、构建自我身份有着重要作用，并满足了边缘群体的安全、社交、尊重等需求。相关的创业者也完成了自我实现的需求。

在男同交友软件中，用户大多注重表现自己的颜值、身材、肌肉等，以约会交友为主要刚需。blued 和 ZANK 等客户端提供看附近的人、约会等交友服务（LBS），让交友由线上导向线下真实社交。这种线上线下即时见面的社交方式相比传统的交往方式，对同性恋者的身份认同有积极意义。

女同社交也成为创业的细分赛道。国外的拉拉社交有 Detach、Branda 等。1990 年在美国创立的拉拉专属旅游品牌 Olivia，就是洞察到女同/双性恋者会更多地购买护肤品、演出门票和旅游度假。Olivia 专为拉拉定制高端旅游服务，团费一般人均 5 000 美金，迄今已经服务超 20 万人次。

中国有 7 000 万同性恋，其中一半是女同性恋群体以及双性恋群体。国内的乐 Do（LESDO）创始于 2013 年，创始人陈盖盖和 April、AK 都是女同。她们认为女同的需求与男同有明显的差异：女性习惯建立基于兴趣的亲密圈子，对于形式婚姻持否定态度，需要显性文化旗帜和群体认同感。从对女同群体细致入微的洞察中，她们发现了创业机会。乐 Do 上线后两个月即突破 50 万用户，每日产生浏览量 30 万次，月留存率高达 50%。

2015 年，乐 Do 首发新版社区，增强的社区功能有助于用户按照个性化兴趣来定向结交圈内好友，更快地找到对的那个“她”。附近功能的优化，不仅可以让用户随时查看周围的人，更能约饭、聚会，由线上互动快捷地向线下转化。团队已获得金沙江创投数百万美元的天使轮投资。

以 LGBT 群体为代表，文化创业实际上促进了边缘人群的身份认同和社会交往。而由社交向兴趣等维度的拓展，使亚文化边缘群体的商业空间更为广阔。

服务边缘弱势群体的文化创业存在不小的文化和社会风险，由于存在违法违规行为，审查把关缺乏，ZANK 于 2017 年被国家网信办依法关停。这也表明，面向亚文化群体需求的创业者必须依法合规，提供高质量的服务和把关审核内容。

四、亚文化需求创业

亚文化与主流文化处于不断的驯化、收编和抵抗的过程之中。而网生代亚文化的表达更为直接，通过吐槽、恶搞等风格化的手段，解构高大、权威，表达亚文化的文化抵抗特征。

恶搞作为一种文化风格，已经成为网生内容的重要类型。恶搞是用户由消费者向再生产者转化的节点，恶搞的特质是搞笑。从新闻事件到文艺，从名人到明星，从严肃到娱乐，一切皆可恶搞，一切都能以搞笑的方式进行。

段子这种网生内容，体现了网络时代的幽默感，从而具有了文化资本的价值。歌手薛之谦变身段子手后，网络的曝光和传播率大大提升。一向正襟危坐的央视主播朱广权，在《一路回家 · 2017 春运》节目中讲段子：“地球不爆炸，我们不放假；宇宙不重启，我们不休息；风里雨里节日里，我们都在这里等着你；没有四季，只有两季：你看就是旺季，你换台就是淡季。”这使他成为央视主播中的异类，深得网民好感。中央气象台官方微博一句“雪是好雪，但风不正经”也让气象台成为段子手。

段子能够通过社交媒体病毒式传播，占据网生代的碎片化时间。而段子除了讲笑话之外，也成为一种意见表达的特殊手段。

例如，世界杯期间，众多豪门出局、冷门频出，一则段子令人拍案叫绝：“大爷世界杯预选赛就开始赌球，因为不懂球加上特别爱国，看到是八国联军的球队都买他们输。前几天路上碰到，大爷还是从前的大爷，大娘已不再是从前的大娘了。”

北京的暴雨，预报了之后迟迟未来，朋友圈就出现了一个表情包：“整个首都人民都在等暴雨，就像初恋的少女等待男友，怕他不来，又怕他乱来。”高温天，段子手又出动：“我，女娲，快热死，转五块钱吃冰激凌，给你捏个对象。”

这些段子基于现实，用幽默表达情绪态度，借助社交媒体传播。在众多热点事件中，段子成为传播的重要信息形态，活跃了关注的热度，激发了网民的创作，提升了信息传播力。可以说，事件越重要，段子越多，已成为网络舆论的新常态。

段子成为有传播力的网络新文本，写段子、看段子、传播段子成为一种网络文化需求，段子手成为网络传播中的活跃群体，段子也成为一门创业生意。

叶烽于2014年创办笑果文化，专注做新生代的喜剧脱口秀内容。第一档节目《今晚80后脱口秀》是为80后量身订制的。在美国《喜剧中心吐槽大会》节目启发下，2017年出品的《吐槽大会》，一跃成为现象级网综，第一季收官播放量超过14.5亿次，单期播放量最高达2.1亿次，微博话题阅读量近11.5亿次。原来在幕后为《今晚80后脱口秀》写段子的李诞、池子、思文等走到台前，一炮而红。笑果文化也签下了国内大部分优秀脱口秀演员和编剧。

笑果文化已完成A+轮融资，投资方包括普思资本、华人文化、南山资本、游素资本，公司估值12亿元。

第三节 “小镇青年”文化需求创业

中国空间体量上的巨大、经济社会发展的不平衡，形成了一二线城市与小城镇、城市和农村在文化需求方面的不同节奏。

在互联网的下半场，一二线城市市场面临消费升级，而下沉市场则受到创新扩散和消费分级拉动，成为移动互联网最后的人口和流量红利。

BAT征战互联网，在一二线市场已经建立起相对稳固的版图，更多的独角兽则把创新创业的重点放在BAT版图的空隙中，抓住巨头转身困难的机会创业。下沉市场就是这样一个具有战略意义的空白点。在BAT的势力版图固化的现实下，下沉市场同样孵化出三巨头PKQ：拼多多、快手、趣头条。

一、"小镇青年"的特征

"小镇青年"，常常被用于指代三四线城市及以下县镇地区的用户。与"五环外用户"一样，都用于指称处于互联网和文化潮流扩散边缘的群体。罗杰斯在创新扩散理论中，提出创新采用的五类人群：创新者（innovators）、早期采用者（early adopter）、早期采用人群（early majority）、后期采用人群（late majority）和迟缓者（laggards）。[①] "小镇青年"可以归入后期采用人群和迟缓者。

在互联网时代，一二线中心城市用户与"小镇青年"这两类用户群体像处于两个平行空间，甚至相互都不在彼此的关注之中。

而现在，"小镇青年"群体以庞大的市场潜力成为新的注意力和流量魔盒，下沉到能够服务"小镇青年"的层次，成为众多创业者的首选策略。

越来越多的数据和实践支持了"小镇青年"崛起的命题。2018 年新圣堂影业出品的《前任 3》红火一时，观影人群中一线城市观众仅占 12.2%，三四线城市的观众占比达 47.4%；2017 年吴京导演的《战狼 2》票房突破 56 亿元，位列全球电影票房前一百之列，其 80% 的票房来自二线以下城市。

实践和数据都表明，一二线城市处于互联网世界中心，互联网普及率高、用户集中、消费能力强、文化需求品位高，但头部市场竞争呈红海态势，互联网面临着市场容量的天花板，需要以创新拉动消费升级、满足新需求。而"小镇青年"所处的三四线城市和农村地区，处于互联网的外围和边缘，他们的文化需求正在释放和激活，还未被充分满足。同时，一二线城市"五环外用户"，相对也处于互联网世界的边缘，两者的文化需求，处于跟随和对标大城市、中心城市的阶段，同时也有自身的文化特色和需求，从而成为互联网下半场的重要驱动力。

由此看来，"小镇青年""五环外用户"都是一种比喻式的说法，指代的是受互联网浪潮波及和扩散较为滞后的人群。

创新工场 CEO 李开复曾经从人口红利的角度来进行阐述，他认为中国移动互联网存在着三波人口红利：第一波人口红利是从 2009 年开始，一二

---

① 罗杰斯. 创新的扩散［M］. 5 版. 唐兴通，郑常青，张延臣，译. 北京：电子工业出版社，2016.

线城市的白领、创业者和年轻人首批成为移动互联网用户，这个群体约有 3 亿。小米、美图、滴滴、美团、摩拜都是基于这一用户群体而创立的。第二波人口红利在 2013 年左右，移动互联网开始渗透三四线城市乃至更向下的县城和乡村的年轻用户。OPPO、vivo、快手、今日头条等公司是这波人口红利的受益者。第三波人口红利是中国的老龄化人口用户。随着移动互联网渗透这部分人群，这也会带来机会。

归纳“小镇青年”群体的特征，可以作如下画像：

第一，更小的生活压力、更多的自由时间。

与大城市青年相比，“小镇青年”不用背负高额的房贷、车贷，生活和工作压力都明显要小。这使“小镇青年”拥有更多的自由支配的金钱和时间。

第二，相对小的消费能力、相对大的消费升级需求。

相对于大城市用户，“小镇青年”的绝对收入要少，但是其文化休闲娱乐选项相对有限和集中。网生代的“小镇青年”，一方面需要通过互联网表达自身的文化，另一方面向往大城市甚至世界文化消费的潮流，具备文化消费升级需求。例如，近两年在三四线城市兴起了电影院投资建设热潮，使三四线城市的票房增幅高于一二线城市，票房占比也连续上升。

第三，更大的差异性、更易满足的文化需求。

“小镇青年”与大城市群体存在着较大的地域和群体差异。这体现在消费观念、消费能力、文化口味、审美情趣方面。这些独特的群体差异，使“小镇青年”的文化需求具有一定的圈层性和独特性。另外，“小镇青年”的文化需求相对大城市有一定的时间差，其文化需求可能是追随大城市潮流的尾声。需求的追随性，使小镇青年的需求更容易满足。

可见，随着城镇化的推进，三四线及以下城市的消费升级带来了巨大的需求，“小镇青年”也通过自身独特的文化需求和消费力，与“网生代”一样成为互联网人口红利。

二、针对“小镇青年”的创业

针对“小镇青年”用户的下沉市场，形成了 PKQ 三大代表性创业公司，即拼多多、快手和趣头条（如图 5－5 所示）。

相比淘宝天猫，拼多多产品主打低价实用，并叠加“拼”这一关系要素，为购物增加社交场景；相比抖音，快手内容草根化、粗糙、接地气，

图 5-5 面向下沉市场需求的创业三巨头

成为中国社会底层的真实记录，在互联网上再现了与繁华社会平行的社会场景；相比今日头条，趣头条采用返利手段运营，使新闻与用户有了新的连接关系。这些策略或许并不为一二线城市用户所在意，但对“小镇青年”“五环外用户”非常有效。

（一）PKQ 之快手

快手短视频由宿华、程一笑、杨远熙联合创立于 2013 年，经历了由视频编辑工具 GIF 快手转型为短视频社区平台的过程。官方数据显示，截至 2018 年 12 月，快手 DAU 数超过 1.6 亿，每日上传短视频超过 1 500 万条，库存短视频数量超过 80 亿条。在 2018 年期间，有 445 万用户坚持每天登录快手。

快手在产品设计上十分简洁，只有“关注”“发现”和“同城”三个界面，开屏页面分两栏显示视频缩略图，没有传统的排行榜、大 V 推荐等，算法匹配视频内容和用户，支持草根用户参与创作和传播。

从用户上传视频的内容和质量来看，由于快手活跃用户多为三四线城市与农村用户，所记录的也多是农村和底层生活。这使快手形成了与知乎的精英风格、豆瓣的文艺风格、A 站和 B 站的二次元风格迥然相异的画风：正面说是接地气，反面说是低俗。

快手平台上的网红代表了快手的文化风格：

- 第一网红主播 MC 天佑，他以流行的“喊麦”出名。喊麦是一种饶舌形式，从网上下载一些伴奏，套用一些古诗词，用伴奏对着麦喊。因为即兴饶舌，为博流量会喊出一些违法违规、违反社会公德的内容。
- “刘娇娇”直播用电钻吃玉米，不料发生意外，头发被扯掉一大块。事后她还要声明不是炒作，只是意外。

- “吃货凤姐”爱好“吃点一般人不能吃的东西”，包括活吞金鱼、生吞灯泡、生吃鳝鱼、生吃虫子……

早孕曾是快手短视频的一个热闹主题。从00后早孕到16岁早孕、15岁早孕，早孕视频的年纪越来越小，关注度也越来越高。不断拉低下限秀隐私和打擦边球，成为主播们吸引同样品位用户的手段。

令快手受到广泛关注的网文《残酷底层物语：一个视频软件的中国农村》中，把自虐作为快手短视频内容的一个关键词，更把快手作为当下农村社会和精神文化现状的一面镜子。

快手使用算法推荐系统来连接用户与短视频，流量思维也使上述内容在一定程度上泛滥。算法连接用户与内容，使两者相互测绘（mapping），形成你上传什么样的视频，表明你是什么样的人，你是什么样的人，就会给你推荐什么样的视频。而平台使用算法、缺乏人工干预和价值观注入的结果，就是用户彻底坠入由某些出格、自虐、偏激的内容织成的“信息茧房”之中。算法造就了无意识，悄悄地对这类内容进行了赋权，通过流量分配做了激励。

由于主播个人底线意识薄弱、平台对网生内容把关能力不足，快手成为一些违规内容的温床，甚至是违法犯罪的温床，这也使其面临着不小的风险。MC天佑已被依法做出全平台禁播的处罚。早孕视频也被全平台下架，其中存在的与未成年人发生性关系，已经涉嫌犯罪。

当然，我们在快手上也可以看到各种传统、民俗、工匠文化等内容，与上面的出位、自虐等违规内容和平共处，呈现出当代底层社会的多样性、复杂性。

在生产者与消费者合一的社区情境中，快手的用户画像可以用“留着杀马特发型的小镇青年”来概括。“为什么快手惹人嫌?”成为知识精英聚居的知乎上的热门问题。不过，鄙视快手的人与快手用户仿佛处于互联网上的平行空间。

快手用户有自成一体的话语体系，例如彼此以“老铁”相称，“社会人”也从快手发源而成为网络热词，体现出“小镇青年”向大城市的文化输出。快手与抖音用户之间是“老铁”与“小姐姐”的城乡差别；快手与知乎用户之间是底层与精英的知识鸿沟。

从某种程度来看，这种社会阶层的差异，构成了快手的独特性，也筑起了内容的护城河。不过，快手要成为主流网生内容平台，其视野也不能一直窄化。2018 年，快手收购二次元文化社区 A 站，就是这种努力的表现。而摆在快手面前的，还有主流化、合法化的问题，文化和商业意义上的驯化、收编，是快手面临的十字路口。

（二）PKQ 之趣头条

在一二线城市用户的手机上，一般都装着今日头条，在“小镇青年”的手机里，安装的则是趣头条、惠头条、淘新闻、东方头条等“头条兄弟”。

趣头条于 2016 年由谭思亮创始，这款移动信息流资讯产品只花一年多时间，DAU 数就达到千万级别，仅次于今日头条、腾讯新闻。趣头条已获得腾讯、顺为资本、尚城资本等的投资，对应公司估值 16 亿美元。2018 年，趣头条在纳斯达克上市，市值 46 亿美元。

下沉市场的用户群体对信息需求具有独特性。首先，这类信息流产品内容以养生、八卦、风水、传闻等为主，内容价值密度低下，适应用户群体的品位；其次，这类信息流产品以师徒体系拉新、阅读返金币维系用户等运营手段，简单粗暴却立竿见影，有效地收割用户和流量。

激励用户持续刷屏的“师徒体系”，是各种网赚平台通用的用户发展模式，而趣头条把它用到了新闻阅读上。“师父”每邀请一位“徒弟”下载注册趣头条客户端，可以获得八元现金奖励。在“师徒体系”激励下，朋友圈、微信群常常出现类似的信息：“有缘人加我，立得一元”“需要邀请码请复制，输入你得一元”“新闻类收徒，三元以上一个徒”。

靠小利获取的用户，如何增加留存率、活跃度？趣头条推出了阅读返金币的奖励制度。由于规定奖励触发的条件是“徒弟”当天阅读收益要达到 30 金币。所以，“师父”发完邀请码后，并非万事大吉，还要督促徒弟阅读信息。依靠直接金钱刺激的模式，趣头条累计注册用户超过 7 000 万，DAU 数突破 1 000 万。可见在下沉市场用户中，不少人闲暇时间较多，对红包、返利较为敏感。

趣头条实践的阅读返利新赛道，引来了惠头条、淘新闻、东方头条等追随者。

惠头条所属花动传媒，由 Mingu Kang 创始。公司曾于 2013 年上线惠锁屏——一款解锁手机屏幕就会跳转弹出广告的返利产品。惠头条的模式本质上跟惠锁屏一样，以返利收割用户注意力，吸引广告主投放。

趣头条每日更新的内容量是 30 万条，惠头条的单日内容量是 15 万条，微鲤头条[①]日更 10 万条。内容多数从腾讯、百度等内容聚合平台上采购，话题以本地新闻、健康养生、娱乐资讯为主。这些信息流产品凭借实时更新、算法推荐的内容、阅读返利的刺激，将用户黏在客户端上，平均用户使用时长都在 60 分钟以上。

趣头条和惠头条单月营收高点均已破亿元。这使今日头条感受到了竞争的压力。今日头条推出的先看和今日头条极速版，都实施了师徒体系和阅读返利。为了击中下沉市场，今日头条极速版的安装包只有 2M 大小，适合低配手机安装。根据 QuestMobile 的数据，2017 年底今日头条极速版 DAU 数已有 2 000 万。腾讯旗下的天天快报直接将拉新奖励提高到六至八元，这是趣头条拉新成本的两倍，也超过了今日头条极速版开出的奖赏。

（三）PKQ 之拼多多

拼多多由黄峥于 2015 年创立。拼多多以低价商品为特点，基于微信社交拼团购物，适应了下沉市场用户的消费理念和购买力。

拼多多类似路边的十元店，品种丰富，价格低廉，不求品质，能用就行，店里永远人头攒动。在拼多多上，几块钱的牛仔裤、T 恤，几十块钱的 VR 眼镜、无人机，几百元的电脑、手机，不断改写着用户对产品价格的印象。当然，品牌多是从未听过的陌生名字，或者是“碰瓷”名牌的山寨产品。产品通常有两个价格，一是直接购买价格，二是更优惠的拼团价，找到一个用户即可拼成团。

拼多多除了给用户以实惠价格之外，还通过拼团、好友助力砍价等拉新手段，使每一次购物又可能是一次新的营销的开始。不过，拼多多上充斥着诸如“小米新品”“超熊”等山寨产品，令投资者和舆论大为惊诧，这到底是体现了“小镇青年”的消费水平，还是山寨文化、造假文化的水平？

拼多多向美国证券交易委员会（SEC）提供的招股书披露，拼多多成立两年，营收已经达到 1 412 亿元，而京东用了六年时间、阿里巴巴用了十年才实现千亿元营收。截至 2018 年 6 月 30 日，拼多多活跃买家数达 3.44 亿人，活跃买家平均消费额 763 元。

拼多多的异军突起，对现有电商格局产生了扰动效应。正是看到拼多多对淘宝的差异化挑战，腾讯从拼多多 B 轮融资开始投资，并开放微信平

---

① 微鲤头条由孙建创始，公司同时运营着数个产品，中华万年历是其中的拳头产品。公司成立七年来累计有 3 亿注册用户。因为主打农历功能，其在两广地区和小县城里都不乏忠实用户。

台流量予以支持，使“社交 + 电商”的新模式获得了坚实的地基。借助拼多多，腾讯在电商领域对阿里巴巴展开牵制。

作为电商领域的“一哥”，阿里巴巴一方面通过新零售引领一二线城市的消费升级，对抗京东、唯品会，另一方面则开始关注下沉市场，反制拼多多。2018 年，阿里巴巴推出淘宝特价版，以 9.9 元包邮作为反击武器。在淘宝站内体系，9.9 元包邮能够为淘宝店铺快速累计销售量和评论量，方便店铺升级和产品搜索权重提升，但是一桩赔本营销行为，会破坏站内评价体系和搜索体系的用户体验。2015 年被淘宝下架的 9.9 元包邮，在拼多多的竞争压力下，又被淘宝赋予了竞争力。

第四节　粉丝群体需求

从重金砸向黄金地段的商铺和街头广告牌，到建立互联网流量入口获取用户、运营用户，互联网的赋能使各种商业要素的价值被重估。在文化生产和消费中，用户不仅投入金钱，还投入大量的时间和情感，成为重度的忠诚用户——粉丝。

美国学者亨利 · 詹金斯（Henry Jenkins）把粉丝定义为“狂热地介入球类、商业或娱乐活动，迷恋、仰慕或崇拜影视歌星或运动明星的人”①。菲斯克在《理解大众文化》中认为：“大众文化迷是过度的读者，对文本的投入是主动的、热烈的、狂热的、参与式的。”

粉丝一反经济学中对理性的经济人的假设，以感性的方式进行消费决策，与偶像伴生，成为流行文化、消费主义的典型符号。粉丝群体也成为文化生产和创业中不可忽视的新兴群体。

一、粉丝参与网红制造

粉丝群体是文化娱乐产业的有机组成部分，在移动互联网时代，他们既是偶像的消费者，同时也是偶像的制造者。

（一）偶像养成

舞台聚光灯下的偶像与台下尖叫着挥舞荧光棒、举着 LED 板的狂热粉

---

① 詹金斯. 大众文化：粉丝、盗猎者、游牧民：德塞都的大众文化审美 [J]. 湖北大学学报（哲学社会科学版），2008，35（4）.

丝，或者在直播间里的直播与屏幕前点赞、刷礼物的粉丝，构成偶像、网红文化消费的典型场景。可以说，偶像与粉丝相辅相成，粉丝是娱乐场域中对明星而言最重要的社会资本。有了粉丝数，明星的商业价值和文化价值就有了评估的依据。当红“炸子鸡”吸引了更多的粉丝，形成了粉丝分布的“马太效应”。

正是基于这种水乳交融的关系，粉丝参与偶像养成成为不少公司创业的路径。

传统的偶像制造，由娱乐公司通过星探、经纪人等发掘、挑选，经过严格的训练、培养完成定位和塑造，最后通过各种文化娱乐演出形式推出。这种制造模式的特点是偶像完成度高，为受众提供的是已经制造完成的偶像打包消费。就如世界三大男高音、王菲等一样，在登台亮相时，他们就已经是成熟的艺人，艺术风格、舞台形象都已基本定型。

把偶像打造过程成功地模式化，要首推日本经纪公司杰尼斯事务所，公司称霸日本男性偶像市场多年，影响深远。杰尼斯导入了流水线式的偶像生产观念，每一年从各地选拔约两百名的青少年，进行长时间的培训，并通过选手的内部 PK 不断淘汰。杰尼斯建立了各种表演空间及媒体，形成艺人营销平台。韩国偶像产业借助这种模式，建立练习生制度，打造偶像团体。由于本国市场本身较为狭小，韩国偶像重视海外市场营销、吸收中日等国偶像成员，形成声势浩大的“韩流”。

日本及韩国的偶像制造，都在不断地总结和完善工业化、规模化的制造模式，这一方面增加了偶像制造的产量和成功率，另一方面使偶像不断推陈出新。

与“偶像包裹”式的造星模式不同，以日本偶像女团 AKB48 和音乐真人秀《超级女声》《偶像练习生》《创造 101》等为代表的偶像制造模式，将素人偶像养成、粉丝互动作为卖点，探索了娱乐偶像生产的新机制。

日本 AKB48 造星模式的关键点在于对粉丝的动员和满足，使粉丝参与偶像养成。

养成模式在游戏领域已风靡多年。曾经风靡一时的“电子宠物”就是典型的养成游戏。游戏玩家对游戏中的虚拟人物角色、动物角色通过照料、练习、PK 等任务模式，使角色成长，玩家在这一过程中收获类似亲情、友情和爱情的心理感受。玩家与角色在养成过程中培育起私属情感，形成强关系。

AKB48 基于对粉丝群体价值的挖掘，特别强调粉丝在偶像养成过程中的参与感和话语权。成员在严格的练习生培训过程中，通过粉丝来衡量其成熟程度。圈粉人气决定着成员的曝光率和表演资源配置。其中最重要的是每年 6 月举行的年度总决选，它直接决定成员归入选拔组、媒体组、Under Girls 等组别，从而获得不同的推广资源和支持力度。而总决选排名完全以粉丝投票来确定，这给予粉丝极大的责任感、权力感以及由此带来的满足感。养成模式促使粉丝成为积极的口碑传播者和生产者，粉丝在社交媒体上发布自己为偶像设计的应援海报、视频，形成 CGM（消费者自主媒体），也即通常所说的“自来水”式传播。

在造星持续的过程中，为了密切粉丝与艺人的关系，AKB48 针对粉丝群体的需求设计了更多的增值服务。

AKB48 的目标受众以男性御宅族为主，这批粉丝对偶像的情感具有恋爱向的喜爱、独占等精神想象。因而公司要求成员不得谈恋爱。

在偶像更多存活于屏幕、硬盘的时代，AKB48 被打造成离粉丝最近的偶像团体。AKB48 的驻场演出都在专用小剧场，舞台离观众最近距离不到一米，粉丝可与偶像近距离接触，成为既可远观又可近触的“平民偶像”。

AKB48 每年举办几十场“握手会”，粉丝只要购买 CD 就可得到附赠的握手券，与自己心仪的偶像握手、交谈（如图 5－6 所示）。一张握手券可以交流 10 秒钟，为获得更长的交流时间，粉丝会重复购买 CD，从价值上来看，CD 反而成为握手券的附属品。对偶像的爱和归属的需要成为可以买到的商品，偶像由精神乌托邦走入人际交往层次，这使粉丝心中的情感和幻想得以美梦成真。

图 5－6　SNH48 握手会

AKB48 模式也被引进国内，2012 年 7 月，上海 SNH48 以“AKB48 官方姐妹团体”的身份开始招募一期训练生，随后北京 BEJ48、广州 GNZ48、沈阳 SHY48 先后成立，国内运营者为丝芭文化。2016 年，公司宣布与日本 AKB48 已无关联。丝芭文化于 2017 年完成数亿元的 C 轮融资，由招银国际资本领投、华人文化及君联资本跟投。

选秀造星已经成为年轻群体的重要文化生活，也成为文化创业的热点方向。从 2004 年湖南卫视、天娱传媒推出的《超级女声》，到 2018 年的《偶像练习生》《创造 101》选出平均年龄 19 岁的 NINE PERCENT（百分之九）与平均年龄 20 岁的火箭少女 101 成团出道，让人感受到来自 95 后、00 后粉丝的力量。偶像以个人魅力和风格带给粉丝以情感连接和艺术享受，文化产业则以偶像为核心制造出丰富而有层次的周边商品，为粉丝提供偶像消费生态。粉丝们通过购买 CD、参加演唱会、组成后援会、将歌曲设为手机彩铃、到卡拉 OK 演唱、消费周边产品、到歌手开的饭馆消费，由此获得与偶像的类社会交往的精神满足。这一系列的消费需求与娱乐产业相互促进，形成了对粉丝群体的增值服务和商业变现。

粉丝群体形成稳定的结构和规模，这是粉丝经济的基础。粉丝是种子用户、忠实用户。粉丝经济的独特之处在于，消费与偶像之间的关联和转化。粉丝看似非理性的买买买，实则是通过消费获得与偶像的连接、类社会化交往或者社交。在这一过程中，粉丝通过应援、加入粉丝社群等，再生产了快感和意义。

（二）网红制造

移动互联网时代，草根与偶像只差一个网红的距离。网红指网络原生的名人，在互联网上具有一定的人气、知名度和话题价值，是一种独特的网生内容。

与偶像相同的是，网红也拥有粉丝，拥有一定的粉丝变现能力，围绕网红的价值链也不断延伸。与偶像不同的是，成为网红的门槛极低，或者说更多样化，其生产机制具有极为明显的草根特质。

网络是网红的基本生产和消费空间。而在刺激用户生成快感方面，视觉符号显然更具优势。因而，网红的一大生产基地，是充满美女主播的网络聊天室、短视频平台。这些主播和播主拥有姣好的容貌、身材、声音等文化资本，能够带给粉丝视觉快感；她们又投入时间精力和情绪与粉丝逐一互动，培养情感纽带，因而成为网红后备军。

随着宽带的普及，PC 端出现了“9158”“YY 语音”“六间房”等视频聊天平台，建立了主播模式，招募面容姣好的女主播以聊天、歌唱、跳舞、做游戏等方式吸聚粉丝。粉丝为了得到女主播的关注和特别回应，需要送出各种虚拟礼物。这就形成了与传统夜总会、酒吧相似的网络秀场。

对在网络秀场中的粉丝而言，他们多数是来排解寂寞，听主播唱歌、聊天；也有部分对某位主播形成好感，从而形成追随和守护主播的粉丝。而粉丝中的那些豪掷千金的用户，不仅能享受到与女主播类社会交往的专属感，还能获得直播间其他粉丝的景仰和称赞，自豪感瞬间爆棚。因此，正如夜总会和酒吧常常会出现客人比着送花篮、点歌、开酒的“斗富”，直播间也不乏类似的虚拟礼物斗富情形，刷礼物成为网络主播的基本赢利模式。

4G 网络的普及，使移动直播成为新的网红制造风口。由于移动带来的丰富场景，移动视频主播们直播的内容更加碎片化、丰富化和个人化，从而具备了更具辨识力的个人属性。在移动直播间，主播们直播自己眼前的人和事，直播自己吃饭睡觉贴面膜。在移动直播平台，如花椒、映客、喜马拉雅 FM 上，网络秀场的模式得到平移。

上述这些碎片化、个人化，甚至只具有微价值的微内容，能够吸引粉丝和网友围观，一则是因为直播的内容本身的新奇性，如花椒用户在法国巴黎恐怖袭击事件后在街头直播；二则是因为主播本人的颜值、身材等身体资本。在花椒直播的首页，观看较多的都是面容姣好的女主播，其带有更多的粉丝和话题力。

直播和短视频平台展现出强大的网红制造能力，papi 酱、“办公室小野”等短视频网红横空出世。

papi 酱是中戏一名研究生，“集美貌与才华于一身”，语言犀利、槽点精准。她对社会文化热点极为敏感，创作的短视频作品有浓浓的恶搞、吐槽、调侃、自黑的风格，吐槽对象包括明星、大龄单身女青年、情侣、闺蜜等。相关作品包括《美女的烦恼》《希望法律禁止所有讨厌的亲戚过春节》《有些人一恋爱就招人讨厌》等。在找准了用户的调性和口味后，又对一些反响较好的话题进行系列开发，如“日本马桶盖”“男女关系吐槽”“烂片点评”“上海话 + 英语话”“男性生存法则”“女性生存法则”等。她创作的视频对看不惯的现象直接地嬉笑怒骂，与用户形成了心理共通和情感共鸣。

在表现形态上，papi 酱的短视频多在 3 分钟左右，节奏紧凑，适合碎片化观看。短视频多在客厅、卧室拍摄，没有外景，简陋的布景与吐槽的调性恰好匹配。她还一人分饰两角，“精神分裂”式地相互对话、争吵、自黑。2015 年 10 月，视频使用变音器配音，使吐槽的节奏加快、信息量加大，提升了发泄负面情绪的畅快度。独特的形态与内容的融合，使 papi 酱成为新兴网红。

主播是一个直播平台的发动机，也是造星的富矿。为助推网红生产，映客推出了“明星主播培养计划”及“红人计划”，对主播实行流量扶持、艺能培训、综艺曝光、内容定制。2018 年映客“樱花女生星光夜”演唱会上，九位“樱花女生”主播和杨千嬅、华晨宇等 20 位明星共同演出，逾 1 400 万人在映客直播在线观看，并与 150 多位主播产生了 870 多万次线上互动。

标准化、配方式的网红生产流水线，增加了直播平台的吸引力和竞争力。网红与明星一样，都会呈现出明显的二八效应。因而，直播平台要为主播提供经纪服务，帮助其更迅速而顺利地成为网红。同时，平台要在适当的时机与有潜力的主播签约，从而增强平台对网红成果的把握和利益分享。

（三）非娱乐行业的粉丝文化

粉丝文化仅仅适用于演艺娱乐业吗？答案显然是否定的。

粉丝所体现的正是互联网新生代用户消费行为的新特征。作为一种有特殊性的用户群体，粉丝受到了更多行业的重视。更多的公司都把自己朝着网红偶像的维度去包装，使产品、品牌人格化，以获得优质的粉丝。

偶像以颜值、才艺等身体和文化资本立身，而以才华和知识立身的知识生产者，也借用了网红、粉丝的场景，罗辑思维等自媒体就是代表。

罗辑思维以罗振宇为核心，通过他个人对知识阅读的整合，进行知识的二次传播，用他自己的话说是“知识的搬运工”。罗辑思维现有产品包括微信公众号、知识类脱口秀视频及音频产品等。微信公众号用户已突破 530 万人，视频节目播放量超过 2.9 亿人次。毫无疑问，罗振宇作为知识型网红的角色，以他个人魅力的知识和思想分享，吸引一批文化需求较大的粉丝。成员都信奉“爱智求真”，具有知识上的优越感。基于忠实粉丝，罗辑思维在社区出售图书礼包、课程、茶叶、月饼等。购买大户或可享有与罗振宇吃饭等增值服务。

在“大众创业、万众创新”中，一批创业者呈现出网红化的特征。像90后情趣产品代言人马佳佳、伏牛堂米粉创业者张天一、黄太吉烧饼和雕爷牛腩的创业者都将自身包装为网红，从而使产品符号化。普通的产品包装上网红外衣，获得了极高的关注度和极大的增值空间。这样，消费者的核心关注不再是具体的产品质量功能，而是在消费网红产品、网红品牌过程中的情感满足。

如今已经成为巨头的公司，都已经深谙其道。苹果、小米、华为等高科技公司，完全颠覆了科技产品用户的理性画像，将更多的文化认同感、群体优越感注入其中。

这些公司的用户不仅仅被定位为消费者、用户，更是创业者的粉丝。苹果的粉丝自称“果粉”，他们奉乔布斯为“乔帮主”，对苹果的每一款新品，总有连夜排队的果粉。小米则将新品一一定义为“年轻人的第一个×××”，打通产品、品牌与粉丝的认同感。小米的消费者自称“米粉”，购买并期待着小米生态链上的任何一款新奇产品。对于作为民族高科技企业代表的华为，“花粉”们总有一种通过消费华为手机而收获的国家情怀。当粉丝骄傲地称自己为“果粉”“米粉”“花粉”的时候，粉丝消费者心中就已经建立起其他手机品牌难以跨越的心智护城河。

小米公司还把“米粉”当作核心种子用户，通过他们参与传播扩散，影响更大规模的用户群体。基于粉丝群体需求，小米开发出更多的产品，如路由器、空气净化器、智能插座、智能电视等，形成为粉丝服务的产品生态圈。小米不断开发粉丝的需求，使价值产出窗口由单一向丰富、多元延伸。

而消费社会为满足粉丝的优越感做了无处不在的符号表现。例如，微博、邮件可以显示“发自我的iPhone”，朋友圈的照片可以自动添加水印文字“HUAWEI Mate 20 X”，这些符号细节都成为社交媒体上用户身份的新标识，成为粉丝群体的精神刚需。

一些新创业公司，更是极力打造创始人的人格魅力，主攻产品与粉丝的心智相通，以粉丝群体为种子用户，降低营销成本、获客成本、用户维护成本。

直播中的网红主播，会享受到粉丝的崇拜；知识付费中的老师，会享受到订阅者的力捧；自媒体公号，会享受粉丝带来的“10万+”的成就感。可以看到，粉丝文化出现在娱乐、传媒甚至知识生产领域，成为互联网创业的必修课。

消费者转化为粉丝，增加了用户对品牌和产品的情感认同、身份认同，正如苹果用户与小米、华为等安卓用户，相互之间有着情感和文化的区隔，这有效减缓了用户的转化和流失，使品牌获得了更高的安全感。

二、粉丝追星刚需创业

追星、应援，是粉丝群体的核心需求。这一刚需使服务于追星的创业如雨后春笋般出现，形成一个垂直细分的创业赛道。

（一）追星客户端

爱豆、饭团、口袋、明星汇、超级星饭团、偶扑、Owhat、魔饭生、喂饭、藕粉互动等追星客户端进入了粉丝的手机。

爱豆是其中的代表。爱豆网和客户端由许超创立于2013年，为粉丝提供优质的追星体验，主要内容和服务包括明星行程追踪、内容资讯、粉丝服务。

行程追踪提供明星的行程排期和位置地图，供粉丝精准追星。这也是追星客户端的标配功能。

内容资讯，包括明星动态、各种影视MV资源和活动现场直播。爱豆为艺人和经纪公司提供艺人宣发、粉丝运营、衍生产品开发等服务。

粉丝服务，主打垂直互动社区，并发放粉丝福利，如抽取各种活动及录制名额、生日会及演唱会门票等。爱豆通过“动态”和“圈子”两大功能来进行平台上不同明星粉丝间的导流。这对小明星来说，是个有吸引力的举措。不过，超级偶像仍然吸引了最多的粉丝，粉丝分布的“马太效应”依旧明显。

爱豆的数据和技术是基于许超和技术合伙人张思展此前开发的微博数据分析工具“蜂窝Me”。该工具通过微博开放的应用程序接口（API）抓取碎片化内容，分析明星账号活跃度和它与粉丝的互动情况。

爱豆发布三年多时间，注册用户超过3 000万人，DAU超过100万人。爱豆完成了三轮融资，投资方包括原子创投、宝璋投资、经纬中国、盛景网联、唯嘉资本、泽厚资本、盛美文化产业基金等，公司估值3亿元。

爱豆2016年启动商业化，其赢利模式是“广告+会员增值体系+电商”。

在会员增值体系维度上，爱豆主打粉丝的身份认同和区隔。爱豆的用户有60%～70%为00后群体，个性化的虚拟身份标识，是他们的精神刚需。爱豆客户端的会员设计参考了QQ秀的理念。

爱豆的电商板块主要有两个：一是明星周边，包括官方纪念品、明星生日应援、影视应援物料；二是明星同款，明星穿着使用的衣服、美妆等品牌产品。

（二）华谊"粉丝俱乐部"

华谊创星是国内首家以粉丝生态运营为主业的公司，成立于2012年。2015年股改更名后登陆新三板，成为"粉丝经济第一股"。

华谊创星围绕粉丝经济，意图将分散在贴吧、QQ群、线下粉丝联盟的数以亿计的粉丝群体打通。

2013年底，华谊创星与腾讯推出星粉互动平台——星影联盟，聚集起1.5亿名粉丝用户，成为当下中国最大的明星粉丝互动平台。基于庞大的粉丝群体，星影联盟展开了几项核心业务。

1. 推出明星IP衍生品

围绕明星IP进行深度开发，推出500多套虚拟衍生品，例如吴亦凡个性名片、《活色生香》多彩气泡、范冰冰主题、《煎饼侠》趣味来电、井柏然专属字体等，为粉丝社交提供了专属身份产品。公司与阿里游戏达成战略合作，共同打造粉丝经济产品；与东方明珠新媒体达成战略合作，共同经营T2O粉丝经济产品。

2. 提供粉丝社区营销

通过兴趣部落海选出SNH48第五期成员，通过QQ公众号与兴趣部落矩阵为影视剧、综艺节目和艺人提供定位精准、效果理想的粉丝社群营销服务，并筹划做一些小视频和轻互动社交游戏。

粉丝大数据也是华谊创星有潜力的业务。公司以粉丝为维度构建数据库，而这些大数据未来将在娱乐营销、商品游戏领域获得精准的应用。

华谊创星的"粉丝俱乐部"也不再仅限于华谊的IP和艺人，而是以平台的方向构建星粉互动的生态圈。

（三）音乐粉丝服务

音乐产业是重度粉丝经济的领域，音悦台、多米音乐、QQ音乐、酷狗音乐、阿里星球等都是具有代表性的创业者。

各创业公司提供的服务，可以归纳为以下几类。

1. *以资讯增加产品打开频次*

明星资讯能增加粉丝对产品的打开频次和使用黏性。有价值的资讯包括两种：一是明星行程，准确、及时、完整的行程能够为粉丝追星、应援提供支持。这是粉丝服务的标配。二是设立明星人气排行榜，吸引用户每日签到刷榜，为偶像获得好的排名。

2. *以社交提升社区黏性*

粉丝平台帮助粉丝团体组织应援活动、粉丝社交，增加粉丝与组织、平台的联系。粉丝众筹也是社区社交的一种。多米音乐、阿里星球等提供众筹服务，利用粉丝平台的社交网络为明星艺人的作品提供资金支持和预售服务。

而在粉丝之外，入驻平台的音乐制作、宣发公司也通过平台获得了更便捷的联系合作渠道，通过商业社交形成了音乐的双边市场。

3. *以电商实现赢利模式*

音乐粉丝平台的赢利模式，主要有三类：一类是为粉丝提供演出票务服务，如音悦台、多米音乐；第二类是销售明星周边及衍生品，如音悦台、阿里星球；第三类是经纪业务。例如，阿里星球就凭借入驻几千位艺人、几百家音乐机构（包括唱片公司、经纪公司、演出商、个人工作室等）、上万名独立音乐人的音乐生态，成为星探发掘音乐艺人的新场景。QQ 音乐推出“巨星定制计划”，为粉丝定制演唱会、数字专辑、粉丝特权等。酷狗音乐建成音乐产业孵化平台，各个音乐公司和独立歌手入驻。酷狗音乐推出的造星服务，用户可以付费获取粉丝并进行营销传播，当粉丝资源积累到一定程度时，演出公司和唱片公司将让优秀艺人进行商演。

4. *以大数据提供深度服务*

粉丝平台集合了票务、宣发、经纪、衍生品等多种业务，积累了丰富而有价值的大数据。阿里星球就基于阿里旗下淘宝、支付宝、虾米、高德地图、微博、阿里妈妈、UC 浏览器及阿里云抓取的外部数据，推出“天机策”，为粉丝画像，提升咨询深度和决策服务质量。

（四）粉丝经济的问题

作为一种商业模式，粉丝经济自然有其独特之处。但是，粉丝经济也存在着一些负面的影响。

1. 过度依赖粉丝消费，会影响偶像产品的持续赢利

粉丝的收藏式消费、过度消费行为，并不能代表普通的市场消费者的理性消费行为。因此，一些粉丝产品，其粉丝量就基本等于受众量。表现在票房上，粉丝电影开画前两周票房会冲得较高，但如果作品未能有效地突破粉丝圈层，随着粉丝集中仪式性消费的衰减，后续普通观众没有进场消费，票房数字就会出现跳水。《小时代 3》就是如此，首映日收获过亿票房，但随着差评不断，非粉丝观众没有进场观影，上映半月后日票房缩至千万元水平，缩水近 90%，票房后续乏力。而 2018 年上映的《欧洲攻略》《新乌龙院之笑闹江湖》次日票房跌幅超过 70%，《爱情公寓》次日票房跌幅达 50%。这种票房跳水走势，是消费粉丝情怀、不在作品质量上下功夫的结果。

2. 过度强调粉丝经济，会增加短期逐利行为，过度开发商品

粉丝文化的流行、粉丝经济的成熟，使大众文化开始规模化造星，将粉丝转化为消费者。在大众传媒这个造星平台上，新生代明星一波接一波地诞生：从《超级女声》开始，到《中国好声音》《创造 101》，每档选秀节目都像一条工业流水线，源源不断地生产着明星。无数的真人秀节目也在不断地制造明星，如《爸爸去哪儿》中林志颖的儿子 Kimi、黄磊的女儿多多、田亮的女儿“森碟”，都一夜成名拥有了众多粉丝。随着明星越造越多，粉丝的选择机会变得多样；粉丝圈子的封闭性，使多数明星的粉丝规模缩小，影响着粉丝经济的市场份额。而文化工业所遵循的标准化、流水线作业，常常使明星的类型较为接近，影响了粉丝的个性化体验。

面对明星数量增加、生命周期缩短，对明星价值的挖掘就显得急躁、短视。像近来出现的“综艺电影”，就借综艺节目热播迅速制作大电影，如《爸爸去哪儿》《中国好声音》转化的《爸爸去哪儿》《中国好声音之为你转身》等。有批评者认为“综艺电影”艺术性乏善可陈，其票房越高，越可能催生更多快餐式的、急功近利的电影。

3. 过度强化粉丝基础，可能会使文化创作的视野和受众面出现窄化

粉丝文化与人生成长的青春期相关。过度地以粉丝文化、粉丝经济作为文化创作的环境，可能导致文化创作视野的窄化。像《那些年，我们一起追的女孩》获得成功，催生一批主打青春情怀的电影，从《小时代》系列到《致青春》《匆匆那年》《栀子花开》，青春影片占据大银幕，在文化上形成一股强劲的青春怀旧潮，但也影响了其他类型影片的多样性。

同样，由于狂热粉丝都是特定年龄层的青少年，过多以粉丝文化作为营销手法的影片大量排片，会使影院观众类型同质化、单一化。基于窄众粉丝的营销，常常会借助更多的非作品的话题引起关注，从而加深娱乐化、八卦式传播。

因此，既要借助和挖掘粉丝群体带来的红利，也要认识到唯粉丝群体的局限性。

第六章 商业模式驱动的文化创业

一个可行、可持续、受投资者青睐的商业模式，是创业者需要在商业计划书中强调的首要内容。

商业模式是公司创造价值的基本机制，体现商业的逻辑和可持续性。商业模式体现企业如何整合内外各要素、形成有核心竞争力的运行系统，满足客户需求、实现客户价值、达成持续赢利目标。

商业模式创新是指企业价值创造基本逻辑的变化，即把新的模式引入社会的生产体系，以新的、有效的方式赚钱，为企业和客户创造价值。新引入的商业模式，既可能在构成要素方面不同于已有商业模式，也可能在要素间关系或者动力机制方面不同于已有商业模式。

商业模式创新是创业企业的机会，通过颠覆旧模式、重构新模式，从而推动产业业态的转型和升级。

第一节　内容商业模式的破坏

文化既是一个恒常的稳定系统，也处于“其命维新”的创新过程之中。互联网的破坏性创新，使传统文化产业商业模式面临被“架空”的困境，而互联网情境又需要建立切实可行的商业模式。这就为创业公司提供了机遇。

一、*内容商业模式的冲击破坏*

以内容销售为商业模式的几大典型行业，都受到互联网技术的冲击破坏。这些行业包括出版、电影、音乐、演艺等。

在出版业，图书产品和书店服务面临着数字化传播的冲击，内容与读者的连接被互联网分流。虽然网上书店使图书销售有了电商的业态，但是多数图书内容并不像网络文学、知识付费内容那样，与互联网调性适配。

影响首先波及的是“创作者 + 内容编辑 + 产品制作 + 营销发行”的商业模式。在这个模式中，出版社是作者和用户之间的中介：在内容上，为用户发现、把关有价值的内容；在商业上，对创作者进行营销，为其提供增值服务。这种由编辑经验和文化机构品牌背书的文化判断力，造就了德国的贝塔斯曼、中国的商务印书馆等出版巨头，也孵化出 J. K. 罗琳、郭敬明这样的白金作家。

但是，随着图书数字化后，它们逐渐变成了互联网产品，原有的商业模式就不再适应互联网情境了。书籍杂志被数字内容及 Kindle、平板手机等智能终端所替代。从内容视角来看，大众出版被阅文集团、中文在线等网络文学、社交阅读所冲击；教育出版被作业帮、VIPKID、慕课等冲击；专业出版被罗辑思维、得到、知乎等知识付费创业者所冲击。

电影业一直面临着好莱坞大片的竞争。同时，网生代观众审美和口味的年轻化、娱乐化、社交化给电影产业带来了更实质的冲击。传统的名导演、名演员、经典题材的票房号召力下降。投资巨大的电影常常被小鲜肉电影、粉丝电影、IP 电影、大数据电影等网生电影狙击。BAT 纷纷入局网大，万合天宜、七娱乐影业、四平青年传媒等专攻网生电影的厂牌陆续崛起。

在音乐业，从磁带、唱片、CD 到流媒体，介质不断变换，技术进步使传统的音乐业态受到极大的挑战。同样，歌迷与艺人的交流和连接更多地通过互联网音乐、云音乐等平台进行，传统唱片公司的地位弱化。苹果 iTunes、网易云音乐、阿里音乐成为网生音乐重镇。

在演艺业，传统艺术家难敌小鲜肉、网红，传统的剧院模式缺少观众的参与和互动。观众的闲暇时间更多地从剧院、舞台转移到网上秀场、移动直播等网生娱乐形态，欢聚传媒、虎牙、映客、抖音等成为网生代的新娱乐休闲场所。

挑战和破坏带来了创新和重建的可能性。创业者已经出发，在互联网时代探索和重建各种内容商业模式。

二、文化电商：渠道商业模式的重构创业

“内容产品 + 发行渠道”的内容销售模式，是经典的内容产业商业模式。在这一领域，经历了发行商业模式的重建和针对数字内容产品、网生内容分发模式的再造两个阶段。

（一）文化电子商务

内容通过渠道分发给用户。书店、报刊亭、影院都是内容的分发渠道

和消费终端。传统文化产品，如图书、报刊、音像、电影等，都要通过下游的渠道和终端店实现销售、回款，才能让产品与用户见面。

渠道是物理的概念，是实体物品流通的管道。这也先天决定了传统渠道的局限性。例如，因为图书不定期出版，而报刊定期出版，形成各自分立的渠道：书店和邮局，效率并不高。

互联网电子商务替代了分发内容产品的物理渠道、实体内容销售终端。图书、音像制品等内容产品形态标准、定价统一、用户使用频次较高，成为互联网电商较早切入的产品。

1995 年，31 岁的杰夫·贝佐斯在美国西雅图的车库中创立了亚马逊。1995 年 4 月 3 日，亚马逊迎来了第一位顾客约翰·温赖特（John Wainwright），亚马逊后来将一座办公楼命名为“温赖特”以纪念这历史性的第一单。自此，物理渠道商业模式开始被更有效率的网络渠道所替代。

类似的商业模式被引入中国。1999 年，与贝佐斯同年出生的李国庆创办当当。2000 年，31 岁的雷军创办卓越。当亚马逊意图布局中国在线零售市场时，这两家本土创业公司成为首选。2004 年，亚马逊以 7 500 万美元收购卓越；当当拒绝亚马逊的收购报价后，2010 年在美国纽交所上市。如今，电商已成为文化商品的主流销售模式。

文化电商的模式为何能够创业成功？

第一是以低运营成本获得低价。互联网使任何文化生产者都可以直接面向消费者，满足需求的效率提高，供需对接更为精准。数字渠道去除了中间的流通环节，没有实体店面，运营成本大大降低，所以能够以更为优惠的折扣价格销售产品。网上书店用包销、定制等手段获得优惠的进价，减少了库存和退货风险，进一步让利给用户，足以培养出用户网络购书的新消费习惯。

第二是以全品种满足用户需求。传统书店限于物理店面，只能展示热门的头部文化产品，销量衰减后产品就会被下架。网上书店理论上能够陈列全部的文化商品，永远不下架，很多冷门、小众的长尾文化需求得以满足，有利于文化的多样性。而符合网生代需求的文化内容产品，更适合在网上销售。这是传统的物理渠道所无法解决的痛点。

第三是以新颖的内容形态适应互联网。销售实体文化产品只是互联网文化电商的初始业务。而像罗辑思维、樊登读书会、凯叔讲故事等文化自媒体创业，基于图书等文化产品内容，形成了重述和再生产的网生内容形态。这些自媒体根据粉丝、订阅用户的喜好选择内容产品，提供文化增值服务，以自身的认知盈余或者文化风格作为电商运营的底色，更具有文化感和知识感。知乎基于图书内容既可以成为提问题目，也可以为回答提供知识支持，上线了知乎书店。购买同一部图书的用户之间、读者与作者之间有了以图书为媒介的连接和交流节点。知乎书店形成了电子书购买、阅读、延伸讨论的阅读闭环，为社会化阅读提供了新形式。

新的商业模式对实体书店构成了替代性竞争，传统实体书店大面积关门。可持续发展的书店，如万圣、单向街、诚品、PageOne 等，则重新定义书店，通过产品精选、文化空间营建，以阅读的仪式感和丰富的线下文化体验取胜。

（二）网生数字内容分发平台

随着内容产品本身的数字化、移动终端的普及，互联网将在线数字内容与用户连接，形成了网络文学网站、在线直播平台、应用商店、移动新闻客户端等平台企业。

苹果公司构建的针对移动端的 App 生态，迅速替代了 PC 端的 Web 生态，以 App Store 作为分发数字内容的平台，为内容和应用开发者建立起订阅收费的持续性收入模式，成为构建 iOS 生态的重要支点。苹果智能终端用户所需要的各种内容和应用，包括 App、音乐、视频、书籍、手游等，都可以通过智能手机到应用商店直接购买消费。

应用商店向数字内容提供商、应用开发商开放，并提供定价、付款、排名评价等运营服务，成为移动端的内容流量入口，逐渐形成了网生内容的主场。苹果公司 2018 年第三财季财报显示，包括 iTunes、App Store、Apple Pay 以及 AppleCare 在内的苹果服务业务营收 95.4 亿美元，同比增长 31%。

应用分发平台吸引了不少创业者。国内有 91 助手、豌豆荚等，都是专注做应用和内容分发的创业公司。

91 助手由熊俊开发，2007 年被刘德建创办的网龙公司以 10 万元收购。随着智能移动终端的普及，91 助手成为 iPhone 用户安装下载应用的主要平台。2005 年谷歌收购安迪·鲁宾、里奇·米纳（Rich Miner）研发的安卓系统之后，网龙迅速开发了安卓市场，在安卓系统复制应用分发平台模式。

91 助手吸引了迫切向移动互联网转型的百度、腾讯、360、阿里等巨头的眼光。2015 年，百度以 19 亿美元收购 91 助手，成为中国互联网史上金额最大的并购案。从 10 万元到 19 亿美元，91 助手的增值，体现了创新商业模式的价值。

移动互联网时代，网生内容平台的一个发展趋势是泛在——终端、平台新物种不断破土而出。

随着车联网、智能出行科技的提升，汽车中控屏成为音视频娱乐内容的终端，车联网成为有潜力的内容分发和用户连接平台。喜马拉雅 FM、乐视都把汽车作为自身内容产品的新渠道。

在智能家居的场景中，智能音箱成为新的内容终端和用户交互界面。如今，已有小米、华为等多家巨头杀入智能音箱赛道。

而在车联网、智能家居场景中，大数据通过传感器实时生成反馈，形成新的网生内容。

万物互联的未来，渠道、终端无处不在，令文化生产者和消费者沉浸其中，内容获得了比电脑、手机、媒体更丰富的应用场景，内容本身的形态也处于日新月异之中。

第二节　新兴内容商业模式

标杆性的创业者，都是以革新者的面貌出现的。在文化商业模式领域同样如此。Web1. 0 时代，新浪、网易、搜狐等建立了内容门户的商业模式，Web2. 0 时代的新势力谷歌、百度推出了搜索引擎的商业模式。在移动互联网时代，App 替代了 Web，形成了全新的小屏生态，生长出全新的文化商业模式。

一、*内容商业模式的重构*

如果说渠道和内容冲击的是传统的文化发行渠道，新的互联网内容创业者则对以“内容为王”的生产模式形成了冲击。

在互联网情境中，从作者到读者的单向业务模式被瓦解，原来由有限专业机构所垄断的文化生产被“去中心化”，人人皆是网络写手、歌手和导演，“人人皆能红 15 秒”，激发了创作数量的爆炸式增长。作品价值的判断，从编辑中心转移为用户中心：点击量、评论量、热度等成为判断作品价值的关键指标。由于数字化，图书、唱片的制作和发行成本大大降低，传统的版税率标准也面临着调整。

亚马逊、苹果公司的创新和起点中文网、中文在线的创业就是瞄准了在线阅读和数字出版的商业模式。

亚马逊把《纽约时报》畅销书榜单上的畅销书电子版与印刷版同步销售，这打破了先实体书、后电子版的行规，引发了出版商的担忧。而亚马逊 Kindle 通过对电子书合理定价、提高版税分成比例、培育用户新习惯，使出版商逐渐接受了新模式。

相比之下，起点中文网创立的商业模式，则完全抛开了出版商，从网生内容源头切入，重建作者、编辑和读者间的商业连接。

起点中文网在中国网络文学商业模式创新中，是里程碑式的存在。商业模式的完善和建立，使网络文学由个人兴趣式的随兴创作，成长为一个根基扎实的文化产业。其基本模式是扶持创作者，与人气作者、潜力作者签约，获得作者经纪的增值收益，以人气作者作品吸引用户阅读订阅。作品是一个开放式文本，通过连载的方式更新，根据网友反馈优化创作。这与传统图书追求完整的包裹式产品形态的做法有了显著差异。网站与作者对收入五五分成，这样的分账比例，远远高于以往的版税率。

在用户端，网络文学平台对作品阅读采取先免费、后收费的模式，靠内容吸引用户付费。会员免费在线阅读连载作品的前面部分，用户点击量、阅读率达到一定热度后，移到 VIP 阅读区供会员收费阅读。付费标准也很低，千字几分钱。这借鉴了网络游戏业常见的“先免费，后收费”“游戏中收费”的模式，既使作品培育了人气，也打破了用户的付费瓶颈。

互联网的奇妙之处就在于，能够基于几分钱的付费订阅模式，进行精准的收费和以用户为中心的生产，把小买卖做成大生意。1999 年，当痞子蔡的《第一次的亲密接触》火遍网络，成为标志网络文学诞生的现象级作品时，其商业模式只有单一的线下出版这一路径。彼时，传统出版商业模式仍然保持着“收编”网络文学的强大能力。而到起点中文的时代，网络文学的商业模式中，线下出版只是版权授权业务中的一块拼图。

商业模式的重建，使起点中文网获得了可观的估值。2004 年，盛大互动娱乐公司以 200 万美元收购起点中文网，并将起点商业模式运用到之后整合成立的盛大文学公司，以新的商业模式激活了网络文学产业的创业创新路径。2014 年，腾讯文学以 50 亿元收购盛大文学，2015 年重组为阅文集团，并于 2017 年在香港上市。网络文学由盛大文学、腾讯阅文、百度文学三足鼎立演变为腾讯阅文、百度文学和阿里文学的分庭抗礼。

在网络文学商业模式重建的过程中，传统出版商基本丧失了话语权，网络文学及其商业模式已经清晰地划分出了传统与新兴出版的边界。

商业模式的优化、调整与重构在各个文化内容行业都在发生。网生内容需要与之相适应的商业模式，创新商业模式的新势力与旧巨头之间，不断进行着文化和商业话语权的再分配。

通过表 6－1 的归纳可以看到，内容商业模式的重构和重建，其实质在于用户的迁移，关键在于建立网生内容与网生代用户的新连接。因此其支点有两个：一是激励优质内容生产，产出有吸引力、为主流社会所认可的新内容，构建网生内容生态；二是实现内容分发的智能化、个性化，以迅速、有效、全面地满足用户的内容需求。

表 6－1　　内容商业模式的重构与重建

文化内容产品	传统玩家	新进入者	商业模式	重建模式
图书	新华书店	亚马逊、当当	批发—零售	网上书店、移动阅读终端
	出版社、非国有文化公司	百度文学、阿里文学、阅文集团、中文在线	编辑—出版—发行	网络文学创作、分发平台、IP运营
音乐、游戏	唱片公司、游戏公司、软件公司	苹果、亚马逊、91 助手	书店、音像店渠道	在线内容应用分发商店
电影	中影、华谊、光线	阿里影业、企鹅影业、完美世界、万合天宜、猫眼票务	制作—发行—放映	IP 电影、大数据电影、网大
教育	教育出版、培训机构	得到、喜马拉雅 FM	教材教辅、线下课堂	知识付费
演艺	中演集团、东方集团、百老汇	六间房、映客、花椒、快手、抖音	演出—票务	在线票务、刷礼物、打赏

二、从免费到付费

为优质内容付费，是内容商业模式的基础。在传统社会建立的付费机制被互联网破坏。如今，互联网内容则到了重建付费机制的关口。

（一）知识付费模式的类型

互联网野蛮生长阶段，免费曾经是一把利刃，它粗暴但有效地斩断了传统内容与用户的连接，收割了传统的内容用户，使网民在互联网情境中恣意狂欢。

免费让众多媒体建立“付费墙”的设想无立足之地，媒体等内容生产商花费巨大采访和生产成本的优质内容，在免费和碎片化内容的围攻下，难以为继。这必然带来内容生产的危机：优质内容缺乏激励机制，良莠不齐、碎片化的 UGC 充斥网络。

从这个意义上来看，知识付费商业模式正是网民对优质内容的价值重估。

自 2015 年底起，知识付费创业破茧重生（如图 6－1 所示）：果壳推出付费一对一咨询应用“在行”“分答”，知乎推出实时问答产品“知乎 Live”，知识付费产品推陈出新；罗辑思维推出“得到”，喜马拉雅 FM、豆瓣时间等纷纷跑入知识付费平台赛道，平台模式不断丰富。“在行”推出 42 天授权用户就突破 1 000 万人，付费用户超 100 万人。喜马拉雅 FM 以《好好说话》① 作为首个付费节目上线知识付费，一天内销售额突破 500 万元。

在行　　得到　　喜马拉雅FM　　知乎Live

图 6－1　具有代表性的知识付费创业项目

知识付费出现了多种模式，一是在线课程形式，如在行、得到、喜马拉雅 FM 的知识付费课程，通过主讲者授课的形式，为用户提供实用的知识。

喜马拉雅 FM 成立于 2013 年，由创业老将余建军和陈小雨在上海创立，

---

① 由马东携手奇葩天团打造的教人说话的节目。

重构了网民收听广播、音乐的行为方式。2016 年 6 月 6 日，喜马拉雅 FM 开始音频内容付费。如今，喜马拉雅 FM 拥有 2 000 多种付费节目、3 000 名垂直知识领域专家、500 万名主播，知识生产如火如荼。喜马拉雅 FM 创办的“123 知识狂欢节”，成为知识付费赛道的“双 11”。

二是问答咨询形式，如知乎，通过提问题，获得权威、可信的专家的个性化咨询服务。

知乎创立于 2010 年，当时，Facebook 前雇员开发了 SNS（社交网络服务）问答社区 Quora。经历了第一次创业失败的周源和黄继新、李申也创办了知乎问答社区。知乎以“如何评价 × × ×”“为什么大家不喜欢 × × ×”等知乎式提问，建立了知识与用户全新有效的连接方式。

三是知识转述和重述形式，如罗辑思维、樊登读书会等。通过对一本书内容的抽取、浓缩、讲解，为用户节省时间、补充脑力。这一模式要基于社区、会员制来实现。

罗辑思维是知识付费的典型创业者，商业模式是在社群即关系的维度上做网生知识以及文化产品的销售。为会员独家定制的书单，90 种书在 20 个月累计实现了 1.7 亿元销售额。截至 2018 年 5 月，罗辑思维旗下的知识付费平台“得到”注册用户数超过 2 000 万，其中 DAU 数 73 万，专栏订阅数 361 万。

2013 年，央视原主持人樊登创办的樊登读书会，借助移动互联网“影响 3 亿中国人养成阅读习惯”。樊登读书会陆续在各地成立，截至 2018 年 4 月，在全球拥有 1 500 余家分会，300 多万正式付费会员。

（二）优质网生知识的再定义

怎样的知识能够打开用户的钱包？在出版业等业已建立的内容销售模式下，互联网知识付费如何跑出新维度？

知识付费就是网生代的出版、教育培训模式，核心同样是基于优质内容的生产、编辑、整合。尽管知识付费的内容和传统图书、有声书、音像很像，但两者又有本质的区别。从传统出版到知识付费，中间隔着互联网思维。

知识付费的基础是优质的网生知识。知识付费重新定义了互联网时代优质知识内容，这具有革新性的意义。

1. 网生知识内容是认知盈余式生产的知识内容

传统出版业和教育体系生产的内容具有系统化、组织化、高质量的特点。受互联网的影响，其从业态上来看，已经进行了数字化、网络化升级改造；从产品形态上来看，已从纸质书丰富为电子书、数据库、听书等，从课堂丰富为慕课、在线教育等。但知识付费内容具备新物种的创新性。

知识付费是介于网生碎片化内容和传统系统厚重内容之间的知识形态，是网生内容扬弃传统的知识内容形态的产物。知识付费平台依托知识盈余者、专家型用户生产优质内容。平台通过商业模式和运营能力，成为鼓励知识再生产、网生化的“黄埔军校”。

在喜马拉雅 FM 上，精品课程的主讲者包括马东、吴晓波、龚琳娜、樊登、葛剑雄、袁腾飞、蒙曼等，都是具备认知盈余的专家。平台上线的马云和他的合伙人们给学员分享的互联网创业经验《湖畔三板斧》、互联网思想家凯文·凯利官方专栏，更是体现出主讲者的优质。凯文·凯利把开设专栏称为自己的“首个互联网出版实验”。

知乎向公众开放注册后，用户激增。为留住高质量的题主和答主，继续生产高质量的知识，知乎进入了知识付费的赛道。2016 年上线的知乎 Live，其形式是一对多的在线语音问答：大 V 回答听众提问，用户需付费进入。截至 2016 年 9 月 20 日，知乎举行了 557 场知乎 Live，听众人均花费 52.08 元，重复购买率达 37%；讲者的平均时薪超过 1 万元，人数最多的一场 Live 获得了近 43 000 人参与。诺贝尔经济学奖得主约瑟夫·斯蒂格利茨制作的名为《特朗普上台，中国该往何处去》的分享，获得 34 万元的单场最高收入。

2. 网生知识内容具有独到的应用价值

知识付费兴盛于移动端，其场景是移动的、伴随的，这就决定了其内容是应用性、充电式、即插即用的，形式是短小、碎片化的。而出版物或者教育培训课程，更强调系统性、持续性，重视知识的板块构造、体系搭建、地图绘制。

喜马拉雅 FM 上线的第一档知识付费节目，是米未传媒马东团队的《好好说话》。这款产品围绕社交谈话，传授具体技巧，定价 198 元/年，一天内售出 25 731 套，销售额突破 500 万元，并成为 2016 年“123 知识狂欢节”当天销售额冠军。2017 年“123 知识狂欢节”，三天销售额达 1.96 亿元，占据销售榜前列的有《蔡康永的 201 堂情商课》（站内 1 200 万元销售额、6 万多个订阅用户）、《郭论：郭德纲首档音频脱口秀》和《好好说话·康永来了》等。注重知识的有效性、时新性，是知识付费内容的价值主张。

樊登读书会通过浓缩图书精华的知识再生产路径，提供视频、音频、图文等多种形式的知识内容，视频长度 50 分钟。会员门槛 365 元，可以免费阅读 50 本书。读书会抓住了现代人阅读的痛点：没有时间读书，不知道读哪些书，读书效率低。它同时还弥补了网络碎片化内容的量大质低的现状。

截至 2017 年 5 月，知乎平台有注册用户 8 300 万人，积累了 1 700 万个问题、6 300 万个回答。这些通过问答形式重新整理、组织、生产的知识，形成了更符合网络知识传播和用户接受的网生知识库。

3. 在互联网信息海洋中，如何获得有价值的知识，既取决于知识的质量，也取决于知识与用户的匹配

在这方面，知识付费平台的做法主要是双管齐下：一是靠社区，以人以群分来实现同类用户的聚集；二是靠算法，通过大数据、用户洞察，实现知识与用户需求的精准匹配。

知乎同样明白优质的内容生产者的重要性。问答网站要提供有质量的网生知识内容，必须集结优秀的大脑。知乎对用户的调性要求极为严苛，甚至打出“胸大去直播，脑大来知乎”的口号，吸引知识精英注册。知乎最早的 200 位种子用户，都是李开复、王兴、王小川、徐小平和马化腾这类知识精英，正好与微博、抖音通过娱乐明星启动的策略相反。这些知识精英在前 40 天贡献了 8 000 个问题、2 万个回答。之后再扩大到 40 万名各行各业知识达人、精英、高学历人士，特别是金融、理工、计算机等专业知识盈余者。在成立的最初三年时间内，知乎都是通过邀请注册的方式发展用户，以保证知识生产者的质量，让题主和答主都获得身份优越感。高质量的用户生产出高质量的内容，使之成为网生知识中的精华。这为知乎打下了内容生产的地基，也是知乎的护城河。知识精英，在互联网上有了对应词：知乎精英。

新模式不仅分流了传统出版、教育培训模式中的用户，还成为资本眼中的“小鲜肉”。2015 年，樊登读书会获得联通创投数百万元的天使轮投资；2017 年 9 月，转向知识付费业务的蜻蜓 FM，完成了 10 亿元的 E 轮融资，由百度和微影资本领投。截至 2019 年 8 月，知乎已经完成 F 轮融资，各轮投资方包括创新工场、启明创投、软银财富、腾讯、今日资本、快手、百度等，估值超过 35 亿美元。

三、打赏、刷礼物

打赏，指用户对内容生产者进行的金钱或者虚拟物品奖励，以此表达对内容的喜爱和支持。打赏不同于销售，销售是在消费开始之前付费，而打赏则是用户在消费过程中或者消费完成后，基于体验自主进行的奖励行为。

从用词可以看出，打赏是一种极具传统特色的商业模式。早期的街头艺人，如相声、杂技、驯猴、魔术等街头表演者，或者戏院、夜总会表演者，都在演完后由观众打赏、送花篮等。这种由用户对原创内容打赏的机制，在互联网时代获得新生，被不少 UGC 生产平台采用。从文化传承上来看，这也表明了街头表演与互联网秀场、直播之间的文化连通。

较早推出打赏功能的是起点中文网，读者可直接打赏起点币。微博、微信、QQ 兴趣部落、简书、豆瓣、犀牛故事等都为原创者开通了打赏、赞赏的按钮。以微信公众号为例，在文章下部作者可开通“赞赏”按钮，用户可在 5 ~200 元区间内，对作者进行现金打赏。

papi 酱等知识网红就开通过“打赏”功能。papi 酱微信公众号 2015 年 11 月 28 日开通打赏功能以来，四个月累计有 24 563 人次打赏，其中最高一条短视频打赏人数达 3 528 人次。2016 年 7 月 11 日，papi 酱在一直播、美拍、斗鱼直播、花椒直播、熊猫 TV、百度视频、优酷直播、今日头条等八大直播平台首次直播，1. 5 小时有 2 000 万人次围观，点赞 1. 13 亿次，用户打赏的礼物价值 90 万元。

与微信公众号的直接金钱打赏不同，天涯社区的打赏功能，是用户购买虚拟道具，如“赞”“鲜花”“码字光荣”“膜拜大师”等打赏给创作者。每种图标对应不同的赏金。三者的换算值是 100 赏金可转化为 1 元人民币。达到 10 000 赏金的签约作者可以申请提现，平台与作者之间按 3∶7 分成。

打赏被广泛运用于直播领域。在斗鱼、熊猫、花椒等直播平台上，用户刷各种价值不同的虚拟礼物的行为，成为主播的主要收入来源和人气象征。

刷虚拟礼物、虚拟道具，统称刷礼物，是用户在观看直播时，主动地刷给主播物品。用户刷礼物给主播后，其名字以及对应的礼品数量会以较为醒目的方式在屏幕上显现，主播也会对刷礼物的用户给以点名致谢，对出手阔绰的用户还可以转到私聊场景。这极大地满足了用户的自尊需求、与主播类社会交往的想象需求和社会交往的行动需求。

打赏正是基于这种情感需求开发出的付费模式。用户在直播中刷给主播的礼物和道具，虽然是虚拟的，但需要付出真金白银来购买。以花椒直播为例，用户可以送出的虚拟礼物及价格，从只需 1 个花椒豆的“我喜欢你”到需要 3 333 个花椒豆的“兰博基尼”，实际价格从 1 毛钱到 333 元不等。女主播与平台以一定比例（通常为 8∶2 或者 7∶3）分成。这与传统的酒吧、夜总会中，女艺人表演、陪酒、献唱，客人送花篮、消费酒水、订包房的模式如出一辙。

根据映客招股书，截至 2018 年 6 月 30 日，映客 99% 的收入来源于直播业务，主要赢利模式为虚拟礼物销售和直播打赏。

直播场景中的刷礼物，其本质是以礼物为中介的社交。用户之间的打赏常常引发类似社会比较的冲动。主播也会对出手阔绰的用户以更多的关注和提及。像冯提莫深陷的“会计门”就是其中一个反面案例。生于 1989 年的镇江某房地产公司王姓会计，挪用公款 930 万打赏各平台女主播，其中给冯提莫打赏了 160 万左右，并获得了与冯提莫等主播线下聚会的社交机会。最终该会计被判处有期徒刑七年。

打赏模式涉及鼓励用户打赏、作者与平台的分成、打赏金额提现要求等设计。这些都关系到打赏模式是否能够持续下去。

为了激励用户的打赏行为，平台都会设立打赏榜，呈现获得打赏的作者和打赏用户的排行榜，通过社会比较来激励打赏。

天涯专门开设了打赏页面，制作了打赏次数、打赏金额等的排行榜，反映出打赏作为一种商业模式的可靠性。从这些榜单中可以发现，在打赏排行榜上前三位的多数为与股票相关的作者。在打赏金额获得“牛人榜”上，前三位均为与股票相关的作者。排名榜首的“股痴 2008”获得 1.04 亿元赏金，转化为人民币价值 104 万元，属于作者的税前收入为 72.8 万元。该作者 2017 年 4 月 29 日才注册账号，是深圳的一名 70 后。而出手最大方的打赏者，年度内打赏出 1 295.7 万赏金，相当于送出了 12.9 万元人民币。

在起点中文网列出的出手最阔绰粉丝排行榜上，位列榜首的“烟灰黯然跌落”累计打赏超过 200 万元人民币（截至 2018 年 6 月）。

网易云音乐上线的赞赏功能，在释放粉丝赞赏需求、改善其体验的同时，也为原创音乐人与用户的互动增加了一种新途径。

打赏和刷礼物商业模式的核心是网红，网红的颜值、才艺、表演带来了流量和粉丝。而打赏模式体现出将流量和粉丝转化为付费用户的能力和效率。显然，当通过直播构建起新的娱乐场景时，这种商业模式的价值便体现出来了。

“直播第一股”映客的招股书表明，截至2018年6月30日，映客客户端用户为2亿人，MAU达2 638万人，季均付费用户达198.4万人，用户日均使用时长达29分钟。2018年上半年，映客平台直播收入为22.27亿元，同比增加15.3%，占营收比重为97.7%。

虎牙直播平台对主播的付费打赏有了变通的形式：主播守护。用户为自己中意主播开通守护，价格约为10元一天，能获得“专属贵宾席”等增值特权。获得多少守护也成为主播人气和赢利能力的体现，这也激发了粉丝之间的付费应援意愿。虎牙还设置了守护者等级，随着等级的上升，获得的增值服务也不断上升，以达到诱导用户长期开通主播守护的目的。可以说，主播守护是一种订阅的形式，持续消费主播内容，弥补了随意打赏的偶然性。

四、付费会员制

消费社会到来之后，商品极大丰富，使物的消费让位于符号的消费、身份的消费、区隔的消费。商品的实际功能不再那么重要，消费者更优先关注消费过程中体验到的安全感、优越感、代入感。会员制商业模式就是为会员用户提供超值的、专属的服务。

（一）会员内容增值服务

会员制是商业社会常见的用户关系管理手段。在网络文化生产中，会员制被广泛运用于亚马逊、淘宝、京东等电商和QQ、印象笔记、百度云等应用工具。在文化内容领域，爱奇艺、优酷、网易云音乐、起点中文网等内容平台也广泛实施会员制，成为与流量广告相辅相成的一种新型商业模式。

会员制这种商业模式，其意义在于两点：一是会员获得更优质的增值服务，提升用户持续消费的黏性；二是给予优质内容以价值肯定，体现了网生内容的进化。

会员制采用“撇脂”定价策略，即从单次付费用户中筛选出付费意愿和付费能力较强的会员用户，会员购买的增值服务大致有如下几类内容。

1. 优先消费文化商品的权利

这是指在产品大规模上市之前，会员拥有优先消费的礼遇。电影首映礼、超前点映等礼遇，作品抢先看等，都属于优先消费增值服务。2014 年，欢瑞世纪出品的 12 集电视剧《盗墓笔记》在爱奇艺上线。爱奇艺采取的策略是：普通用户每周更新观看，VIP 会员可抢先看全集。由此引发用户大规模充会员，一度造成服务器瘫痪，付费 VIP 会员数量周环比翻倍增长。在文化消费中，抢先消费能够使用户提前获知内容，在内心和社交中都享有了优越感。

2. 提供专属文化特权

数字电视频道中的 HBO、高尔夫球频道等，都提供最新电影、高清画质的高尔夫球实况赛事等，只有付费会员才能观看。在普通频道则无法收看到这些专属内容。

而粉丝更看重会员带来的亲近偶像的机会。《盗墓笔记》作者南派三叔的微信会员，在优先阅读最新作品之外，还有机会获得三叔亲自点评、与三叔互动。韩剧《太阳的后裔》大火之时，男主角宋仲基举办中国粉丝见面会，爱奇艺就为 VIP 会员提供了 1 000 张门票抽奖机会，使会员身份对应稀缺的专属特权。

腾讯视频自制的热门选秀节目《创造 101》，在投票 pick 环节，普通用户每天限制点赞 11 次，而腾讯超级影视 VIP 每天可以专享 121 次点赞特权。这对粉丝应援而言，可谓最具价值的特权。

3. 获得更好的文化消费体验

这里指为会员提供更好的文化消费环境、高品质的产品。视频服务商为 VIP 会员去除广告干扰就是典型一例。在非付费会员必须忍受长达 120 秒的片头广告时，付费会员则能免广告观看。音乐 VIP 会员可以下载品质更高的数字音乐，获得超高音质享受。

这些增值服务筛选出了更有支付能力、有更高消费需求的用户，增强了用户黏性，使会员身份具备了商业和文化价值。

当然，会员制依然要建立在优质内容的基础之上。《盗墓笔记》《太阳的后裔》等独播大剧的引进，使爱奇艺付费会员的含金量不断增长，会员数也由百万级别跃升至千万级别。爱奇艺 2015 年上线的独播剧《盗墓笔记》，播放量达到 29.9 亿，以“会员看全集”的营销手法，刺激了新会员的显著增长。乐视网 2016 年上线的独播剧《太子妃升职记》则收获了 220 万名新会员，收入超过 4 100 万元。

而平台内容的现象级精品则使会员消费不断增加，增加 ARPU。爱奇艺尝试将网大、网剧进行分级，ABCD 代表不同的制作水准和会员价格，从而实现差异化的会员观看服务。会员制为爱奇艺等网络视频平台带来了可行的赢利模式。

从这个角度来看，会员模式已经成为区分互联网免费用户与付费用户的一种用户管理手段：为免费用户提供基本、有限的服务，为付费用户提供增值、无限量服务；免费用户带来流量，付费用户带来收入。这样实现免费用户向付费用户的培育和转化。

（二）会员制的运营

当然，对会员制的重视和运营能力，影响着这一商业模式的效果。会员制的设计、运营至关重要。较有代表性的创业者包括爱奇艺、罗辑思维、樊登读书会。

爱奇艺 VIP 会员打出“轻奢新主义”的身份符号，通过会员资格建立起付费墙（paywall），使付费会员资格成为有价值的身份产品。

罗辑思维通过内容不断网罗爱读书的 85 后年轻人，在社群中又把用户分为四层：泛受众、粉丝、普通会员和铁杆会员。而会员就是从粉丝中筛选出来的、忠诚度高的付费用户。2013 年，罗辑思维进行了两期会员招募，普通会员入会价格为 200 元，铁杆会员价格为 1 200 元，计划销售两天的 5 000 个普通会员和 500 个铁杆会员资格，半天就售罄，轻松收入 160 万元。第二期则在 24 小时内招募到 2 万会员，入账 800 万元。

值得注意的有两个细节：一是对于会员只有定价却不承诺任何回报，只是隐约透露会员未来可以“占商家的便宜”，提供“有一个神秘礼物，将来自有妙用”等神秘说辞；另一个细节是，罗辑思维一度只允许会员用微信支付，在在线支付工具多样化的当下，这显然是一种不便利的要求，以此体现会员对罗辑思维的服从力。而就是这样“史上最无理”的会员资格要求却被疯抢，这说明了会员对罗辑思维社群的信任感。不少会员也在社交媒体上表示，买会员实则是在“供养”罗振宇。

稍做总结，罗辑思维的会员制度是其社群文化和经济的基础，或者更本质地说，是罗辑思维用互联网思维创造出来的一种符号。那么，运营会员制主要的发力点有哪些呢？

1. 让会员身份带来归属感和优越感

在一般的电商会员的福利之外，会员具有精神层面的价值，即智商的优越感。罗辑思维提供的商品，具有文化和社交价值。例如，比亚马逊提前两个半月预售凯文·凯利新书《必然》。虽然 68 元的定价比亚马逊预售价格贵了 30%，但仍然一天多就预售 5 万本。这使罗辑思维会员能够在社会比较中体现优越感。除了图书，罗辑思维还实验卖月饼、书箱等，这都注入了罗辑思维的风格，专供会员专属购买、社交送礼。当别人坐在电视前看各卫视跨年晚会的时候，罗辑思维的会员却选择听罗振宇《时间的朋友》跨年演讲，用这种仪式感增强自身的优越感。这也是粉丝几小时抢光《时间的朋友》99 个 20 年联票、300 个 18 年联票的动力所在。在《时间的朋友 2017》跨年演讲中，罗振宇用了这样的“话术”：“下面我要说的话，只能是说给你们这样少数人的。它只跟少数人有关，也只对少数人有用。”精准地熨烫了粉丝和会员的优越感。

正当外界认为会员制会成为其主要收入来源时，罗辑思维却于 2015 年停止招募新会员，同时宣布已有的 66 万会员成为永久会员，且会籍可以转让交易。这就使会员资格成为一种虚拟资产，带来不可再生的身份感。对会员优越感的精准拿捏，印证了罗振宇在《时间的朋友 2017》跨年演讲中所说的话：“要尽可能做让用户觉得长脸的事，绝不给用户丢脸。”

2. 让会员连接成圈子和社区

物以类聚，人以群分。通过付费购买，罗辑思维社群聚集了一批自认有知识认同、有行动力、有创业梦想的年轻人，而社群圈子也成为会员创新创业的社会资本。

如果用几个关键词来形容组成社群的“罗友”，可以用知识、信任、付出这三个。知识是其需求定位和身份标签；信任是形成“自己人效应”的社群组织纽带；付出是商业模式，也是身份和信任维系的现实手段。有人批评罗辑思维的会员体系带有“洗脑”性质，也从一个侧面体现了其社群建设的效果。

罗辑思维把会员玩成了新文化。社群的组织和建设，成为罗辑思维商业成功的基石。截至 2018 年，罗辑思维主体公司完成了 D 轮融资，投资方包括中国文化产业投资基金、红杉资本、腾讯产业共赢基金等，投后估值也由 B 轮的 13.2 亿元升至数十亿元水平。①

随着移动互联网带来的内容跨屏融合，用户的注意力和时间成为稀缺

① 罗辑思维的社群运营也开始受到会员及媒体的质疑。

的资源。会员体系也迎来了兼并合作的契机。2018 年，爱奇艺和京东达成会员权益互通，使各自旗下的视频会员与电商会员共享权益，实现会员价值的增值。阿里巴巴则通过 88VIP，将旗下的淘宝、饿了么、优酷、虾米音乐、淘票票等会员权益整合到一起，使吃、玩、听、看、买各项业务的会员相互导流，谋求打通生态。这一方面证明了会员制在持续吸引用户方面的优势，另一方面也表明，企业正在实质性地提升会员含金量，专业地提升会员体系的运营水平。

第三节 IP 衍生商业模式

文化内容的付费订阅，可以被看作面向 C 端的零售，而 IP 运营和衍生，则是内容销售的另一种商业模式。

IP（intellectual property）并不是一个新的概念，其原意知识产权在文化产业、法律领域广泛被认知。创意产业、文化产业就是知识产权制度保护下发展起来的。但是，IP 作为一种新兴商业模式，被广泛地创业实践，这是一个新的现象。这一商业模式的背后既有文化创业者的运营能力，也有文化产业体系的完善与融合。

一、*IP*：从理论构想到落地实践

为什么 IP 从理论构想到落地实践的转换能够实现？这得益于技术、产业和制度的合力。它能将分散的、各自为战的泛文化产业链连接起来，让各个节点进行融合和整合，实现了链式突破。

（一）媒介融合的影响

从内容形态来看，媒介区隔定义了内容形态和内核，也定义了读者、听众、观众、网众和用户。

书籍承载系统、完整的文本内容，报刊承载新闻性、时效性强的文本内容。同为印刷媒介，两者对内容的定位和使用场景不同，因而建立了各自的发行渠道，到达不同的读者群。

电视和电影同为视听媒介，电视的使用场景为家庭或客厅，而电影的场景则是影院。电视剧注重生活化题材、家庭观看，而电影讲究造梦、大场面、特效和视听震撼。媒介区隔，形成了明显的内容边界，符号自成

体系。

图书与电影间的联系，通过版权交易来实现，由专业的版权中介机构来完成，属于文化贸易的一部分，但属于不同的符号改编、生产及消费机制。

而互联网的兴起，使媒介边界消失。从三网融合起步，数字化成为互联网内容和服务的标准形态，不再需要分别的载体，数字内容能够在统一的互联网平台上传播。这使内容的符号转换、形态转换成本更低，技术更兼容，需求更频繁。多种符号内容形态的衍生、泛文娱产业链的贯通，成为催生 IP 内容的土壤。

（二）终端融合的影响

产业层面的三网融合，带来了用户终端的整合：电视屏、电脑屏、手机屏向移动屏合一，手机屏、移动屏整合了其他的屏幕和传统信息界面。终端屏幕成为信息、内容、数据、社交、生活的注意力入口。

这就意味着，用户用同一个屏幕就能实现在各种内容间的无缝切换。原有内容消费的场景和区隔荡然无存。用户的时间和注意力成为稀缺的战略性资源。

对于争取稀缺注意力而言，主流、热点、话题性的头部内容，总会具备一定的优势，形成观看、参与、消费的仪式感。因而，一方面需要内容围绕用户，无处不在；另一方面需要内容足够有吸引力，形成 IP。

于是，文学、影视、动漫、游戏、文创、体育、旅游等领域的符号、内容，通过在泛娱乐文化产业链的流通和运营，价值链不断延长、销售窗口多层次开启，最终形成优质的 IP。可以说，IP 既是泛文化娱乐产业链的产物，也是泛文化娱乐产业链运营的爆发点。

IP 并不是自然出现的，需要有效的培育和运营。文化内容运营创业者开始加码 IP 运营，如华策影视推出 SIP（超级 IP），不断提升 IP 运营的精细化水平。

二、IP 的特点

不是所有的内容都能成为 IP。IP 是文化层面的故事、符号，是情感层面的共鸣、认同、喜欢，是市场层面的粉丝、流量。IP 具有其独特的表征。

（一）拥有原创的好故事作为内核

好故事是IP孵化的基础，意味着独特的故事和优秀的叙事，具备良好的人设、世界观。像英国作家、前特工伊恩·弗莱明创作的“007”系列小说，就设计了带着悬念、惊险、智斗和枪战的谍战故事，男主人公詹姆斯·邦德帅气幽默，有邦女郎相伴左右，每一次出任务都危机四伏又艳遇频频，最终化险为夷、抱得美人归。这些设计对男性和女性观众都具有吸引力。

金庸的《射雕英雄传》《神雕侠侣》《鹿鼎记》等，武侠故事在历史背景上虚构衍生，郭靖、黄蓉、杨过、韦小宝等人物栩栩如生，构建起全新的中国文化中的大侠形象。

网络文学作家天下霸唱的《鬼吹灯》、南派三叔的《盗墓笔记》，分别开启、发扬了盗墓小说类型，结合风水、盗墓和悬疑等中国文化元素，故事具有很高的辨识度。

好故事还必须承载价值观。漫威英雄中的美国队长，在美国正式对法西斯宣战前，就穿着美国国旗色的服装，在漫画中拳击希特勒。其正义形象受到读者和观众的喜爱。阿里文学对IP提出了三条标准，即正能量、好的世界观、喜闻乐见，前两条都指向文化价值观。这是有远见、有建设性的。

（二）获得粉丝的喜爱和共鸣

对文化产业而言，IP的价值最直观的体现就是粉丝的数量和热度。粉丝是忠诚的消费者，对作品、网红和偶像有情感上的喜爱和崇拜。在IP传播过程中，积累的粉丝越多，其传播能量也就越大，其价值增值也就更明显。这种情感传播形成了情感仪式链，使粉丝跟随IP的衍生进入新的消费场景。同样，新的衍生品又会开始积淀新的粉丝。粉丝就像滚雪球一样越滚越大。

华特·迪士尼1923年以50美元开始创业，创作出的米老鼠形象不断扩张为超级IP，以温暖、善良、美好的文化内涵，启蒙和陪伴了全世界一代代的孩子。

在内容爆发式生产的互联网空间，爆款频出，但热点转换也非常迅速。粉丝的“快闪”，使IP运营的基础相对薄弱，难以落地生根。特别是一些通过流量炒作形成的快餐式热点，来得快，退得更快，缺少情感纽带，粉丝无法沉淀下来。拔苗助长式的 IP 操作，只会留下“烂尾楼”。

（三）经过时间积淀和市场检验

大众文化虽热点纷繁，但不少都是快闪式的。那些红极一时的网络段子、网红，常常只是短时间内刺激公众的快感，然后很快淡出公众视野，败给了时间，自然无法积淀成有价值的 IP。

“007”系列电影自 1962 年至 2018 年，56 年间推出了 24 部，全球票房累计 60 亿美元，成为当代最具市场影响力的商业电影 IP 之一。出版商马丁·古德曼创办的漫威公司，在岁月长河里积淀了蜘蛛侠、钢铁侠、美国队长和“复仇者联盟”等。乔治·卢卡斯 1971 年创办的卢卡斯影业，旗下的“星球大战”“印第安纳·琼斯”等都经过了长时间的市场检验，成为价值很高的 IP。迪士尼 2009 年以 42.4 亿美元收购漫威娱乐，2012 年以 40.5 亿美元收购卢卡斯影业，体现了经典 IP 的价值。

优质 IP 具有不可复制的文化和商业价值。IP 运营是在内容运营的基础之上，更高维的价值生产过程。内容产品的销售与 IP 运营，处于两个层次。版权 IP 运营使内容用户群和市场得到更大的拓展，并且使内容价值不断沉淀、增值。

对中国文化产业而言，IP 的价值正随着移动互联网技术、融媒体技术、内容平台等新兴市场要素的整合，而呈现出意识上的觉醒和行动上的自觉。IP 通过运营使自身呈现出井喷态势。

三、IP 孵化运营

从商业模式的角度来说，IP 运营经历了由偶然、“佛性”运营，到现今的工业化流水线式运营的质的转变，由一种可能路径真正成为可操作、讲究节奏和能规划的商业模式。

互联网情境提供了更多的 IP 成长、开发的要素配置平台，使 IP 成为文化、技术与资本全要素整合的最新成果。

（一）IP 运营模式

IP 的孵化指对原创或版权内容进行精细的运营开发，使其实现增值，并扩张为可持续经营的 IP。

通过原创、授权、系列化开发、口碑传播等运营手法，IP 在传播过程中由小变强，粉丝由少变多，品牌由弱到强。

起点中文签约作家唐家三少连续六年蝉联中国作家富豪榜、网络作家富豪榜冠军，2018 年版税收入 1.2 亿元。他或许并不是最有影响力的网络文学作家，却是最有影响力的网络文学 IP 孵化运营者，探索出“六波推动”的 IP 运营模式：创作前找到版权合作方，网络连载提供内容影响力，实体书出版增强故事活性，游戏改编加深读者阅读外乐趣，漫画改编下探读者年龄层，影视改编扩大作品影响力。周边产品和衍生品、主题公园也是“唐家三少”IP 运营中的选项。

当然，精准把控每一波运营的时点与节奏，需要娴熟的运营艺术。

按照他的运营经验，上传一本网络文学作品前，先卖掉简体、漫画两个版权。作品网络上传 20 万字左右，积累一定人气和口碑后，第一本实体书出版。漫画开始在杂志上连载，在第三或者第四个月出版第一本漫画书。

“六波推动”体现了“唐家三少”对网络文学 IP 运营的自觉性、规律性，将 IP 意识和运营前移到创作阶段，为之后的版权运营、改编减少文化和技术障碍。

“电视剧第一股”华策影视启动的 SIP 战略，从 IP 开发时就对剧目、电影、网络剧、游戏以及电商衍生品等全产品线进行设计和一揽子运营。在 SIP 战略框架下，华策制作电视剧的同时，会策划开发一部页游、两部手游、三部大电影，还设计网剧作为“番外篇”。与“六波推动”一样，SIP 也是 IP 运营的清晰路径。

泛文化娱乐产业链的形成，使 IP 在各种文化内容形态间有节奏地流动转换，近几年形成了以网络文学为源头、改编剧集的大热 IP：《甄嬛传》《琅琊榜》《盗墓笔记》《花千骨》等。

网络文学作为泛文化娱乐产业链的源头，其 IP 面临着被圈地、囤积的现状。排在《2017 猫片 · 胡润原创文学 IP 价值榜》前十大 IP，天蚕土豆的《斗破苍穹》、南派三叔的《盗墓笔记》、忘语的《凡人修仙传》、猫腻的《将夜》、海宴的《琅琊榜》、流潋紫的《后宫 · 甄嬛传》、辰东的《神墓》、猫腻的《择天记》、梦入神机的《龙蛇演义》及 Fresh 果果的《花千骨》等，都被沿着泛文化产业链运营。

网络文学作品《花千骨》2008 年 12 月 31 日起在晋江文学城连载，登上年度阅读排行榜首，通过网络文学平台积累了人气，使之具备了价值延伸的基础。2009 年，出版纸质图书，初步实现了价值，网络文学落地，获得认可。

慈文传媒看中作品的人气，购买版权改编电视剧，向湖南卫视和爱奇艺出售《花千骨》首轮播放权，版权收入高达1.68亿元。

2015年，湖南卫视以该剧独播为卖点，使“钻石周播剧场”冠名费达到1.28亿元。之后接着出售二轮、三轮播放权。制作发行和播出方都通过相关的符码转换的创意传播活动实现了比纸质书大得多的价值产出。该剧捧红了赵丽颖、霍建华等人，让他们一跃成为超级明星。

爱奇艺和上海视骊制作番外网剧《花千骨2015》接棒《花千骨》，上线72小时后点击量就突破1亿大关。其通过衍生品再度实现了价值产出。

版权方授权上海君游和成都天象互动推出同名页游、手游，与电视剧同步上线，通过影游联动产生更大的协同效应。《花千骨》手游请到原著作者Fresh果果担任游戏世界观架构师，赵丽颖担任代言人，一直占据iOS下载排名榜首，月流水接近2亿元。通过电视剧形成的强大人气，有效地带动了网络游戏的价值实现。

在电商等领域，这一IP的价值被进一步挖掘，形成周边和衍生品设计销售。

不过，类似这样的操作路径，其利益冲动较为明显。它与自然延伸、靠时间积累的文化商品相比更有效率，同时也可能因为操之过急、对运营者判断力要求较高而出现困难，或因拔苗助长、竭泽而渔而透支IP。

互联网、大数据技术的运用，使IP这一商业模式有了更可靠的运营保障。

阿里文学与阿里文娱旗下优酷、阿里影业联合启动“HAO计划”，依托阿里文化娱乐集团海量数据，能够帮助作家在IP培育期做出更清晰的衍生规划，提高IP改编网络电影的成功率。具体来说，就是在IP培育初期，对内容进行定向培育，并根据IP特点找到最为合适的衍生平台及合作伙伴，明确衍生一体化的思路。

（二）IP孵化

不少创业公司都开始像星探一样发现和储备IP。磨铁、中汇影视等都定位为IP运营者。2017年，磨铁集团面向影视行业公布了“10×10 IP矩阵”和100个适合改编为影视的重要IP，包括十大主旋律正能量IP、十大电影IP、十大电视剧（网剧）IP，以及十大古装IP、十大奇幻仙侠IP、十大悬疑探案IP、十大漫画改编IP、十大现代都市话题IP、十大现象级网络文学IP、十大网大IP。磨铁IP选拔以内容价值为唯一标准，包含了精神含量、故事性、人物塑造、价值观等要素。磨铁成功运营了《从你的全世界路过》《悟空传》两部高票房大电影的问世。

一方面，网络文学 IP 的圈地运动使成熟 IP、IP 作者已趋于集中垄断，新的 IP 需要时间沉淀。另一方面，网文 IP 已不足以满足影视、游戏对 IP 的胃口，因而，IP 孵化的领域也向网文之外不断拓展。

在现实运营中，网络文学、游戏、影视、动漫都可以成为 IP 运营的起点，泛文化产业链条上的各个节点在不同的 IP 运营中也会有不同的侧重。

漫威、DC 的 IP 都来自漫画，以网生代为主要受众的漫画 IP 成为新焦点。2016 年底，二次元内容 IP 综合运营商快乐工场获得奥飞娱乐、东方富海数千万元人民币融资。快乐工场的业务主要在于打造漫画改动画、改电影的服务体系，打通国内漫画改编动画、漫画改编影视的产业链条。

从网生内容的角度来看，青春校园、都市爱情、职场等网络文学类型在年龄段上与网生代贴合，是网剧、网大 IP 出产的沃土。网络文学中的玄幻题材作品，是天然的动漫、游戏 IP。

泛文化娱乐产业链的形成、IP 的深度开发，使 IP 创作者和所有者的文化和市场价值不断被放大。

郭敬明是“小时代”IP 的创作者，并亲自导演同名大电影。系列电影《小时代》的制作方和力辰光承诺将公司 5% 的股权转让给郭敬明，以此换得与郭敬明未来五年九部影视作品的部头合约。

当郭敬明、韩寒等把小说 IP 改编成电影，转型成为电影人，培养新的作家，再去运营新人创作，孵化出新的 IP 时，他们也就由 IP 的创作转向了 IP 的孵化。

成功的文化内容创业者，都是品牌 IP 的孵化者。

在 IP 方面的研发和投资，支撑起迪士尼全娱乐产业链布局的野心。这些超级 IP 在出版、影视、主题公园、游戏、玩具等环节上不断产出价值，实现了 IP 价值的最大化、用户覆盖的最大化、价值增值最大化，内容运营极为成功。

迪士尼 2017 年收入 551.37 亿美元，其中媒体网络收入 235.1 亿美元，占全年总收入 43%；主题公园收入 184.15 亿美元，占全年总收入 33%；影视娱乐收入 83.79 亿美元，占全年总收入 15%；消费品与互动娱乐收入 48.22 亿美元，占全年总收入 8.7%。公司净利润 89.8 亿美元，净利率为 16%。

主题乐园是迪士尼公司 IP 内容运营的重要节点。迪士尼公司拥有的角色、故事被转化为实景游乐和体验项目。一些优质的形象、故事 IP 会及时地出现在迪士尼乐园中，孵化为实景娱乐项目。

迪士尼乐园以“三三制”来管理游乐项目 IP，即每年淘汰三分之一的旧项目，稳定运营三分之一的项目，新建三分之一的新项目。这种项目动态调整的竞争机制使最优质的 IP 被孵化为游乐项目，带给游客以常玩常新的体验。如二十世纪福克斯公司出品、卡梅隆导演的《阿凡达》中的潘多拉星球的奇观，就于 2017 年在迪士尼开放。皮克斯的《玩具总动员》也入驻奥兰多和上海迪士尼乐园。

自 1955 年在洛杉矶建成第一座迪士尼乐园以来，迪士尼通过特许经营、合资等形式，在法国巴黎、日本东京、中国香港、中国上海都建成了迪士尼乐园。主题公园的模式很容易复制，而其内核——带有故事内核、情感和粉丝的 IP，却是难以跨越的护城河。

以迪士尼为代表的 IP 孵化与点状、偶然的 IP 获得两者存在着本质的区别。这也正是国内主题公园数量多但品牌知名度并不高的原因。大量的资金被用于建筑、设备，而并没有投入 IP 的孵化和运营中去，缺少 IP 引爆的链式突破。

（三）基于《西游记》IP 的运营

吴承恩的魔幻巨作《西游记》，是目前中国电影界改编最多、资金投入产出比最高的 IP，近年西游主题电影已成为席卷华夏文化的新潮流。

中国第一部西游题材影片是 1926 年天一影片公司出品、胡蝶主演的默片《孙行者大战金钱豹》。影片摄影是香港邵氏的掌门人邵逸夫，导演则是他的哥哥邵醉翁。

1927 年，上海影戏公司出品了《盘丝洞》，片中衣着暴露的女演员虽然现在看来并无不妥，但在当时确实令观众大开眼界。

和现在的情况很相似，各大电影公司都在争抢《西游记》这个大 IP。明星公司出品的《车迟国唐僧斗法》、天一公司的《女儿国》《铁扇公主》《莲花洞》、大中国公司的《黑风山》《无底洞》《红孩儿》《闹天宫》、长城公司的《火焰山》、合群公司的《猪八戒大闹流沙河》等，纷纷上映。

1961 年至 1964 年，上海美术电影制片厂制作完成动画片《大闹天宫》（如图 6－2 所示）。

1967 年，香港邵氏的何梦华重拍《盘丝洞》。盘丝洞的布置，充满成人

《大闹天宫》(1965)　　《西游·降魔篇》(2013)　　《西游记之大圣归来》(2015)　　《西游记之三打白骨精》(2016)

图 6-2　《西游记》IP 改编的电影作品

趣味。

1986 年，央视拍摄电视连续剧《西游记》，成为影像改编呈现《西游记》的经典之作。

随着社会文化的开放，对《西游记》的改编也由尊重经典到重述经典。1994 年彩星电影公司、西安电影制片厂出品，刘镇伟导演、周星驰主演的作品《大话西游》，以无厘头搞笑风格对《西游记》故事做了当代阐释和重构。《大话西游之月光宝盒》和《大话西游之大圣娶亲》虽然票房失利，但多年后却成为 80 后文化的经典。

周星驰也持续开发《西游记》IP。2013 年由比高、文化中国、华谊兄弟等出品，周星驰导演的《西游·降魔篇》票房 12.48 亿元。2017 年由横店影业、中影出品，周星驰监制的《西游·伏妖篇》票房 16.56 亿元。

星皓影业也提出了西游主题系列电影的计划，以总投资 35 亿元、每两年一部的速度制作八部西游电影。截至 2018 年底，已上映三部，立项一部。2014 年出品的《西游记之大闹天宫》（甄子丹、周润发、郭富城等主演），票房 10.45 亿元，成为当年春节档票房冠军。2016 年出品《西游记之孙悟空三打白骨精》（郭富城、巩俐、冯绍峰等主演），票房 12 亿元。2018 年出品的《西游记之女儿国》（郭富成、冯绍峰、赵丽颖等主演），票房 7.27 亿。影片以特效为卖点，用银幕展现西游的魔幻世界、神妖之战。

2015 年上映的国产动画片《西游记之大圣归来》，由横店影视与高路动画等联合出品、田晓鹏导演，上映 62 天获得 9.56 亿元票房，成为内地影史上票房最高的动画电影之一。片中的孙悟空不再是美猴王，不再是所向披靡的齐天大圣，而是一脸沧桑、冷漠狂躁，有人性，也有魔性，失去了昔日法力。其动作设计融入中国武侠片的动作和韵味。

2016 年是中国传统的猴年，多部西游电影集中上演。周星驰监制的《西游·伏妖篇》、韩庚主演的《大话西游 3》、李易峰和巩俐主演的《西游记之三打白骨精》等相继上映，创造了近 50 亿元的票房收益。

在游戏行业，西游题材也是不容忽视的，相关游戏年收入在百亿元以上。较经典的游戏包括《大话西游》《梦幻西游》《西游·降魔篇》《大唐三藏》等。网易依靠《梦幻西游》和《大话西游》手游组成的拳头产品，在国内手游市场拔得头筹。《梦幻西游》手游收入或已超 50 亿元。

全国各地还建有多处西游文化产业园。比如，吴承恩的故乡淮安本土企业淮安西游集团投资 15 亿元打造了西游主题公园；连云港市打造的“西游记文化节”已连续举办了十几届；上海打造的“西游记之东海龙宫上海国际旅游度假区”，预计总投资人民币 30 亿元。

可以看出，IP 路径的引入，使《西游记》以多种形态再度回到网生代的文化生活之中，孙悟空的符号形象、故事的价值都做了适合网生代的调适。

四、IP 衍生

IP 的商业模式中，包括衍生品商业模式。衍生品常用于金融领域，指从原生资产派生出来的金融工具，典型的衍生品有远期、期货、期权和互换等。

文化衍生品（cultural derivative）是基于核心文化产品的形象、角色、故事、品牌等派生出来的增值产品和服务。文化衍生品与母产品有大致相同的符号形象、文化内涵，但具有不同的外延形态。文化生产的核心产品是虚拟的角色形象或者符号，其中内涵有独特的快感体验和意义，这就是衍生的基础。

虽然衍生品是文化产品的附属物，但是在成熟的文化产业中，文化衍生品的收益已经远远大于文化产品自身的收益，两者的比例可以达到 8∶2 或者 7∶3。

文化产品常见的衍生路径包括以下四类。

（一）符号内容形态的衍生

内容形态衍生的路径是围绕内容文本构建价值链条。

常见的一条路径是基于虚拟角色形象的延展：轻小说—漫画—动画—游戏，即日本称为 ACGN 的产业。四者都基于“二次元”的虚拟形象、故事和场景，符号和资本转化较为便利。该路径先以成本较低的漫画书、杂志发表漫画，检验角色及故事的市场需求；然后制作为成本较高的动漫电影、开发游戏，有效地控制市场风险。这个过程同时也是不断积累内容价值、持续营销的过程。

随着文化产业的融合，更进一步的形态衍生沿着泛文化产业链，即图书—动漫—影视—演出—游戏的路径进行。它通过不同媒介形态的衍生，以多种媒体样式带给消费者不同的体验，以不同的艺术形式掀起新一轮消费热潮，使资源通过转换开启新的赢利窗口。经典文学作品《红楼梦》《西游记》《水浒传》《三国演义》以及金庸武侠、琼瑶言情作品等都经历了多次改编翻拍，形态也包括影视剧、动漫、网络游戏等，体现出不同时代、不同编创者对原著的理解和演绎，体现出彼时的技术和商业生态，体现出观众的审美观和社会流行文化。

从这个角度来看，IP 运营者需要以文化判断力低买高卖，获得增值收益。盛大文学原 CEO、火星小说创始人侯小强，就有几次得意的运作：以 300 万元的价格把《鬼吹灯》的影视改编版权卖给万达；签下“微博上最会讲故事的人”张嘉佳；将《从你的全世界路过》的电影改编权出售给磨铁娱乐、光线传媒，票房超过 8 亿元人民币；2014 年，以不到 100 万元的价格买下悬疑推理作家东野圭吾《嫌疑人 X 的献身》电影改编权，由苏有朋执导，王凯、张鲁一、林心如主演的同名电影票房过 4 亿。火星小说的 IP 孵化竞争力，是通过对种子 IP 的跨界运作，产生化学反应，使其跨越最后一公里，成长为超级 IP。

一些无故事基础的综艺节目、流行歌曲等也开始进行内容符号衍生。湖南卫视综艺真人秀《爸爸去哪儿》通过电视热播，主创团队以电视综艺节目的制作模式五天拍成大电影，收获 6.96 亿元票房，这确实让无数“走心”的电影人大呼“看不懂”。《同桌的你》《栀子花开》《睡在我上铺的兄弟》等校园歌曲纷纷改编成电影，将“情怀”衍生为票房，以另一种艺术形式让粉丝重温青春情怀。

各种艺术形式对同一原创故事进行改编创作，丰富的内容衍生品能够面向不同的消费群体，给他们带去不同的文化体验。这些消费者可能是前一种艺术产品积累下来的老用户，也可能是新用户。

内容形态衍生的第二种路径是衍生剧。衍生剧也被称为姐妹剧，是由热门影视衍生而来，借用母剧的某些角色及演员、剧情或者故事模式创作的新影视作品。美剧衍生剧最成功的案例是《犯罪现场调查》，它衍生出《犯罪现场调查：迈阿密》《犯罪现场调查：纽约》等。衍生剧一般沿用母剧的部分制片班底和投资方，实现"剧生剧"的效应。

（二）虚拟符号衍生实体产品

文化创意的虚拟符号天然具有由符号向实体衍生的特质。在这一方向上，有以下两种成熟路径。

1. 将影视动漫中的形象角色、道具进行周边产品开发

成熟的文化作品和企业，都会通过角色、形象的杠杆作用，在衍生产品环节放大数倍、数十倍的收入。据不完全统计，自 1977 年到 2005 年《星球大战》上映了六部影片，票房收入 44 亿美元，而衍生出的玩具、图书、游戏等周边授权收入超过 200 亿美元。2006 年皮克斯动画片《赛车总动员》，取得 4.62 亿美元的全球票房，而其周边玩具收入达 80 亿美元。电影上映后的六年内，每年都能售出 4 000 万部同款玩具车。《哈利·波特》系列电影的周边产品也获得了 73 亿美元的销售额。"哈利·波特"形象权所有者华纳公司，授权玩具厂商生产魔法帽、魔法服、魔杖等，满足粉丝装扮（cosplay）魔法师的需求。

具有收藏价值的形象、道具模型，被专业玩家称为"手办"，粉丝会尽自己所能进行"馆藏式"消费，不计成本全面收罗。而这些周边产品不仅增加了收入，也营造出了有利于电影消费的文化氛围。2009 年，北美电影票房首度突破 100 亿美金，而美国市场授权商品零售额高达 989 亿美金，两者的杠杆比接近 1：10。

虚拟形象的衍生培育出美泰、孩之宝、万代等著名玩具巨头，它们专事动漫形象玩具衍生品的生产。美泰制造的芭比娃娃，主打女孩玩具市场；孩之宝生产的变形金刚、星球大战、地产大亨等，主打男孩市场。国内"动漫第一股"奥飞动漫就是从珠三角"贴牌"玩具代工企业起步，反向向上游动漫形象创意延伸价值链，为玩具注入形象符号获得增值效益。其动漫品牌《巴啦啦小魔仙》等不仅衍生出动画片、动漫大电影等，还带动了衍生玩具销售。《巴啦啦小魔仙》票房超过 5 100 万元，该片相应的玩具衍生产品累计销售额近 5 000 万元。虚拟的符号或者形象授权的衍生品类目在玩具之外，还有服装、饰品，面向的用户类型和需求也更为多样化。像迪

士尼2015年就发布了"D-Style"的全新消费品品牌，瞄准18到29岁年轻女性，销售包括毛绒玩具、服装、包、手机配件以及家庭装饰配件等超过200个品种的商品。

2. 将虚拟体验衍生为实景娱乐体验

文化内容为受众提供的是精神体验，是心理层面的触动。而提供服务让消费者能够亲身体验，这就衍生出新的文化服务——实景娱乐。

主题公园（theme park）是文化产业由虚拟影像到实景娱乐、由精神消费到身体体验的典型衍生品。主题公园实现了影视文化与旅游、房地产产业的深度结合，延伸了文化产业持续创造价值的链条。

由于有形象、角色和故事的支撑，主题公园内的娱乐和游艺项目在刺激、好玩之外，更有与角色形象的代入和故事的共情，消费者能够想象自己是某个角色，进入某个故事场景中去，从而实现身体快感与精神愉悦的身心融通体验。

全球最著名的主题公园有迪士尼乐园、环球影城等，它们都是基于影视形象故事衍生出来的，将屏幕前的观众导向远方，是"文化+旅游"的衍生典范。

迪士尼乐园以迪士尼的角色形象、电影故事为卖点，针对青少年及合家欢游客体验；环球影视城以环球影业的电影场景角色、特技体验为卖点，针对成年游客。

在迪士尼乐园，游客可以与迪士尼创造的文化亲密接触。它在保持经典与传统的同时，也不断引入新的IP元素。美国奥兰多迪士尼乐园引入电影《阿凡达》的形象版权，采用电子动画、3D及全息技术建设主题游乐区，再现影片中如梦如幻的潘多拉星球。

在环球影城，游客可以重温和参与各种经典电影场景，如《侏罗纪公园》《木乃伊》《绿巨人》《蜘蛛侠》主题场景的冒险体验、《神偷奶爸》主题乐园、《变形金刚》3D历险等。游客还能亲身体验到电影中的洪水、地铁塌陷、汽车爆炸等是如何实现的。环球影城是一个持续更新的主题公园，像"哈利·波特的魔法世界"就是最新吸引游客的项目，能够持续打造乐园的吸引力。

电影形象角色、故事场景在主题公园中重现和挖掘，使电影的视觉创意和故事创造的生命力得以延续；而深度结合了电影元素的游乐设施和项目，则更具文化吸引力。电影受档期的限制，无法永远上映，但主题公园却能够长期运营，让观众持续变为游客，从而挖掘出观众的文化消费潜力。

值得注意的是，主题公园具有可复制性，即可以在全球进行复制布局，从而取得更大的市场规模。迪士尼乐园在全球有六家，分别位于美国奥兰多和洛杉矶、法国巴黎、日本东京、中国香港和上海。各家在具备共同的品牌、电影元素之外，也有一定的特色，如奥兰多迪士尼乐园为全球最大；香港迪士尼乐园为全球最小，可提供中式婚宴；东京迪士尼乐园是唯一有海洋世界的迪士尼乐园。

环球影城同样在全球重要市场布局建设，让更多游客在家门口就能完成体验。目前环球影城已经在美国洛杉矶和奥兰多、日本大阪、新加坡运营。北京、莫斯科也在建设环球影城。北京的环球影城开业后，将成为全球最大的环球影城。

除了引进迪士尼乐园、环球影城等成熟的主题公园，国内也有不少实景娱乐、主题公园创业者。创业者分两类，一类是持有 IP 的文化传媒集团，另一类是地产集团。

“民营电影第一股”华谊兄弟从 2011 年开始，通过品牌授权等形式，投资打造苏州华谊兄弟电影世界、长沙华谊兄弟电影小镇、海口观澜湖华谊冯小刚电影公社、郑州建业·华谊兄弟电影小镇项目，将影片的片场、外景以及影片故事、符号变成实景娱乐项目。苏州华谊兄弟电影世界就在冯小刚导演的《集结号》《非诚勿扰》主题区，海口观澜湖华谊冯小刚电影公社更是对冯小刚电影进行了 IP 化的尝试。华谊年报披露，品牌授权与实景娱乐毛利率高达 98. 85%，体现出 IP 的价值。

光线传媒在实景娱乐方向，在上海启动“中国电影世界”项目，包括“少林文化体验中心”“中国武侠世界”“中国魔幻世界”“中国童话世界”等。

奥飞动漫在多个城市设立移动式、户外体验式儿童动漫主题乐园——奥飞欢乐王国，开发出 30 多个合家欢游戏项目，实现了初步的动漫形象品牌与主题乐园的衍生。

可见，衍生商业模式使影视动漫等形象产出丰富的文化产业触及多条产业链，有效延伸了产品价值链，克服了具体的影视产品档期有限的局限。

除了文化公司，地产巨头华侨城、华强集团、万达集团等都涉足主题公园、游乐园。

（三）授权衍生

前两类衍生品基本围绕文化产业领域进行，原创版权方具有丰富的运营经验。随着衍生品开发不断深入细致，文化衍生品已延伸到玩具、服装、家庭装饰、食品饮料、数字内容等日常生活各个领域，形成收益更大的授权经济，助力"产业文化化"。

可以看出，这些领域离文化产业较远，生产经营都具有专业性，属于垂直细分市场，创意也需要把文化性和功能性相结合，因而我们可以采用授权的方式进行衍生品开发生产。

《复仇者联盟2》在国内上映前，迪士尼公司宣布与多家企业进行合作，包括淘宝电影、微信电影票以及佐丹奴和优衣库等。这些公司均通过迪士尼的授权，生产或销售《复仇者联盟2》的衍生品。

阿里巴巴集团宣布联手旗下淘宝电影、天猫，通过迪士尼授权，与奥迪、乐高、科沃斯、伊利等四十几个品牌合作生产相关衍生品，其中奥迪推出的限量版TT跑车，雷神版、黑寡妇版、美国队长版等都已被预订。

微信电影票则宣布与迪士尼电商品牌战略合作，推出正版周边产品，并同时联合各大授权商推出"微票儿"品牌专属衍生品。

佐丹奴和优衣库两大休闲服企业也提前接受迪士尼方面的授权，用《复仇者联盟2》的IP形象生产系列复仇者联盟服饰，同时与格瓦拉等在线电影售票网站开展合作，推出"买T恤，送电影抵用券"的营销联动。

做塑料喇叭玩具起家的蔡东青三兄弟，在深研了美国孩之宝和日本万代"动漫+玩具"的商业模式后，创办了奥迪玩具，后改组为奥飞动漫。作为"动漫第一股"，奥飞娱乐[①]围绕与自身核心竞争力建设相关的IP作品进行孵化，获得了影视与玩具的协同收益。

与奥飞相似，美盛文化也是由制造业起家，向动漫衍生品、泛娱乐拓展，成为领先的动漫服饰生产制造和研发商，全球客户包括Disguise（JAKKS Pacific子公司）、Christy和InCharacter等。

在淘宝网上，热播的影视动漫的衍生产品品类繁多，令人眼花缭乱。像《花千骨》的相关热卖商品中，就有书籍、cosplay相关用品、糖宝公仔、剧中同款宫铃、骨哨之类的小饰品等。还有一些角色形象被授权到饮料、

---

① 2009年9月10日在深交所上市。

自行车、文具、服装、充电宝、U 盘等类别，针对长尾市场，这既使文化创意方获得了授权收入，实现沉浸式传播，也使相关的制造商获得了增值收入。

随着文化消费的不断丰富，衍生产品范畴也不断拓展。像歌曲作为手机彩铃，在 2G 时代给电信运营商和版权方带来了巨大的市场。如今，明星的声音被用于导航软件，陪伴用户在路上。微信表情包则成为角色形象的又一个衍生市场，用户可以免费或者付费下载《阿童木》《流氓兔》《头脑特工队》等作品中的角色，还可下载邓超、Angelababy 等当红艺人的表情包，让自己在朋友圈的聊天中展现个性风格。

（四）业务衍生

业务衍生指基于核心业务，开发相关业务。衍生业务是核心业务的增值服务，受到核心业务的支撑，能够放大核心业务的文化价值。随着文化产业的发展，这种业务衍生路径连接了更多的服务和业务，极大地改变了文化企业的业务结构。

以综艺节目为例，《超级女声》（湖南卫视）、《中国好声音》（浙江卫视）、《爱上超模》（爱奇艺）等真人选秀节目，在节目制作过程中需要对选手进行专业的辅导和培育，在选秀节目结束后，又需要开发后续的艺人经纪运营。因此，基于综艺节目可以衍生出艺人经纪等业务，使节目成为衍生业务的有力支撑。

《超级女声》节目由湖南卫视制作播出，天娱公司负责选手经纪业务。从分赛区 20 强开始，晋级的选手需要与天娱公司签约，而每个赛区前十名要和天娱签订长达八年的经纪合同。

《中国好声音》节目由星空华文传媒旗下的灿星制作负责制作节目，参与广告分成；另一家公司梦响强音则专业负责《中国好声音》的艺人经纪、品牌管理和互联网衍生业务。

在爱奇艺自制网络综艺节目《爱上超模》中，14 位女孩通过训练和 PK 成长为模特。节目衍生出模特经纪业务显然顺理成章。不仅如此，节目倾力打造为青春时尚节目，引领少女时尚风潮，这一定位还会有更大的价值挖掘空间。

可见，业务衍生是从微观的核心节目生产出发，衍生业务的目的首先是服务于节目的创意制作水准的提升，其次是新业务的拓展和生长。从某种意义上来看，这是文化娱乐节目制作更为精良、更趋向专业化的表现。

第四节　平台、生态商业模式

从内容和渠道的二分，到内容平台、内容生态，内容、渠道、平台的阶段性思维不断被突破，对网生内容生产和运营的模式也呈现出系统性和协同性的视角。

随着内容生产门槛的降低，内容数量和形态呈爆炸式增长。但这也使内容脱颖而出的难度成倍增加。而对于 UGC 生产者而言，精于内容创作却无法操盘内容的推广运营，运营的价值就此产生。

一、内容平台

随着互联网技术、信息技术不断发展，新兴文化企业的运营环境发生了深刻变化，传统的内容与渠道竞争，进入平台搭建。无论是内容创作平台还是内容分发平台，其对创作者、消费者的连接和整合，都呈现出与以往“内容为王”“渠道为王”阶段完全不同的深度和广度。

这类平台型企业，其运营主体是新兴互联网企业，平台以“双边市场”为基本运营模式，使文化商品和服务与用户在一个扁平化的平台上聚集。无论是门户时代的新浪网，还是搜索引擎时代的百度，以及移动互联网时代的苹果商店，都对原有的文化生产格局进行了重组，对内容与消费者进行了重新连接，形成新的文化生产和消费空间。

以往在内容行业，生产者往往各执一端，如盲人摸象一般。我执与他执的碰撞，使得竞争全面升级，而合作和协同则退居其次，零和博弈的现象较为严重。而内容生态概念的提出并形成共识，正是内容生产各方、各个环节和谐共生、构建生态共同体的思维体现。

互联网内容生产平台适应了互联网时代 UGC 板块的崛起。从 WEB2.0 到移动互联网，在每个不同的发展阶段，都会形成新的内容平台，实质是网生内容新物种的生产和再生产平台。

网络文学领域的平台，有阅文集团、中文在线等；自媒体内容平台，有微信的微信公众号、今日头条的头条号、百度的百家号、腾讯的企鹅号、网易号等；视频平台，有爱奇艺、腾讯视频、优酷、B 站、快手、抖音等；音乐平台，有网易云音乐；知识付费平台，有喜马拉雅 FM、蜻蜓 FM、知乎、得到；游戏平台，有 STEAM 平台。

平台成为新的风口下内容的新板块。平台突破了内容与渠道的二分法，基于双边经济的模型，谁的内容生产者与内容用户最为匹配，谁就可能赢得更多的商业变现机会，成为未来内容领域的王者巨头。

“平台+创意者”的模式，就是生态营建的一种网生内容生产业态。公司将创意筛选、运营、交易等能够标准化的环节聚合形成创意传播平台，而把难以在公司内部进行标准化、批量生产的创意交由大量的创意者在平台上生产、呈现。平台为创意生产者提供良好的生态环境，优秀的创意和创意者获得平台的重点关注推广，帮助其实现商业和文化价值。

因此，BAT等互联网巨头也毫不犹豫地投入内容平台建设，形成新一轮的资源和市场圈地运动。构建平台形成流量洼地，成为不约而同的行动指南。

二、MCN 内容孵化

UGC的爆发，使网生内容在直播、自媒体、短视频、网络歌曲、网文等重要领域发芽，为网生内容生长提供了土壤。一方面，网生内容成为网民的刚需、网络文化的表征；另一方面，网生内容纯粹靠自身水到渠成，成功率不高。产业化、工业化的节奏，导致已经没有耐心等待爆款和网红的自然产生，这就使专业辅导内容生产的机构（multi-channel network，MCN）纷纷出现，成为创业热点赛道。

MCN模式发轫于YouTube[①]平台，是一种多频道网络的产品形态。它将不同类型和内容的优质PGC或UGC联合起来，以平台化的运作模式为内容创作者提供运营、商务、营销等服务，帮助PGC或UGC变现，即在资本的有力支持下，保障内容的持续输出，获得稳定的商业收益。

MCN模式的价值被发现，归功于资本的估值。2013年，梦工厂以3 300万美元收购AwesomenessTV，Otter Media以2亿多美元收购Fullscreen，贝塔斯曼以近2亿美元收购StyleHaul。2014年，迪士尼以5亿美元收购Maker Studios。Maker Studios创立于2009年，签约了许多粉丝量巨大的视频创作者，拥有3.8亿名订阅用户，是YouTube最大的视频内容供应方之一。资本将MCN机构服务及商业模式输送到了国内。从2016年下半年开始，MCN

① 2005年由陈士骏等创立，2006年被谷歌以16.5亿美元收购。

逐渐成为国内短视频内容创业的新风向。

微博最早实践 MCN，早在 2016 年 6 月，微博就组织了“新片场”等一批内容机构参加了美国网红节，对国外的 MCN 模式进行了考察。根据微博提供的数据，截至 2017 年 8 月，与微博合作的视频 MCN 机构已经超过 1 000 家。签约有发展潜力的内容生产者，通过筛选、定位、养成、流量放大、运营推广等流程，使其价值获得增值和放大，就像一个网生内容的网红经纪公司。

直播平台更是离不开 MCN 性质的机构。直播平台的主播多数会与直播公会签约。公会一方面帮助平台招聘、管理培训主播，形成主播与平台的共生；另一方面，公会也代签约主播向平台争取更多的运营推广资源。通过公会的辅导，主播得以提升直播内容质量。公会还会给主播刷礼物、经纪主播广告及影视拍摄等。公会的赢利模式是与平台基于虚拟礼物的收入分成。

YY 语音平台就有多家公会，如舞帝、IR、娱加、china、话社。虎牙直播平台有正恒、爱拍、影娱、傲之最、铭豪、聆听等公会。

花椒直播的“造星计划”通过与众多 MCN 机构合作，让主播走向成名之路。花椒直播向北京卫视《我是演说家》选派主播参与现场录制，与《赢天下》剧组联合海选演员，同戛纳电影节合作，让主播走红毯，花椒直播已经成为名副其实的造星“梦工厂”。

从 2015 年开始，优酷、爱奇艺、搜狐等视频平台相继公布了自己的 PGC 扶持计划，视频网站的资源开始向长视频倾斜。从 2016 年起，在美拍、秒拍、今日头条、快手等平台的补贴推动下，短视频快速崛起，让内容创业者再次看到曙光。

BAT 等平台巨头，也充满了对优质短视频内容的渴望。阿里巴巴宣布土豆全面转型为短视频平台，也推出了“大鱼合伙人”计划，针对 MCN 机构推出对赌激励模式，年播放量达到约定数值即可获得 100 万元奖励。

腾讯企鹅号宣布了“企鹅号 MCN 计划”，避免自己形成内容霸权，失去内容创新的机会。“百亿”计划将以 100 亿流量、100 亿资金和 100 亿产业资源，在流量和变现、投资孵化、线下文创基地等领域全面扶植内容创业者。

百家号是百度内容生态布局的核心支撑，针对短视频创作者和 MCN 机构相继推出“百万年薪计划”“MCN 超级拍档”等扶植激励措施。在 2018

年第一赛季角逐后，13 位短视频创作者入围“百万年薪计划”。这些短视频创作者在长约三个月的赛季内为百家号贡献了 5 000 条优质短视频，播放量达到 2 亿。在泛娱乐、视频等领域，百家号先后与 WebTVAsia、新片场、罐头视频、木仓科技、Zoomin. TV 等超过 200 家 MCN 机构进行联合出品、IP 打造等深度合作。

其中，新片场由尹兴良、陈跃等创立于 2012 年。2016 年 4 月，新片场推出了魔力 TV 短视频内容品牌矩阵，为旗下数百个内容品牌提供内容生产、运营、品牌管理、商业化等服务。新片场在短视频业务上的定义是“内容品牌管理公司”，吸引超过 380 个联盟成员加入，并打造出了《造物集》《魔力美食》《小情书》《理娱打挺疼》等 10 个头部内容。

起初以爆款出名的网生内容创业者，如罗辑思维、papi 酱、何仙姑夫、二更、日日煮、万合天宜等头部短视频生产商，纷纷将业务延展到 MCN。它们在融资到位后，着手签约更多的内容生产者。

网红孵化除了签约头部网红之外，还有一种路径是在垂直领域进行矩阵式开发，孵化网红内容生产者。

作为一家 MCN 机构，papitube 旗下签约了搞笑、生活、美妆、影视等八个垂直领域的短视频生产者，形成了垂直内容生产矩阵。2017 年 4 月，papitube 母公司泰洋川禾完成 A 轮融资；7 月，papitube 旗下账号单月全网播放量达 7. 26 亿。

由中国传媒大学纪方圆、李沁遥等五位同学联合创立的青藤文化，定位母婴、二次元、美妆等多个垂直领域的短视频 MCN，为 90 后家庭用户和 00 后 Z 世代用户服务。2018 年，公司累计孵化培育超过 40 个微博红人 IP 及自媒体，包括母婴 IP“DrG 科学育儿”“明白了妈”、二次元 IP“凹凸君说”、音乐美妆红人“鹿小草”等。鹿小草还登上腾讯网综《创造 101》。2016 年，青藤文化挂牌新三板，完成了 3 500 万元的 B 轮融资。

专注于美妆内容的短视频 MCN 机构快美妆，由从华娱卫视离职的陆昊创立于 2016 年，已经签约全平台四分之一以上头部美妆红人，并将网红区分为 S、A、B、C 不同级别，进行内容生产的工业化操作。通过数据化的红人筛选机制、爆款内容包装机制、成熟的资源分配体系、差异化的平台运营方案、网红生命周期管理、商业化路径的选择等环节，帮助内容创作者实现“从 1 到 1 000”的过程。美妆红人“扇子”2015 年在美拍上只有十几万名粉丝，微博上几乎没有粉丝，经过快美妆一年的运营，其在美拍的粉丝量达到了60万，微博也积累了180万名粉丝。快美妆目前重点运营的美妆网红有30人。快美妆于2017年完成B轮融资，由华映资本和前海母基金投资6 000万元。

2017年9月，做搞笑穿帮视频起家的何仙姑夫宣布完成由深创投领投、百度视频参资的A+轮数千万元人民币融资，同时正式发布了MCN服务品牌“贝壳视频”。何仙姑夫由刘飞于2012年创立，做内容起家，是搞笑类短视频的头部公司之一，旗下拥有《姑父穿了个帮》《麦兜找穿帮》等节目。

何仙姑夫团队会从各平台的短视频排行榜中寻找“细分领域具有人格化特点”的创作者。签约之后，何仙姑夫主要提供内容管理、品牌包装和商业化三块服务。

聂阳德创立的洋葱视频，捧红了“办公室小野”（如图6-3所示）。之后，主打手工的“办公室小作”、主打特效的“办公室小五”相继上线，力图建立一套基于办公室场景的IP矩阵，孵化多个办公室红人，延长内容品牌的生命力。

图6-3　洋葱视频的“办公室”红人短阵

三、网生内容生态

生态是一个更大的系统，良好的生态使万物霜天竞自由，相辅相成、和谐相处。网生内容生态也是如此。从创业的角度来看，平台型公司的野心就是以生态思维构建内容生产的良性生态。

所谓“做生态”，既摆脱了微观的内容与渠道之争，也不仅仅限于连接商品与用户，而是以用户文化需求为核心，为用户提供完整的文化消费生态，也为产业链上各类企业提供文化创作和生产生态。

做生态可以分为两种模式，一种是以内容创意生产为中心的生态，以App Store、微信公众号、今日头条、网易云音乐、快手等各种内容生态为代表；第二种是以数字内容消费为中心的生态，以乐视、喜马拉雅FM的车联网等为代表。

今日头条是以计算机算法分发内容模式起家的数字内容聚合和分发平台。随着其强大的渗透力和影响力，内容短板日渐明显。因为这一模式无非是移动终端上的《读者文摘》模式。随着越来越多的品牌内容专业生产商开始认识到内容与平台绑定的价值，它们开始强调“独家”，其内容生产的话语权不断增大，机器抓取不断遭受版权方的拒绝，推高了内容成本。这些都对完全不生产内容的今日头条带来了发展的不确定性。

于是，鼓励原创内容生产便成为其重点策略。今日头条依托强大的分发平台，以头条号的形式邀请媒体、机构及个人入驻，进行内容生产，着力构建庞大的内容生态系统：无数的内容生产者驻扎在其平台上进行海量内容的生产，平台对优质内容进行发现、推荐和运营，从而吸引更多的用户和广告商。从这个层面来看，内容生产平台通过前期的智能内容推荐赢得基数庞大的用户，后期通过平台强大的信息传播和导流能力吸引海量的内容生产者，内容生产者的数量和类型与用户内容需求在平台上通过智能算法予以连接。这就构建起集生产、传播、消费于一体的内容生态，使文字、图片、短视频、直播等多种内容找到和谐共生的土壤。

目前入住头条号的账号超过3.5万个，其中UGC自媒体账号超过2.6万个，单日发布文章数超过3.2万，占今日头条每日发布文章数的40%，贡献阅读数达3.7亿，占全部阅读数的73%。截至2015年9月，在头条号的平台上，有47个账号累计阅读数超过1亿，173个账号阅读数超过5 000万，653个账号累计阅读数超过2 000万，1 298个账号累计阅读数超过1 000万。网生内容生态的建立，使平台形成了强大的用户黏性，不仅用数量支持信息流，而且使质量和调性都更适应网生代的文化口味和阅读习惯。

技术的创新扩散进入平台期后，内容的价值会获得重估，技术平台为内容提供红利，改变技术优先带来的内容生态失衡，建立起技术与内容的良性互动。要维持一个内容生态的良性运转，需要注重以下几个支点。

首先，要让 UGC 获得阅读、关注。这是 UGC 生产者最基本的获得尊重的需求。内容推送平台通过对用户阅读需求的大数据分析，更精准地向用户推送适宜的内容，特别是以长尾的方式使小众内容与小众读者对接。这是 UGC 生产者与平台关系稳固的基础。

其次，确立合理的分成模式。UGC 生产要从兴趣走向专业，从而形成源源不断的优质内容生产线，在获得认同和存在感之外，还应当有赢利模式，不能沦为平台的“志愿者”。一般来说，赢利模式包括广告赢利和内容赢利。广告赢利通过把文章与广告匹配，作者参与平台的广告收益分成。但对更普遍的长尾内容而言，广告分成并不经常也不稳定，虽然这样阅读赢利的模式也有其合理性：根据文章被阅读的次数，由读者“打赏”或者由平台向作者支付稿费购买版权。今日头条 2015 年推出的创作者补贴计划是：在未来一年内让至少一万个创作者获得可观的回报，让至少一千个自媒体创作者每个月至少获得一万元的回报；至少孵化出一百家内容公司，其中至少十家获得 A 轮以上投资，从而使头条号成为世界最大的中文创作平台。①

可以看到，在营建良性内容生态的理念下，内容平台成为“二次售卖”的主体。它向内容生产者购买内容推送给用户，获得流量和注意力；然后再把流量和注意力卖给或者带给广告商品。同时，平台为 UGC 生产者集聚用户和粉丝，从而在文化上和经济上都使 UGC 生产具备强劲动力。

乐视提出的“平台 + 内容 + 终端 + 应用”，则以正版视频内容为核心，围绕多元的消费场景构建生态。乐视以网络视频为核心业务，随着公司不断推出超级电视、乐视手机、可穿戴产品，甚至进入汽车制造，它引发了极大的关注和质疑。一方面，乐视所进入的媒体行业，虽然与内容传播相关，但不是已经成为竞争激烈的红海（如手机、可穿戴设备），就是处于转型危机（如电视），乐视增值点何在？另一方面，乐视高调进入的汽车领域，与核心业务跨度极大，且对新进入者有较高的竞争门槛。因此，乐视的扩张被认为“不务正业”、盲目多元化，并最终会因摊子铺得过大、收入不足、资金链断裂而爆发危机，被自己的生态梦想所窒息。

从生态的角度来看，乐视试图围绕用户在不同场景的文化娱乐消费，

---

① 张茜．领跑者张一鸣：我当然想做龙头［N］．中国青年报，2015－10－16．

构建起无所不在、无所不达的应用终端，确立公司在各个新兴消费场景对视频内容分发拥有入口地位，从而建立起独家内容与消费新场景绑定的数字文化娱乐生态圈。

这一生态蓝图的基础是正版、独家、高清的内容。正版内容，才具有可持续发展的可能性；独家内容的稀缺价值，能够提升乐视电视和手机等终端设备的价值；高清内容，推动用户更换智能高清电视、大屏手机，获得不一样的娱乐体验。乐视生态构建逻辑有效延长了内容价值链，实现了内容增值。不过，乐视生态的本质是卖硬件：手机、电视、汽车，如果多屏合一还能够使手机与电视有相关性，而汽车则完全进入了另外一个维度。并且，正版视频对于汽车的增值可以说是微乎其微。从这个角度上来看，乐视应当学习苹果生态，基于硬件和生态构建，开放内容和服务给创业者。这样能够通过开放、共赢的生态，整合和调动更多的资源和要素，而不至于形成独角戏的尴尬局面。

而小米更是物联网和智能家居时代生态型企业的样本。小米围绕着五大方向，切入 100 个细分领域：

- 手机周边，比如耳机、移动电源、蓝牙音箱等。
- 智能可穿戴和健康设备，比如小米手环、血压计、体重计等。
- 传统白电智能化，包括净水器、空气净化器、电饭煲等。
- 极客酷玩类产品，例如无人机、平衡车、智能玩具、滑板车、VR 眼镜等。
- 生活方式类的产品，诸如插线板等，以及优质的制造资源。

据统计，截至 2017 年 7 月，小米投资了 89 家生态链企业，其中有 16 家年销售过亿元，至少有 4 家估值超过 10 亿美元的独角兽公司。

可见，“做生态”实际已经超出传统意义的“内容为王”“渠道为王”“平台为王”的区隔，进入以文化用户为中心，全面满足用户在多种场景中的文化需求的层次。不过，新兴文化企业的生态环境建设，必须具备核心资源，并前瞻地把握数字内容消费的终端、场景、行为习惯的变迁，从而形成有机的业务链条和和谐生态，获得协同创新效应。

当然，生态还需要整个产业和社会的制度文化的完善。现代文化产业体系发展完备、知识产权法律制度完善、产业间的协同互动顺畅，才能实现由文化 IP 到超级文化 IP 的质变。

第五节　广告商业模式的破坏与创新

广告的基本逻辑是“二次销售”：第一次以低价甚至免费将传媒产品和服务“销售”给受众；第二次把受众注意力（时间）“销售”给广告商。在“二次销售”中，第一次销售一般是不赢利的，这与内容生产运营模式形成了明显的区别。

在这个过程中，媒介起到了连接和匹配信息、用户、广告等要素的中介作用，形成了典型的双边市场模式。

广告界有句话：“所有的广告主都知道有一半的广告预算打了水漂。问题是，不知道是哪一半打了水漂。”这道出了传统广告模式粗放经营的尴尬，而互联网新媒体广告针对这一痛点做了深刻的变革。

一、广告商业模式受到冲击

媒体是典型的双边市场平台型企业。在网络情境中，平台型企业更为普遍。新兴文化产业中的网络文学网站、在线直播平台、应用商店、移动新闻客户端等都属平台型企业。

双边市场（two-sided market）理论，解释了平台型企业的价值原理：它同时向双边用户——买方（B）和卖方（S）销售具有相互依赖性和互补性的产品或服务，并且将双边用户吸引到市场中来，促使双方达成交易。双边市场具有典型的“哑铃型”市场结构。

双边市场主要有两个特性：

第一，存在交叉的网络外部性。市场中一方的用户数量和交易量将会影响另一方用户的数量和交易量。例如，媒体受众的数量和结构，会影响广告商的类型和投放金额；而广告内容和频度也会影响到受众的媒体选择。不少网络视频用户为了避免广告打扰，会选择购买会员免广告服务。国家新闻出版广电总局的“限广令”“限娱令”等，会对广告经营产生风险。传媒行业是采用广告“二次销售”模式的典型行业。从价值链的角度来看，内容成为广告媒介，第二次广告销售是价值产出环节，用于补贴内容成本和低价销售亏损。

第二，存在价格的不对称性。平台企业对其中一边索取的价格可以是零或者是负数（对其中一边进行补贴），以此作为获得自身利润最大化的策略。① 媒体以较低价格出售或者赠送给受众，以获得最大化的发行量和阅听率，从而使广告价格得以提升。

广告商是否在某媒体投放广告，取决于以下几个要素：

第一是广告媒体的用户质量。

新闻传媒采取的是典型的广告模式，报纸、杂志、广播、电视、互联网、自媒体都是如此。新闻内容不断更新，受众阅读频次高，使媒体成为抵达受众的优质通道。而新兴互联网媒体的出现，引发传统新闻受众迁移，传统媒体受众流失、结构老化、购买力下降，广告模式告急。

第二是广告的到达率，即广告载体或者平台拥有的用户规模和注意力集中度。

在内容爆炸时代，电视播出平台的广告价值取决于王牌节目（栏目）的收视份额。如今，多屏合一，用户的时间和注意力争夺战日趋白热化。各广告平台都追求“现象级”节目，以充分凸显其广告载体价值。

央视制作的《开学第一课》，在行政力量的撮合下，聚集了全国中小学师生的注意力，从而成为教育类广告的理想载体。而 2018 年，此栏目就因密集播出长达 12 分钟的教育培训类广告，而被批评为“吃相难看”。

随着电视剧插播广告越来越频繁，国家新闻出版广电总局发布“限广令”，禁止在一集电视剧之间插播广告。这保证了观众观看的连续性，但给电视剧广告经营带来了影响。不少电视剧为了消化制作成本，大力开拓植入式广告。但这一方面需要招商先行，另一方面还不能使广告植入显得生硬。

第三是广告的转化率，即广告投放后带来的销售业绩或者品牌口碑的增长。具体而言就是广告将潜在用户变成现实用户的效果。

传统的媒体或者广告媒介主要通过发行量核查、收视率调查等来间接佐证广告效果，从而诞生了美国报刊发行量稽核局（ABC）、尼尔森、央视-索福瑞等第三方收视率调查机构或公司，为广告主提供参考。不过，发行量、收视率本身不足以精确说明具体的广告是否被阅读和观看——直接忽略广告版面、到广告时段就换台的观众并不在少数。就转化率而言，虽然可以通过用户调查、广告定向投放等方式了解用户是否由广告投放转化

① 吴汉洪，孟剑．双边市场理论与应用述评［J］．中国人民大学学报，2014，28（2）．

而来，但同样也存在局部、片面、不准确的情况。

随着新旧媒体的此消彼长，广告对于媒体的判断和依附也相应发生重大调整。

二、互联网广告创新

相比之下，新兴的互联网媒介更能够对上述指标进行监测和量化，使数据对广告主透明，同时还能精准连接广告与目标用户。

从商业模式的角度来看，互联网和移动互联网广告模式有了诸多的创新形态。

Web1.0 时代的广告，形式上与传统媒体广告很相似，以横幅广告位等获得版面强势，吸引用户注意力。不过网络广告能够精准地提供点击量数据，广告成本更为透明合理。网络广告采取按点击次数付费的方式，价格更合理。第三方在线支付工具、电商的普及，使广告链接到销售的路径缩短，广告转化率也有了直观的数据指标。当然随之也出现了水军刷量、恶意刷量等不规范现象。

Web2.0 时代，信息由运营者推送转变为用户主动获取。搜索引擎谷歌推出了适应搜索场景的广告商业模式 AdWords，即关键词广告、竞价排名，这对广告模式是一大突破。当用户搜索关键词时，购买了关键词的广告获得优先显示。这就使广告成为用户主动搜索出来的信息，为广告寻找到潜在用户，提升了广告投放的精准度，减少了垃圾广告对用户的干扰。截至2018 年 7 月，谷歌搜索、Gmail 邮箱、Chrome 浏览器、谷歌地图、YouTube、谷歌 Play 商店以及安卓系统的 MAU 规模都超过 10 亿人次，这些都是互联网流量大户，也都成为优质的广告平台。2018 年第二季度，谷歌广告业务收入为 280.87 亿美元，为母公司 Alphabet 贡献了 86% 的收入。

百度是应用竞价排名模式的典型代表。百度的广告结果出现在搜索结果之前，与搜索结果的形式较为相似，使有的用户无法辨别广告与内容的区别。2016 年的“魏则西事件”表明，“莆田系”医院以大手笔购买百度竞价广告，影响了用户检索结果的公正性、客观性；而相关监管的缺失，最终造成了魏则西生命的悲剧。

Web2.0 时代，用户话语权上升，口碑成为营销的重要路径。与广告相比，口碑来自用户的体验，正面口碑是一种“自来水”式传播的结果，评价更为真实、可信。而口碑形式的营销，也契合了网生代用户乐于分享、

“种草”的文化。与此同时，负面口碑撕开了某些产品和品牌靠付费广告营建的形象，引导力很强。类似大众点评、豆瓣、猫眼、小红书等就是基于口碑模式的创业公司，它们有效地拉动了市场消费质量的提升。豆瓣由杨勃（生于1969年）于2005年创办，以读书和电影的讨论为核心功能，为文艺青年营建一个“精神角落”。2012年，豆瓣宣布MAU数量超过1亿，日均页面浏览量1.6亿，豆瓣通过1亿人的自发打分，对图书、电影、音乐等文化娱乐产品进行评价。在文化产品广告和营销大行其道的当下，这种纯口碑的分数已经成为用户可靠的文化消费指南。

互联网不仅带来了头部聚集，也使分散的长尾具备了整合的可能性。聚众与分众、头部与长尾，从来都是相辅相成的。

以头部内容、媒体承载头部广告，打的是品牌、影响力、立竿见影的效果。以蚂蚁搬家似的方式将长尾广告投放给长尾用户，则适用小微企业以及精细化广告运营。而长尾广告基于互联网技术和平台，能够形成稳定的商业模式。

百度联盟将中小网站的长尾流量整合起来，使之具有了广告价值，使之面向长尾需求。网站与百度的分成比例为4∶6。

移动互联网时代适应App生态、移动端小屏幕。在移动互联网时代，广告也有了新的形式，如App的开屏广告、App内的信息流广告等等。而算法则使广告投放精准化、智能化。

信息流广告是新闻客户端的广告形式。广告随机出现在信息流中，形式与内容相似。这虽然不像门户时代那样凸显版面强势，却更容易被用户阅读。

基于算法，广告会精确地投放给用户；基于社交网络，信息流广告能够通过用户及其好友进行N级传播，获得更多的曝光。

社会化媒体Facebook较早应用信息流广告形式，使广告和内容的界限越来越模糊。信息流广告已经从图文广告，丰富为视频、全屏、精品栏、轮播、幻灯片等富媒体广告形式。Facebook的收入绝大部分来自广告业务，2018年二季度广告收入为130.4亿美元，占整体营收的98.6%。Facebook有四项MAU数过10亿的服务：Facebook、Instagram、Messenger以及WhatsApp。它们都开发了移动端广告业务。

在今日头条、微信朋友圈，都能看到广告主投放的信息流广告。信息流广告是移动端较为常见的广告形态，与内容并排，改变了硬插广告的生硬。在微博、朋友圈这类有社会化特征的平台上投放信息流广告，如果调性适配，还有可能引发用户的讨论和转发以获得更为精准和不断扩散的广告效果。

在自媒体和社交媒体时代，个人作为生活消费类意见领袖更具可信度，这成为广告的新“蓝海”。这也为自媒体赢利提供了广告商业模式。从 2014 年起，粉丝量超过 10 万的微信公众号，可以自助申请成为“流量主”，通过展示广告获得广告收入。当然，像 papi 酱这样的视频网红，其视频内容成为现象级的爆品，带着可观的粉丝、流量和话题度，广告变现价值也同样可观。这也是其首个贴片广告以 2 200 万元价格成交的基础。而口碑广告则成为 UGC 在广告领域的应用。各种集赞、拼团、砍价，通过社交媒体获得长尾式的传播。

而支付环境、物流环境和 App 情境的完善协同，使移动媒体的广告引流获得了即时的体现。例如今日头条的广告可以直接跳转到淘宝、京东等电商完成购买，形成了完整的广告销售闭环，媒体的流量价值得以体现。

人工智能技术的发展，使巨头纷纷以 AI 为广告赋能。算法广告正成为智媒时代的广告新趋势。

谷歌推出 Auto Ads，这是一个使用机器学习的系统，它分配用户看到的广告类型，决定广告出现的位置。测试结果表明，利用该系统放置广告令发行商的收入平均增加了 10%。

今日头条试运营“穿山甲”联盟，依托算法推荐，提供更为精准的流量变现服务，使广告主获得更佳的推广效果。

三、广告内容化、段子化

新兴文化产业的广告形态也有质的提升，原生广告（native ads）概念出现，广告内容化、内容广告融合的特征明显，广告的亚文化风格更为明显。

文化节目具有引领消费潮流的能力，节目中的服装、饰品、化妆品都会引发消费风向标。一些美容、消费类节目就有定义时尚、导流消费者的作用。

如爱奇艺自制网生综艺《爱上超模》就试水了 T2O（TV to online）的商业模式，即由电视到电商的引流模式。

节目的框架是超模选秀，其中频道出镜的自然是 1 000 多套服装及饰品等，在节目播出时它们同步在“京东衣橱”上架销售。节目中模特的展示为商品做了最佳的广告，电商的即时购买，实现了内容的时尚引导力与电商销售的整合。这使电视综艺接入了网络场景。

节目在爱奇艺独家播出时，使用“video out”视链技术，网民通过视频画面上的服饰超链接，可以随时下单购买。《女神的新衣》是专门为互联网广告定制的栏目，是广告内容化、广告商业闭环的尝试。

网生内容和节目有着明显的互联网文化基因。它们对于广告的操作，也颇有创意和创新，使让人烦的广告内容化、娱乐化，成为网生广告，为用户参与广告传播建立了可能性。

传统的广告会中断内容，干扰观众体验。而在灿星与浙江卫视制作的《中国好声音》中，主持人华少快播广告打破了这种调性，显示了舌头的炫技，形成网民二次传播的话题，增加了广告主曝光。类似地，网综《拜托了冰箱》则通过韩国主持人王嘉尔口齿不清、多次重复广告语，以夸张效果来增加广告曝光率。不过，广告仍然是形态独立于内容。

米未传媒的网综《奇葩说》在广告网生内容化方面，做出了有网感的尝试，将广告变成内容，形成喜剧效果。类似“正经人在不正经场合指定用酒”“一人吃鸡全家光荣”“国际扛饿大品牌”“废话就像头皮屑，消灭它就用海飞丝”等，广告语与网生节目调性深度契合，极具个性和辨识度。同一广告在不同季的广告语也不断创意：第一季“时尚时尚最时尚”，第二季“有型有款、有房有车，不如有范”，第三季“穿衣用有范，争取不犯二”。广告话术与网络文化的暗合使95后、00后网生代受众有了“自己人”的熟悉感。

腾讯视频、笑果文化出品的网综《吐槽大会》则在广告内容化的路上走得更远。广告不仅网生内容化、喜剧化，更上升到网生段子化，使之传播效果更佳。例如：

> 就这种两个比一个好的：羽泉、筷子兄弟、前置摄像头 vivo X9。
>
> 我不是吐槽李诞吗？他在后台玩探探。我就说，蛋蛋，这探探是个脱单神器，对吧？但是你这样的找不着的。蛋蛋说没关系，我用的是你的手机，你年轻、你单身。（谁能想到，这是条广告！）
>
> 我问王祖蓝老师：你有没有这个京都念慈庵蜜炼川贝枇杷膏啊？王祖蓝说：你说的什么话，我当然比蜜炼枇杷高了。

由于头部内容具有很大的辐射力，广告内容化、段子化使广告获得了更好的留存效果和再传播效果。

自媒体成为广告主所倾向的新广告媒介。papi 酱、咪蒙、关八、石榴婆报告等自媒体大 V，采取更为个性化的广告内容化策略。咪蒙的广告软文让粉丝有阅读的期待。哒哒英语、一汽马自达、腾讯视频、伊利畅轻有机酸奶、vivo、分答等六个品牌多次植入广告。咪蒙声称“不接受甲方直接供稿，不接受直接命题，不接受内容指导，文章只接受一次微调”，体现广告创意的个性和调性。主打八卦的《关爱八卦成长协会》也有了第一佳大鸡排、肯德基、陌陌等广告金主。

而淘宝头条、一条、小红书等创业成功，使电商定制化内容的新广告营销路径获得了用户和资本的认可。这种内容电商的目标就是引流、“带货”、“种草”，与电商、体验、纯内容明显不同。网红引流、内容定制，丰富了电商平台的内容，活跃了社区气氛，提升了购物体验，最终也提升了流量的转化率。2016 年，淘宝内容产品每天阅读量已超过 1.3 亿，出现了月收入达百万元的内容创作者。

小红书创立于 2013 年，由 80 后瞿芳创办。小红书最初是提供海淘化妆品攻略，属于跨境电商风口上的创业。而随着电商的竞争日趋激烈，小红书开始向内容社区、内容电商的路径迁移。小红书的内容是用户生产购物笔记，购物达人、买手们分享自己买尖货的体验心得和攻略，领域覆盖时尚美妆、美食、运动、影音、旅行、居家、母婴、读书、数码、时尚男士、医药、动漫等。

购物笔记以美女图片和细密的文字呈现，体现出与通常电商完全不同的界面风格。而笔记内容则包括用户晒图、品牌标签、产品价格以及购物心得等。笔记成为驱动其他用户阅读、点赞和购物的指南，通过内容连接形成社交网络。部分产品直接在小红书商城中就能购买，形成内容到电商的闭环。可以说，小红书是以内容电商为运营模式的生活方式社区，其内容是不收钱的真实推荐，而不是收钱的软文。这保证了用户购物潮流的真实性、品质的真实性和口碑的真实性，实现了用户驱动用户的基础——信任。

第七章 资本驱动的文化创业

陈天桥与妻子、弟弟一起用 50 万元开始了盛大“数字迪士尼”的逐梦，马云等 18 人凑 50 万开创阿里巴巴帝国。靠自有、内部资金启动，是早期创业者的普遍路径。

随着创业环境的完善、资本市场的成熟，硅谷的风险投资模式被引入国内。不少早期的创业者摇身一变，成为天使投资人、风险投资基金管理者，用投资的方式孵化下一个爆款、下一个创业公司。

资本的赋能，对创业的方向、趋势产生了引导和加持的效应。从 Web1.0 时代的门户、Web2.0 时代的搜索，到移动互联网时代的众多独角兽、创业公司都离不开资本的支持，互联网风口也离不开资本的助推。

第一节　风险投资赋能文化创业

美国不仅拥有影视创新中心好莱坞、传媒广告创新中心纽约，也有科技创新中心硅谷和金融创新中心华尔街。文化、科技与金融互为犄角，形成了整合和配置全球资源的能力。

一、投资创业

投资创业公司，是风险投资的方向。而以风险投资作为创业赛道，正是创业时代的创投机会。我国具有代表性的创业者包括熊晓鸽的 IDG 资本、李开复的创新工场等。

在中国互联网创业发展过程中，IDG 资本是里程碑式的风险投资商。

1993 年，37 岁的熊晓鸽放弃做战地记者的梦想，带着美国 IDG（美国国际数据集团）公司董事长麦戈文的 1 000 万美元回国，创办 IDG 资本。中国主要互联网公司的融资历程中，都有 IDG 资本的身影。

1997 年，张朝阳天使轮融资用尽之际，熊晓鸽的 IDG 资本联合晨兴资本、道琼斯等投资 220 万美元。2000 年，搜狐在美国上市。

2000 年，李彦宏的百度面临资金难关，熊晓鸽投了百度 150 万美元。

2005 年百度在纳斯达克上市，IDG 资本以 150 万美元收获了 1 亿多美元。

2000 年，OICQ 用户数量暴涨，马化腾急需购买服务器保障运营，熊晓鸽联手李泽楷盈科，以 220 万美元投资获得腾讯 40% 的股份。

IDG 资本投资超过 450 家互联网创业公司，包括腾讯、百度、搜狐、搜房、小米、携程、奇虎 360、传奇影业、暴风科技、91 助手、当当网、美图、B 站、蘑菇街、贝贝网等。IDG 资本统计数据显示，从 1993 年到 2003 年，IDG 资本第一只基金年均回报率是 36%；1999 年发行的第二只基金，回报率超过 40%。熊晓鸽也成为“中国风投教父”。

IDG 资本的成功，吸引红杉资本、今日资本、高瓴资本、达晨创投等如雨后春笋般出现，使中国的互联网创业获得了更充裕的资本驱动力。

2009 年，担任过微软、谷歌职业经理人的李开复以创新工场作为自己的创业项目。创新工场的资金来自全球投资者，自身也经历了多轮融资，如 2011 年获得腾讯产业共赢基金 7 亿元投资，2011 年获得美国中经合集团、富士康、新东方等 1.8 亿美元投资，2016 年获得鸿海集团 45 亿元投资。创新工场专注初创企业天使投资，使天使投资规模化、产业化。2016 年 2 月，创新工场在新三板挂牌上市。

创新工场坚持做“天使基金 + 孵化器”，加强对项目和公司的投后指导。投资理念是坚持产业链式布局和生态圈式投资，主要投资方向包括：通过互联网技术改善整个行业效率，如 O2O 与共享经济、在线教育等；提供针对 95 后的精神消费品，投虚拟世界新经济。

从面向 95 后精神消费的投资项目来看，创新工场在游戏动漫、内容产业领域的投资项目均超过 40 项，其中不少都是网生内容领域的项目，包括米未传媒、暴走漫画、有妖气漫画等。

生于 1969 年的雷军则以生态的视野来进行风险投资，他不仅是成功的职业经理人，也是成功的创业者和天使投资人。雷军对互联网及创业有自己的理解，提出互联网思维七字诀“专注、极致、口碑、快”，贡献了“风口”“顺势而为”等一系列知名观点，他的投资公司就叫顺为资本。

雷军投资了 20 多家创业公司，从天使投资角度来说，他主要投熟人或者朋友，也即投信得过的人和团队，因此也获得了理想的回报：以 400 万元投资的俞永福 UCweb，后被阿里以 31.30 亿元战略收购；以 100 万美元投资的李学凌欢聚时代（前身多玩），占股 20.7%，2014 年上市后对应市值 9.25 亿美元。2011 年，雷军和许达来联合创立顺为资本，管理三只合计

17.5 亿美元的美元基金和两只 20 亿元的人民币基金。顺为的投资围绕着“小米生态链”展开，投资公司已超过 50 家。用资本的方式，来扩张产品线，完善小米生态，体现了雷军对物联网和智能生活的布局。

在文娱领域，雷军不仅创办了网上音像店卓越网，将其出售给亚马逊，还进行了不少投资。2014 年，小米联合顺为资本以 3 亿美元入股长视频平台爱奇艺；2015 年，投资短视频社交公司快手。在小米和顺为的投资名单上，还有优酷土豆、今日头条、一点资讯、罗辑思维、喜马拉雅等名字。在教育领域，雷军系投资了 51Talk、沪江教育、一起作业网、掌门 1 对 1 等。2016 年，51Talk 在纽交所上市，成为顺为资本投出的第一家 IPO 公司。

随着文化产业的发展，关注文化产业和文化创业的专业投资基金也成为风投的重要力量，华人文化产业投资基金（简称华人文化）是其中的代表。2006 年，国家发改委颁发《产业投资基金管理暂行办法》，明确产业投资基金是指“一种对未上市企业进行股权投资和提供经营管理服务的利益共享、风险共担的集合投资制度”，“从事创业投资、企业重组投资和基础设施投资等实业投资”。相对于私募股权基金（PE）而言，产业基金往往更关注扩张期和成熟期企业并获得控股权，投资周期相对较长，并凭借丰富的产业链资源对被投企业提供包括企业发展方向、赢利模式、财务等方面的帮助。①

2010 年，华人文化正式运行。基金的主要发起方及出资方，包括文汇新民联合报业集团、上海东方传媒集团有限公司（SMG）等机构。基金创始人、董事长为黎瑞刚。

华人文化主要投资方向涉及文化与传媒领域的改制重组、行业整合和业态创新等新兴文化产业及业态。已投资公司包括星空传媒、TVB 中国、IMAX 中国、财新传媒、东方购物、联众游戏、格瓦拉等。华人文化的投资领域主要集中在内容产业和生活消费两个方面，专注并更懂文化内容产业，是其优势。

二、风投助力

中国互联网发展与世界大体同步并局部领先，引入风险投资功不可没。

---

① 投中集团报告．中国文化产业投资方向呈多样化．国际融资（J），2013（6）．

（一）天使投资

在公司初创阶段，创业者和团队常常仅有想法，处于无产品、无用户、无收入、无利润、无资产、无品牌的“六无”境地，生命力脆弱。在传统的商业银行或投资银行眼中，这属于高风险、不确定的项目，难以获得贷款。但仅仅靠创业者自己的积累或者家当，一方面加重了创业者的负担，另一方面使业务孵化失去占位的先机。天使投资（AI 或者 BA）、风险投资（VC）等偏好高风险、高收益的资本就成为当代创业不可或缺的制度要素。从天使轮启动项目，到完成 ABC 轮次的风险融资，少数创业公司成为行业领先者、独角兽，实现上市。风险投资承担创业失败的高风险，收获创业成功的高收益，努力实现资本的安全退出，使资本增值。

天使投资的概念源于纽约百老汇，指富人资助义演的公益行为。在创业融资的语境下，天使投资是指初创企业最早获得的投资，使创业项目和公司得以启动，帮助项目越过“死亡之谷”。

在天使轮融资阶段，有的创业者只有一份商业计划书，或者项目有了雏形、种子用户，但是否可行、是否可持续、是否有赢利空间等重要问题，还都没有确定的答案。天使投资人主要投“人”，即基于对创业者及其团队的信任，爱屋及乌地对项目做出投资决策，因而被称作创业者的“天使”。亚马逊创始人贝佐斯是谷歌的天使投资人，皮特·泰尔是 Facebook 的天使投资人。天使投资人从自身的创业经历体会到，万事开头难，如果能够帮助创业公司度过高夭折的风险期，那么既支撑了创新，又将高风险转化为高收益。

在改革开放以来的第三次创业浪潮中，创业者不仅带回了美国硅谷的业务和商业模式，还带回了风险资本（如表 7-1 所示）。

表 7-1　主要互联网创业公司的天使投资人概览

创业公司	天使投资人	投资额
搜狐	尼葛洛庞蒂、爱德华·罗伯特	17 万美元
四通利方/新浪	美国华登集团、美洲银行罗世公司、艾芬豪国际集团	650 万美元
百度	Peninsula Capital Fund、Integrity Partners	120 万美元
阿里巴巴	高盛、富达、Invest AB、新加坡政府科技发展基金	500 万美元

续前表

创业公司	天使投资人	投资额
腾讯	IDG 资本、盈科	220 万美元
京东	今日资本	1 000 万美元
今日头条	海纳亚洲	未披露
美团/大众点评	王江/红杉资本	未披露/100 万美元
滴滴	王刚	70 万元

在门户的风口上，留美博士张朝阳获得《数字化生存》作者、美国麻省理工学院媒体实验室创办人尼葛洛庞蒂和爱德华·罗伯特的 17 万美元天使投资。

王志东的四通利方的天使投资人是美国华登集团、美洲银行罗世公司和艾芬豪国际集团，三家 VC 于 1997 年投资 650 万美元。四通利方并购华渊网成立新浪网后，华登集团又联合软银、高盛和新加坡经济发展局等投资 2 500 万美元。

构成当今中国互联网骨骼的 BATJ，它们能长成参天大树，离不开天使投资人的支持。

百度的天使投资人是两家美国 VC，即 Peninsula Capital Fund 和 Integrity Partners，投资额 120 万美元。李彦宏用这笔钱在北大资源宾馆开始创业。

阿里巴巴由马云等“十八罗汉”筹资启动。1999 年，阿里通过向高盛、富达、Invest AB 和新加坡政府科技发展基金等出让 40% 的股权，融到 500 万美元，从此创建出世界级电商企业。

与阿里一样，腾讯也先由创业伙伴内部筹资 50 万元启动，核心产品是对标以色列 ICQ 的 OICQ。随着用户达到百万级别，服务器托管费用等不断高涨，而赢利模式却还在路上，公司资金压力极大。在马化腾试图多次出售 OICQ 未果后，IDG 资本和香港盈科成为其天使投资人，于 2000 年投资 220 万美元，各占腾讯 20% 股权，腾讯得以“转危为机”，赢得了未来。

京东由一个电器柜台起家，到“非典”期间尝试电子商务，获得了更大的发展，也面临着阿里巴巴的竞争压力。2007 年获得今日资本 1 000 万美元投资，得以建设仓储物流等电商物理基础设施，扩大商品种类，从此摆脱了小公司格局，逐渐进入中国互联网第一阵营。

互联网“小鲜肉”TMD，在 BATJ 的格局之外长成参天大树，也证明了天使投资人的眼光。

今日头条的天使轮融资完成于2012年，投资方为海纳亚洲。美团获得天使投资人王江的投资。大众点评的天使轮融资由红杉资本投资100万美元(2006年)。程维准备创立滴滴时，获得了原同事王刚的70万元天使投资。

（二）风险投资

天使轮之后的ABC各轮风险投资，是创业公司的加速器和稳定器：公司由小到大、发展趋于稳定，产品定型、各项数据不断优化，用户、收入、份额增长，品牌确立。这一过程中，风险投资一直在保驾护航。VC接力、跟投或退出，PE投资者加入，给风险投资者带来最大化的收益（如表7－2所示)。

表7－2　主要互联网公司的风险投资人概览

创业公司	风险投资人	投资额
百度	德丰杰、IDG资本、Peninsula Capital Fund、Integrity Partners	1 000万美元
阿里巴巴	软银、纪源资本、富达	约1.2亿美元
腾讯	MIH、IDG资本、盈科	620万美元
京东	今日资本、雄牛资本、梁伯韬私人公司、老虎基金、高瓴资本	约4.36亿美元
今日头条	海纳亚洲、DST、新浪微博、红杉资本、建银国际	约11亿美元

百度A轮融资的投资方是德丰杰和IDG资本，天使轮的两家VC也继续跟投，融资额1 000万美元。

天使轮后，阿里获得了软银2 000万美元的投资。2004年，高盛将所持股权转让给纪源资本，套现2 200万美元退出，投资回报率约为七倍。软银、富达等则继续参与阿里新一轮融资，额度为8 200万美元。

盈科在天使轮投资的腾讯20%股权，于2001年转让给南非传媒巨头MIH，100万美元的成本以1 260万美元卖出，一年净赚1 160万美元。另一天使投资者IDG资本也没等到腾讯上市，较早地退出。之后MIH持股比例升至50%。腾讯上市前融资额总共620万美元。

京东在2008年获今日资本、雄牛资本及梁伯韬私人公司投资，总融资额2 100万美元。2009年获得了老虎基金的投资1.5亿美元，估值达到2.5

亿美元。2010 年获得中国人民大学校友张磊的高瓴资本 2.65 亿美元投资，估值达 10 亿美元。这些 VC 和 PE 的投资，使京东得以在阿里巴巴的身旁，将自营模式做大做强。

今日头条的天使投资者海纳亚洲，2012 年继续参与了其 A 轮和A + 轮融资，投资额 100 万美金。2013 年，新的投资者 DST 参与 B 轮融资，额度达千万美元。2014 年，新浪微博、红杉资本投资 1 亿美元。2017 年今日头条 D 轮融资，获得建银国际、红杉资本 10 亿美元投资，投后估值 110 亿美元。

美团在 2010 年获得了红杉资本 1 000 万美元的 A 轮投资。2015 年，红杉撮合了美团和大众点评的合并，打造 O2O 的“巨无霸”。

公司业务和市场份额不断扩展，成为行业领头羊，优秀的创业公司实现上市，风险投资者获得更多倍的投资回报。

2005 年百度上市，Peninsula Capital Fund 在天使轮投资的 60 万美元收益翻了 108 倍，年均回报率达 134.27%；在 A 轮跟投的 37.44 万美元也翻了 26 倍，年均回报率达 91.8%。

阿里上市，使软银赚到了 580 亿美元。

2014 年京东在美国纳斯达克上市，天使投资者今日资本累计投资 2 100 万美元，持有京东 7.8% 的股份，价值 22 亿美元，投资回报率在 100 倍以上。风险投资者老虎基金、高瓴资本投资回报率超过 10 倍，都成为大赢家。

如今，风险资本投资的这批公司已经构成中国互联网行业的骨架，不少公司进入成熟期，也将投资作为延伸和布局新兴业务的手段。创业者在创业成功、退休之后，不少都转型为风险投资者，形成了良性的创投代际循环。

腾讯就进行了数量众多的天使轮、A 轮等早期风险投资，并以有限合伙人的方式投资了金沙江创投、红杉资本、经纬中国、创新工场、高榕资本、晨兴资本、中信产业基金等创投机构。自 2008 年开展投资业务以来，腾讯投资企业超过 600 家，包括美团、滴滴、阅文集团、搜狗等，其中，美团、阅文、搜狗均已实现上市。通过投资，腾讯成为互联网行业的战略投资者，获利丰裕，也助力创业公司走得更远、更快。

（三）文化创业公司的风险融资

文化创业公司同样在风险投资的支持下发展、成长，也成为吸引风险投资的一个热门领域。而经过风险资本、用户、文化消费环境的合力，一批文化创业公司成长为行业领导者，有的还实现了上市，使在背后支持多年的风险投资者获得了可观的收益和退出通道（如表7－3所示）。

表7－3　　代表性文化创业公司的风险融资

创业公司/创业时间/赛道	天使投资人/投资额	风险投资人/投资额	退出方式/投资回报率
中文在线/童之磊2000/网络文学	麦刚/不详	北极光创投、嘉丰资本、KPCB、启迪创投等/不详	创业板上市2015/投资收益率近30倍
优酷/古永锵2005/视频	搜索资金/300万美元	Sutter Hill Ventures、法拉龙资本、成为资本、Maverick Capital、Brookside Capital、New Horizons Fund和摩根士丹利小企业成长基金等/1.7亿美元	美国纽交所上市2010
土豆网/王微2005/视频	IDG资本/50万美元	纪源资本、集富亚洲、今日资本、General Catalyst、凯欣亚洲、Venrock、淡马锡等/1.35亿美元	美国纳斯达克上市2011/优酷收购土豆2012
爱奇艺/龚宇2010/视频	普罗维登斯资本/5 000万美元	百度、高瓴资本、IDG资本、红杉资本/15.3亿美元可转债	美国纳斯达克上市2018
欢聚时代（YY）/李学凌2005/直播	雷军/100万美元	晨兴资本、Steamboat、纪源资本、老虎基金等/近9 500万美元	美国纳斯达克上市2012/天使投资回报率超100倍
映客/奉佑生2015/直播	多米在线/500万元	多米在线、金沙江朝华、紫辉天马、厦门赛富、宣亚国际、昆仑万维、腾讯创业等/4.21亿元	香港上市2018
一下科技/韩坤2011/短视频	晨兴资本/数十万美元	红点创投、晨兴资本、KPCB、Star VC、上海广播电视台、SMG旗下产业投资基金、光控-分众新产业投资基金、微影时代等/7.75亿美元	投后估值已达30亿美金
快手/宿华、程一笑2013/短视频	晨兴资本合伙人张斐/200万元	晨兴资本、DCM中国、光源资本、顺为资本、华人文化、红杉资本、百度、腾讯等/超过16亿美元	投后估值180亿美元

在网络文学赛道，阅文集团和中文在线是两家具有代表性的创业公司。

2000 年，清华大学毕业生童之磊创办中文在线，获得麦刚的天使投资。之后完成四轮融资，投资者包括北极光创投、嘉丰资本、KPCB、启迪创投等。2015 年，中文在线在深圳创业板上市，成为“网络文学第一股”。其中，嘉丰资本和北极光创投在上市前退出，其他投资方均获得了近 30 倍的投资收益。

阅文集团资产包括了起点中文网、盛大文学等中国网络文学优秀创业公司。盛大通过一系列收购，将起点中文、晋江文学、红袖添香等七大网络文学站点收入旗下，其中起点中文网的收购价格是 200 万美元。2007 年盛大将网络文学资产重组为盛大文学，由新浪原副总编侯小强出任 CEO。2013 年，吴文辉带领起点中文团队出走，后来出任腾讯文学 CEO，盛大文学估值由一年前 8 亿美元降至 6 亿美元。2014 年，腾讯以 50 亿元收购盛大文学，并在 2015 年与腾讯文学重组为阅文集团。2017 年，阅文集团在香港联交所上市。

在视频领域，由于版权费用很高，领导性的企业爱奇艺、优酷、腾讯视频都有 BAT 巨头支撑。

2005 年，搜狐原 CEO 古永锵创办优酷，创业之初获得“搜索资金”300 万美元，之后完成六轮融资，融资总额 1.7 亿美元（其中 1 000 万美元技术设备贷款）。投资方包括 Sutter Hill Ventures、法拉龙资本、成为资本、Maverick Capital、Brookside Capital、New Horizons Fund 和摩根士丹利小企业成长基金等。2010 年底，优酷在美国纽交所上市。

土豆网由王微创办于 2005 年，公司名称源自西方对电视迷的称谓“沙发土豆”。IDG 资本是公司的天使投资人，投资 50 万美元。之后经历五轮融资，总融资规模达 1.35 亿美元。投资方包括纪源资本、集富亚洲、今日资本、General Catalyst、凯欣亚洲、Venrock、淡马锡等。2011 年，土豆网在美国纳斯达克上市。

优酷与土豆同步开始创业，同步上市，风险投资使公司得以购买视频内容、投资宽带、技术平台等。2012 年，优酷收购土豆，结束了烧钱的叫板竞争。2014 年，阿里和云锋基金以 12.2 亿美元收购优酷土豆 A 类普通股 7.21 亿股，分别持股 16.5% 和 2%，优酷土豆成为阿里系公司。

爱奇艺创立于 2010 年，由 1968 年出生的龚宇出任 CEO，主打正版、专业制作影视综艺视频内容。创业之初即拿到了美国普罗维登斯资本 5 000 万美元的天使投资。爱奇艺符合百度“中间页”的概念，并最终成为百度系公司，迅速成长为行业第二，直接挑战阿里系优酷的老大地位。2013 年，百度收购 PPS 并将其与爱奇艺合并，奠定了爱奇艺行业领先的地位。2018 年，爱奇艺在美国纳斯达克上市。招股书披露，2015 年末，爱奇艺的付费会员数为 1 070 万，而 2017 年末付费会员数增至 5 080 万，两年的时间增长了近四倍。会员收入占到了总营收的 37%。

直播赛道，欢聚时代、映客、虎牙都在风险投资的接力下，最终完成了 IPO 上市。

雷军是李学凌 YY 公司的天使投资人，2005 年投资 100 万美元。雷军投资的一个原则是只投熟人，李学凌做 IT 记者时，不拿车马费、独立写稿，体现出让雷军放心的品质。这也是天使投资人规避风险的一种风控手段。欢聚时代随后完成了四轮融资，总额近 9 500 万美元，投资方包括晨兴资本、Steamboat、纪源资本、老虎基金等。2012 年底，欢聚时代（YY）在美国纳斯达克上市，雷军持股 23. 8%，市值 1. 13 亿美元。投资回报率超过 100 倍。

游戏直播平台虎牙，由母公司欢聚时代于 2014 年剥离 YY 直播业务并投入 7 亿元启动，意图占领手游直播的风口。虎牙进行了两轮融资，总额 5. 35 亿美元。投资方包括高榕资本、亦联资本、晨兴资本、腾讯。截至 2017 年底，虎牙直播已拥有近 2 亿名注册用户，其中 MAU 数 8 600 万，年收入超过 21 亿元人民币。2018 年虎牙在美国纽约证交所上市。

直播平台映客由奉佑生创立，其母公司蜜莱坞于 2015 年获得多米在线 500 万元的天使轮投资，投后估值 1 200 万元。之后，多米在线、金沙江创投、紫辉天马、厦门赛富、宣亚国际、昆仑万维、腾讯创业等共投资 4. 21 亿元，投后估值 39. 5 亿元。映客 MAU 数超过 3 000 万、付费 MAU 数超过 260 万。2016 年，映客直播共实现营业收入 43. 38 亿元，净利润达到 4. 8 亿元。之后，映客的用户数据开始下滑，直播业务受到短视频冲击。在经过借壳宣亚国际 A 股上市未果之后，2018 年在香港上市。奉佑生为映客选的股票代码是 3700，“3”代表映客成立三周年，“700”与腾讯的股票代码 0700 相近。代码体现出奉佑生的心机，他想成为腾讯那样的巨头。

在短视频赛道，一下科技、快手、抖音是代表性公司。

2011 年，成功创办酷六网的韩坤再次创业，以“中国的 YouTube”为目标的一下科技诞生。2012 年，一下科技获得晨兴资本数十万美元的天使投资。之后其完成五轮融资，总额达 7. 75 亿美元，投后估值已达 30 亿美金。投资方包括红点创投、晨兴资本、KPCB、Star VC、上海广播电视台、SMG 旗下产业投资基金、光控-分众新产业投资基金、微影时代等。完成 A 轮融资后，公司推出秒拍产品，内置于新浪微博。而后新浪微博自 B 轮起成为公司风投的领投者。公司随后推出的一直播，也与新浪微博打通粉丝体系，获得了流量供养。C 轮进入的新投资者 Star VC 由李冰冰、黄晓明、任泉联合发起，是国内首个以明星为主要发起人的投资机构，一下科技是其首个投资项目。Star VC 不仅给一下科技带来了风险投资，也带来了明星人脉。2015 年，一下科技上线“人生如戏，全靠演技”的小咖秀，以对口型的夸张、搞笑表演短视频，初期获得了明星大咖的踊跃参与，并通过微博转发迅速向普通用户创新扩散。

可以看到，通过融资，一下科技不仅获得了持续运营的资金，更获得了新浪微博等有价值的战略投资者，持续制造了秒拍、小咖秀、一直播等爆款。

快手由宿华、程一笑等联合创立于 2013 年，其前身 GIF 快手获得了天使投资人、晨兴资本合伙人张斐 200 万元人民币投资。之后，快手完成了四轮融资，融资额超过 16 亿美元，投后估值 180 亿美元。投资方包括晨兴资本、DCM 中国、光源资本、顺为资本、华人文化、红杉资本等风投，百度 2016 年领投了 C 轮 2.5 亿美元投资，2017 年腾讯领投了 D 轮和 E 轮，投资额分别为 3.5 亿美元和 10 亿美元。在一过程中，快手由 GIF 工具转型为短视频社区，用户数也在 2016 年达到 4 亿，2018 年达到 7 亿，以“算法 + UGC”构成互联网上的拟态草根社会。

可以看到，在文化创业的各个领域，创业者的想象力与风险资本的敏锐嗅觉相结合，助推了创新创业，汇聚起新产品、新物种、新赛道、新风口，体现出两者相得益彰的协同效应。

三、投资热点

创业者是在做开创性和颠覆性的事情，而对创业公司的风投，则是使其中有价值、有前途的创业获得成功的可能性。

资本投注的热点，不久后会有一些成为产业的热点、消费的热点，实现资本对于文化创业的赋能。

从互联网到移动互联网，从门户、电商、搜索到人工智能，从网络文学、自媒体、直播到短视频，从二次元到 95 后生活方式，天使投资人、风险资本也在寻找最有可能赢得未来的创业。

（一）押宝 90 后

创业的驱动力是创新，而大学阶段正是创业者创新能力和意识的黄金时间。比尔·盖茨、乔布斯、扎克伯格都是在哈佛大学上学或辍学期间开始创业，从而有了微软、苹果和 Facebook；拉里·佩奇和同窗布林、杨致远在斯坦福大学就读期间创立了谷歌、雅虎。按照这一规律，处于大学阶段的 90 后，会涌现不少的创意和创业者，自然成为各大风险资本布局的新蓝海。

对于 90 后创业者，本书之前章节已有叙述，接下来我们从投资者的角度来看看，使 90 后创业成风的风险资本有哪些：创新谷投资王凯歆、余佳文、温城辉；红杉资本投资温城辉和陈安妮；真格基金投资马佳佳；IDG 资本投资尹桑、孙宇晨，还成立了 10 亿元的“90 后创业者专项投资基金”。

不过，这些投资中有不少已经失败。这一方面体现了风险投资的风险，即 80% 的收益来自 20% 的投资项目，另一方面体现出 90 后年轻创业者本身缺乏社会和商业阅历的风险。

创新谷于 2012 年成立，由龚虹嘉、朱波、周鸿祎、薛蛮子、李竹、包凡、陈宏、俞永福等共同发起成立。其投资的“神奇少女”王凯歆，在短短一年创业时间里，经历了非法裁员、数据造假、涉嫌漏税等一系列负面风波，神话破灭，王凯歆也出走国外。朱波坦承投资原因是“爱惜这个小女生的商业天赋”，给了 30 万的启动经费，随后追加 200 万投资，给神奇百货以 1 000 万的估值。真格基金投资的马佳佳，是网红型创业者。不少 90 后创业者被贴上“90 后”“休学创业”的标签，并在媒体、综艺节目上以网红创业者身份吸引眼球，与其他世代的创业者的低调、投入有较大的不同。

当然，从另一个角度来看，追逐 90 后创业概念的投资人蜂拥而至，助长了 90 后创业者过于浮躁的心态。

（二）投资网生文化

与 95 后、00 后文化需求的独特性相对，理解并投向满足新兴一代文化需求、生活和娱乐方式的创业项目，成为投资者的又一个热点。

除了专业的风险资本、产业基金的财务投资之外，行业的骨干企业是文化创投的重要力量。相比风险投资，行业企业的投资不仅带来资金，更带来资源、对行业发展未来的判断。同样，骨干企业的投资也是自身布局新兴文化产业的重要战略举措。

1. 布局网生内容入口

互联网已经成为全新的文化商业基础设施，正在实现人与内容服务、人与人、人与万物的全面连接。而对具体的公司和产业而言，如何吸引到更多流量、建立与用户的牢固连接，催生了互联网的注意力入口之争。网生内容文化需求显然是理想而有黏性的互联网入口。

因此，网络文化产品及服务成为新兴文化产业布局的重要驱动力，更吸引着众多骨干企业和战略投资者成为文化领域的新进入者。在移动互联网情境下，基于移动端小屏的物理特点和移动端使用的场景化，争夺服务入口的竞争日趋激烈。搜索、新闻、阅读、视频、生活、应用商店等都成为入口布局的战略要地。面对互联网瞬息万变的态势，收购是最快的布局方式。

百度就针对互联网入口的战略，于 2013 年以 19 亿美元收购 91 无线，这笔当时中国互联史上金额最大的并购，助力其向移动互联网公司转型。91 无线是一个移动应用分发入口，成立于 2010 年 9 月，集成 91 助手、安卓市场、91 移动开放平台、91 熊猫看书、91 熊猫桌面、安卓桌面、91 门户、安卓网等，成为众多移动互联内容的端口。截至 2012 年 12 月，91 无线平台总下载数达到 129 亿次，在 iOS 和安卓两大智能手机系统的市场渗透率分别超过 80% 和 50%。通过收购，百度争做移动互联网时代移动端入口的战略更为明晰。

文化娱乐投资界“网红”王思聪，其投资实体普思资本就定位 90 后青年文化娱乐，围绕游戏、文娱等新兴青年生活方式、文化需求投资。

在电子竞技领域，其创立 IG 电子竞技俱乐部，投资页游开发运营商云游控股、手游分发平台乐逗游戏、移动电商游戏研发及发行商英雄互娱；投资实时社交视频平台天鸽互动，并于 2015 年成立熊猫 TV，进入直播赛道，注册资本 2 000 万元，自任 CEO①。布局涵盖了电竞俱乐部、游戏开发、游戏平台、电竞直播平台、移动电竞等环节。这种“潮”，就是出于对网生代文化娱乐生活的了解。

2015 年，其启动“香蕉计划”，包括体育文化、演出经纪、电子游戏、

① 熊猫 TV 已于 2019 年 3 月宣布破产。

音乐游戏、影视公司等领域，总注册资本 5 000 万元。投资涵盖了体育文化、演出经纪、电子游戏、音乐等一系列业务。2015 年签约韩国女团T-ara，2016 年签约 EXID。熊猫 TV 也签约了 Angelababy 等主播。其投资目的在于打通“娱乐 + 电竞 + 直播”的三位一体商业模式。

文化需求的变迁也会影响入口和场景。百度在新兴文化消费方面也注重垂直入口的建设。百度的爱奇艺、PPS 占领网络视频入口，收购在线旅游网站去哪儿、团购网站糯米等，提前布局新兴的用户文化消费场景。

可以看到，通过并购建立在新兴移动互联网领域的入口价值，是 BAT 以及各垂直互联网公司都梦寐以求的战略任务。从这个视角来看，传统文化企业，特别是担负着骨干企业和战略投资者的国有文化企业或者上市公司，由于缺乏互联网的人才、技术和业态，在新兴互联网领域的并购中暂时是缺席的：既不是并购者，也没有成为被并购对象。这种传统文化产业与新兴文化产业之间的断点，也许未来会越来越大，从而加大传统文化公司的转型难度。

2. 投资网生内容生产

布局移动场景中的文化内容入口，需要以优质的内容作为支撑。这也使内容创业、内容投资和并购成为主旋律，专业内容生产者、版权内容都获得更高的估值。像罗辑思维、《奇葩说》、papi 酱都以网生内容的特征，成为内容新贵。这些都激活了新兴内容创意生产。

第一，投资优质的网生内容。

随着网生内容价值不断提升，战略地位不断增强，拥有巨量用户和流量的网生内容平台，对文化内容的消费和增值，意义深远。在网络文学领域，百度先后开发并购了 91 熊猫读书、多酷书城、百度文库等。2013 年底，百度以 1. 915 亿元全资收购纵横中文网。该网以重金挖得“大神级”写手，小说库存量超过 10 万部，日独立 IP 超过 260 万，页面浏览量超过 6 000 万，移动阅读量占比超过三分之一。而当这些内容 IP 驻扎到百度平台上时，百度的海量用户和流量为移动阅读内容的生产者带来了巨量的用户规模。这打开了阅读生态的想象空间。

第二，投资网生内容原创生产。

网生内容的生产具有自身的文化和商业独特性，需要具备互联网思维和网感的新生产者。

百度 2010 年成立了爱奇艺，以正版、高质量和专业制作为特点，围绕网生代用户需求开发制作内容，并且在网络首播。网络视频公司以网络视频制作传播业务为核心，具备网络视频的内容创意制作经验，也了解网众的文化需求，网络平台自制内容不断增加，使内容与播出平台之间的关系更为契合，促进了网络视频文化的兴起。

而 BAT 等网络巨无霸平台介入影视业，不仅着眼于影视在年轻群体中的娱乐标杆效应，还发挥互联网平台的大数据优势，使网生内容在内容产出中的比例大增加、价值提升。

面对网生文化娱乐的浪潮，也有投资者专注布局，娱乐工场就是其中代表。娱乐工场由张巍、徐小平、王强等人发起成立，2014 年开始投资，专门投资内容（包括内容生产、传播和变现）领域的早期创业公司，投资项目超过 80 个。在内容生产领域，娱乐工场投资了网生综艺公司米未传媒，互联网影视公司赵氏兄弟、七娱乐，网络视频自媒体小问传媒，网络动画公司咸蛋动画，等等。

第三，投资网生内容运营和整合。

互联网公司围绕泛文化娱乐产业链布局，对创意内容进行深度的开发。腾讯影业下设的黑体工作室、大梦电影工作室、进化娱乐工作室，分别侧重“文学 IP”“动漫 IP”和“游戏 IP”，实现了对热门 IP 产出领域的全覆盖，展现了腾讯影业将超级 IP 影视化的雄心。

而腾讯影业的布局显然受益于腾讯在文学、动漫、游戏领域的完整业务链条。以郭敬明《爵迹》为例，腾讯旗下的阅文集团独家网络连载，最世漫画团队入驻腾讯动漫打造《爵迹》漫画，腾讯影业参投了电影《爵迹》，《爵迹》的游戏也将由腾讯游戏旗下的天美工作室打造。在上游优质内容竞争之外，互联网公司还深度介入影院下游环节，实现“互联网 + 影院”的业态。在新一轮的影院业务布局中，BAT 再次成为业界关注的焦点。百度糯米始终以影院为生态核心布局电影产业，同时利用大数据优势渗透宣传、发行、制片。在影院资源上的持续投入，使百度糯米逐渐在影院领域占据领先优势。

3. *投资网生文化技术*

虚拟现实和增强现实（VR/AR）、人工智能等网生内容生产技术成为创业和投资风口。相对而言，VR 技术更为成熟和现实，AR 技术还处于研发期。VR 是通过封闭的头显为用户提供一个完全虚拟的数字影像环境，而 AR 是通过透明的眼镜、智能手机在真实世界上叠加虚拟图像，实现人与世界的交互和感知。微软和谷歌等巨头都把最终的发展目标定在 AR 上。

围绕 VR/AR 的新一轮生态建设正在展开。这不仅带来了硬件，即基于 PC 端与移动端的 VR 头显等设备的投资热潮，也带来了 VR 游戏、电影、景点展示、救灾培训、医疗教学等应用场景的开发和应用的投资热潮。设备与内容的同步进化，推动 VR 用户体验的优化和内容消费的日常化。

在 VR/AR 硬件方面，2012 年 VR 头盔制造商 Oculus 展开在线众筹，2014 年 Facebook 宣布以 20 亿美元收购 Oculus；在 VR 内容生产方面，Magic Leap 自 2014 年来获得谷歌和阿里巴巴领投的 ABC 轮风险投资，估值达到 45 亿美元。国内公司也不甘落后，在 VR 头显设备方面，暴风魔镜、蚁视科技等都获得了 B 轮融资。硬件设备投资之外，百度、腾讯在布局 VR 应用类分发平台，爱奇艺、乐视、腾讯视频、优酷土豆等则在布局 VR 内容类平台。

在人工智能领域，创投基金也极为活跃，十大创投机构为：真格基金、红杉资本、IDG 资本、经纬中国、创新工场、北极光创投、联想之星、明势资本、源码资本、英诺天使基金、云启资本。

第二节　明星的创业与估值并购

在文化产业，明星作为核心人力资源之一，其自身是文化资本，并通过市场交换不断地转化为资本。从资本的角度来看，明星一方面利用自身的品牌效应进行创业投资，另一方面将自身的文化价值、声誉等逐渐资本化、证券化。从股权绑定的 1.0 阶段到公司并购的 2.0 阶段，明星的资本运营能力不断升级，而其间蕴藏的泡沫和风险则不容小视。

一、股权绑定形式

文化创业公司具有轻资产的特征，核心资产在于人力资源、知识产权、商誉等。采取有效措施将有文化号召力的明星与文化公司深度绑定，对公司的业务开展、文化产品竞争力和文化公司的估值都具有重要意义。

华谊兄弟从投拍冯小刚电影踏入电影业，2009 年在创业板上市，成为“民营电影第一股”。华谊招股书列出了一长串明星名单：以冯小刚、陈国富为代表的电影导演与监制；以张纪中、吴毅为代表的 11 个电视剧工作室；李冰冰、姚晨、张涵予、邓超、王宝强、段奕宏等百余名签约艺人。而乐视影业当年更是用股权笼络“半个娱乐圈”，有张艺谋、郭敬明、孙红雷、黄晓明等直接持股，也有孙俪工作室、邓超工作室持股等，从而估值也达到 98 亿元。

“电视剧第一股”华策影视上市时，作家刘恒、编剧邹静之各持有 0.5% 的股份，并与华策影视签订无期限合同。出版上市公司新经典也有多位作家股东，包括安妮宝贝（励婕）、止庵（王进文）等。

通过股权的绑定，明星由签约艺人变身公司股东，个人利益与公司利益一致，使公司业绩增长有了保证。

当然，一旦核心的明星约满“转会”，公司股价就会出现异动。2011 年底，葛优签约英皇电影，五年内将与英皇合作五部电影。华谊兄弟股价在随后五个交易日内累计跌幅达 11.4%。

二、公司并购形式

1.0 阶段，明星获得上市公司给予的股份；2.0 阶段，明星成立公司，由上市公司收购股权，明星获得更大的收益。明星开公司，相当于把个人收入转化为公司收入，而对轻资产的公司而言，这部分收入大多可以直接转化为利润。按照资本市场的运作规则，明星公司的估值相当于利润乘上 12 倍到 15 倍左右的市盈率。上市公司收购明星公司，可以在二级市场上撬动公司股价。

目前，明星开公司、进行资本运营成为普遍现象。这类公司普遍为轻资产公司，核心为明星人力资源。

2015 年 10 月 21 日，李晨、冯绍峰、Angelababy、郑恺、杜淳、陈赫等创立浙江东阳浩瀚影视，注册资本 1 000 万元。第二天，华谊兄弟宣布以 7.56 亿元收购该公司 70% 的股权。这也意味着这家成立一天的公司估值 10.8 亿元。公告称，交易价格是明星股东承诺的公司 2015 年度经审计税后净利润的 12 倍。

无独有偶，成立于 2015 年 9 月的浙江东阳美拉传媒有限公司，冯小刚持股 99%，注册资本 500 万元。三个月后，华谊兄弟以 10.5 亿元收购该公司 70% 股权，也即公司估值 15 亿元。

2014 年吴奇隆创立江苏稻草熊影业，自任董事长，刘诗诗持股 20%，赵丽颖持股 1%。该公司主要从事影视投资和影视制作，注册资金 1 000 万元。2015 年 3 月，暴风科技披露拟以 10.8 亿元收购稻草熊影业 60% 股权，稻草熊估值达15亿元。但数据显示，稻草熊2015年开始赢利，全年实现营业收入6 764余万元，净利润2 852余万元，毛利率为64.50%，净利润率为42.16%，利润均来自《蜀山战纪之剑侠传奇》，且其唯一的客户为爱奇艺。

2015年3月，范冰冰和唐德影视合约终止，随后创办爱美神公司，注册资本为300万元，股东为范冰冰及其母张传美，主要从事广播电影电视制作。2016年，唐德影视宣布筹划以现金方式收购爱美神51%股权的事宜。唐德影视基于“范冰冰IP的稀缺程度和未来创造的价值”，给公司以7亿元估值。

在明星与公司深度绑定的2.0阶段，明星与公司的利益关联通过公司并购实现，明星获得了远远超出股权、分红、片酬所能获得的收益。这是明星创业变现自身文化资本的捷径。

对于这类以明星个人资源为核心的公司，其估值实则就是明星价值的估值。由于明星公司运营时间短、缺乏财务数据、缺乏可比公司，投资人面临着更大的风险。这就需要设计一种合理的制度，解决中小企业的投资者与融资方信息不对称情形，对赌协议就此登场。

对赌协议即估值调整协议（valuation adjustment mechanism，VAM），指投融资方为保证各自利益而做出的一系列安排。通常双方以目标公司的业绩指标为标的，对未来的不确定情况进行约定，如果约定的条件出现，由投资方行使估值调整权利，以弥补高估企业价值的损失；反之，则由融资方行使一种权利，以补偿企业价值被低估的损失。①

对赌协议在文化产业并购中已经较为常见，在实际运作中，明星公司估值也可以按照承诺的经营业绩来估算。如上述华谊兄弟收购冯小刚控股公司的案例，冯小刚承诺公司税后净利润不低于1亿元。由此给予15倍市盈率，公司估值15亿。

常见的对赌标的包括财务业绩（净利润及其增长率、营业收入及其增长率）、非财务业绩（用户数、产量、产品销量等）、上市时间、企业行为（特定新技术能否产业化、能否完成第三方融资）等。融资方对投资方的补偿形式通常包括现金补偿、股份补偿、股份回购等形式。

---

① 周传丽．成长型企业的私募股权融资、对赌协议与财务绩效的路径依赖［J］．学术研究，2009（9）．

在 2015 年华谊兄弟收购浙江东阳浩瀚案例中，双方设定的对赌标的为财务业绩：约定浩瀚影视 2015 年净利润要达到 9 000 万元，以后每个年度的业绩目标为在上一个年度承诺的净利润目标基础上增长 15%。如未达标，艺人股东要在该年度的审计报告出具之日起 30 个工作日内，以现金的方式（或目标公司认可的其他方式）补足未完成的差额部分。

华谊兄弟与东阳美拉签订的业绩对赌协议是：自股权转让完成之日起至 2020 年 12 月 31 日止，2016 年度经审计后净利润不得低于 1 亿元，自 2017 年起，每个年度的业绩目标在上一年度承诺的净利润目标基础上增长 15%，五年总计 6.75 亿元的业绩承诺。如果业绩完不成，冯小刚用现金补足差额。

根据华谊 2016 年年报，东阳美拉当期实现营业收入 9 415 万元，净利润 5 511 万元。由于首年业绩承诺是以收购之日为起止日，加上 2015 年末的业绩贡献，东阳美拉最终实现税后净利润 1.02 亿元，刚刚完成业绩对赌承诺。按年 15% 递增，2017 年的对赌利润额为 1.15 亿，2018 年为 1.32 亿元。

唐德影视拟以 4 亿元收购范冰冰浙江爱美神 51% 的股权时，与范冰冰签的对赌协议是两年内业绩达到 5.19 亿。设定的对赌指标未达成，明星公司就要按照协议约定对投资方进行补偿或者回购股份。现金补偿金额的公式通常为：

现金补偿金额 = 投资方投资总额 ×（1 − 实际实现的业绩 ÷ 承诺的业绩指标）

此外，在对赌协议中还可以设置特殊权利约定，一般为优先清算权、共同售股权、优先认购权和优先分红权等四种权利。

对赌协议的作用可以分情境来分析。如果融资方对公司业务发展前景充满信心，而投资方并未完全看到或者相信，对赌协议能够增强投资人对公司的信心。而如果融资业绩成长乏力，未达标，甚至出现“变脸”，投资方能够于中短期内认清公司发展短板，并获得融资方的补偿，保本退出。

从这两个角度来看，对赌协议安排对融资方形成了一种激励或约束机制，促使企业家充分发挥创造潜力，保障公司的持续发展；从投资人角度来说，它实现了对公司估值的风险控制，保障了投资者权益。

尽管如此，在类似并购中，还是出现了一些估值溢价偏高的案例，它们被认为是“利益输送”或者“泡沫”。明星公司的估值过高，也引发了资本市场和监管部门的担忧。暴风科技收购吴奇隆稻草熊公司、唐德影视收购范冰冰爱美神公司均未获得批准。

有意思的是，2016 年 12 月底，海南阿里巴巴影业文化产业基金入股江苏稻草熊影业，投资 176 万元占股 15%，对应的公司估值 1 173 万元，仅为暴风给出的估值的 0.7%。同一家明星公司估值的天壤之别，显示了其中的不确定性风险。

第三节　文化众筹与艺术品股权投资

众筹（crowdfunding）即大众筹资或群众筹资，由发起人、跟投人、平台构成。作为一种新兴融资手段，众筹具有低门槛、多样性、依靠大众力量、注重创意的特征。[①] 众筹成功运用“粉丝经济”和“长尾理论”进行互联网金融创新，成为风险投资之外，又一种支持“大众创业、万众创新”的融资手段。

一、文化众筹的金融价值

众筹是互联网普及的产物，如“长尾理论”所展示的那样，互联网发现了传统投资人不可能关注、占比 80% 的小微文化项目，也发掘了资本市场上占 80% 的小额投资者的价值，通过连接两者，开创出大众创投的空间。众筹起源于美国，最早兴起于 IT 领域。项目发起人通过互联网平台向社会大众筹集资金。项目发起人首先在众筹网站上描述项目创意，设定筹款目标、资助档次和筹款期限。公众可以根据自己的兴趣爱好选择资助档次，付款后成为资助人。如果在筹款期限内达到或超过筹款目标，这个众筹项目就成功了；否则，资助人的钱将被退回。

众筹项目覆盖多个领域，包括电影、艺术设计、游戏、音乐、生活救助等等。其回报方式包括感谢、实物、作品、股权等。[②] 众筹是粉丝经济、社群经济的具体体现。

众筹也被迅速地引入国内。据统计，从 2011 年至 2013 年，国内有 40

---

① 张辉锋，等．传媒经济热点问题原理解析［M］．北京：中国人民大学出版社，2013：152.

② 姚文平．互联网金融：即将到来的新金融时代［M］．北京：中信出版社，2014：124.

家众筹平台上线，而截至2015年9月底，国内至少有338家众筹平台。当然，众筹平台的行业洗牌也在持续进行。其中，股权众筹平台有186家，产品众筹平台有142家，其余为纯公益型众筹平台等。但仅仅过了一个月，仍在正常运营的就只剩下288家。

众筹的投资门槛极低，100元就能投资一部电影，使投资不再是华尔街投资银行的专利，给了大量小额投资者以机会。在众筹过程中，资助者又以投资人、粉丝的角度对产品的制作、使用提出优化建议，并通过社会化媒体口碑传播。

众筹在新兴的科技和文化创意领域较为普及，与这些领域创新创意项目数量众多相关。根据众筹参与者的融资模式、回报形式以及投资目的等来划分，众筹可以划分为四种类型：社会捐赠类（social lending/donation）、物品回报类（reward）、P2P借贷类（P2P lending）、股权类（equity）。[①]

2015年，国产3D动画《西游记之大圣归来》（以下简称《大圣归来》）创下国产动画片的票房新纪录。《大圣归来》由高路动画、横店影视、十月动画、微影科技等联合出品，田晓鹏执导。影片讲述了压在五行山下五百年的孙悟空被童年唐僧（俗名江流儿）解除封印，在相互陪伴的冒险之旅中找回初心，完成自我救赎的故事。《大圣归来》首日公映时，排片量不到10%，但随着电影口碑不断发酵，不少用户进行了自发的宣传推广。

《大圣归来》的耀眼成绩与众筹不无关系。影片出品人、高路动画CEO路伟在“朋友圈”发起众筹，称只要投入10万元，就可以成为“联合出品人”，在片尾署上投资者孩子的名字，取名为“给未来的礼物”。极具文化资本价值的回报方式激起了火热的众筹热情，最终收到了109位投资人780万元的投资，远远超出原定的100万元目标。在《大圣归来》片尾的“彩蛋”中，呈现了众筹者家庭的温馨画面。《大圣归来》首映排片率并不高，但场场观众爆满。众筹者和粉丝形成“自来水”（自发水军）现象，不少众筹者包场请亲友观看电影和片尾“彩蛋”。粉丝的主动积极参与，形成了有效的网络人气和口碑，投资6 000万的电影最终收获9.56亿元票房，众筹者投资回报率超过五倍。

众筹具备的互联网微金融特性，吸引互联网平台纷纷入场布局。文创

① 刘姝姝．众筹融资模式的发展、监管趋势及对我国的启示［J］．金融与经济，2014（7）．

类的众筹也成为粉丝经济的变现窗口。国内的众筹平台包括门户型众筹平台和垂直型众筹平台。BATJ 等都建立众筹平台，众筹商品类型较多。专注文化创意产品项目的垂直性众筹平台，有专注影视众筹的阿里娱乐宝、百度百发有戏、淘梦网，专注音乐众筹的乐童音乐，专注中小微文化企业的文筹网，等等。阿里于 2014 年发布“娱乐宝”产品，宣传“出 100 块钱就可以投资电影”“有机会享受跟主演明星见面、获得电影首映门票等娱乐权益，可参与同演员、制片人沟通，对电影故事有所影响”等。网民投资娱乐宝的资金实际上是购买一款保险理财产品，然后将募集到的资金以合法合规的方式投向文化项目，获取投资收益。①

“娱乐宝”2014 年首期众筹项目包括电影《狼图腾》《小时代 3》《小时代 4》《不可思异》（又名《非法操作》）和游戏《魔范学院》，总额 7 300 万元人民币，吸引了 22.38 万名网友参与。同样的热情也在“百发有戏”上演。百发有戏由百度公司与中影股份、中信信托和北京德恒律师事务所联合推出。2014 年 9 月百发有戏推出首款投资项目——电影《黄金时代》，上线两分钟后众筹金额就突破了 1 500 万元的预期目标。《黄金时代》众筹设计的最低起购门槛为 10 元，用户权益回报与电影票房紧密挂钩：票房低于 2 亿元为 8%，3 亿元为 9%，4 亿元为 10%，5 亿元为 11%，6 亿元为 12%，高于 6 亿元为 16%。

以文化为内核的消费服务类众筹也逐渐增多，在苏宁众筹、京东众筹和聚米众筹之类的众筹平台上，咖啡馆、茶馆、民宿等众筹项目数量也不少。

众筹还成为传统文化传承的途径。如紫砂茶壶、制茶等民间工匠，通过众筹制作这些传统的文化器物，起到了以消费促传承和传播的目的。

二、文化众筹的文化价值

文化众筹平台基本上按如下流程运营：第一步，融资者通过互联网众筹平台描述创意商品服务，以及承诺的物品服务回报、项目运作时间表。第二步，直接面向网民公开筹集商品的研发制作费用，并规定众筹金额和期限。第三步，网民根据不同的众筹回报组合，确定投资标的。第四步，

---

① 彭璟玮. 文化创意产业众筹融资研究：一个文献综述［J］. 岭南学刊，2017（6）.

参与众筹的投资者获得承诺的商品或服务，众筹完成。

文化创意领域的众筹具备新兴的互联网微金融性质，也具有积极的文化意义。

（一）众筹是互联网文化金融创新

如果没有互联网，用传统方式去向数十万人筹集数千万元，其时间和沟通成本是相当高昂的。而互联网作为平台，能够把需要融资的小微项目“长尾”，与进行百元级别投资的“长尾”聚合起来，并使两者在平台上实现对接，以金融的形式支持创意转化为文化商品，使个人、工作室、小微文化企业等“长尾”创业者在创意的阶段，就获得足够的启动资金和产品预售，为扩大再生产打下了坚实的基础。

（二）众筹评估了文化创意产品的市场风险

以往全部把文化商品创作生产出来再进行大规模销售的生产模式，对于创业型、创意型的中小微文化企业是难以承受的。而文化产品在众筹阶段接受了市场检验，以风险控制的形式支持了文化产业的创新。

（三）众筹实现了消费者价值发掘，使粉丝成为投资者

众筹投资者与其他的股权投资、理财者并不相同，其投资额度并不大，经济层面的损失与收益并不高。因此，进行投资的理由一方面是消费自己认同的文化创意产品，另一方面是作为投资者能够获得与自己喜爱的艺术家、明星深度互动的文化权益。因此，众筹对粉丝价值实现了多维挖掘，获得了项目的投资人、产品的消费者、粉丝等多个文化经济身份。众筹使受众与文化创意者形成了更为紧密的文化互动。《十万个冷笑话》《大鱼海棠》《大护法》都是采用了给予参与众筹的观众动漫周边产品等回报的方式，而不是《大圣归来》“本金+分红”的金融衍生品方式。

（四）众筹推动了草根文化的传播

小微“长尾项目”与“长尾投资者”具有一个共同点：草根性质。为了有效地吸引投资者，众筹项目会让自己的文创计划与主流商业文化产品有不同的文化风格。以新媒体影视作品众筹服务平台淘梦网为例，众筹项目多为不进入院线、只在网络播出的微视频，其具备明显的网络亚文化取向：恶搞、戏谑、幽默、荒诞、基腐。而网络众筹者也持这样的口味来选择支持的影片。

(五) 众筹平台不仅仅是项目融资平台，更是文化投资、消费偏好大数据的生产平台

在众筹平台，每一个用户的每一笔投资，投向哪类项目、投向哪个创意者，都清晰具体。基于文化众筹平台的“大数据”，新兴文化公司能够逐步建立起文化项目优选模型，从而有效地控制投资风险、提高投资回报率。这也正是 BAT 等互联网平台公司以互联网思维做文化产业的一个具体创新。

不过，大数据作为支撑的结果并不一定准确。以《黄金时代》为例，百发有戏根据百度搜索影片、导演、演员及相关话题的热度分析，预测其票房可达 2.3 亿元人民币，但最终实际票房不到 5 000 万元人民币。这表明，搜索热度与票房之间的转化率并不理想，其中的原因值得深思。

从众筹所获的资金在制作成本的比重来看，《大鱼海棠》的制作成本约为 3 000 万，而众筹获得的资金只在 158 万左右；《大圣归来》的制作成本达到 6 000 万，众筹所得不过 780 万。从这个意义上来看，众筹的文化意义大于融资意义。

第八章 文化技术驱动的创业

高科技是打开文化创业的正确方式。信息和传播技术的新突破和应用都驱动着文化产品和产业的变形和变迁。

文化技术（cultural technology）一词，可以从两个层面上来理解：

第一个层面是文化产业的运营技术。如前文所探讨的文化商业模式、创意生产模式、偶像及网红制造模式、粉丝运营模式等，都属此类。①

第二个层面是应用于文化生产的科学技术，包括通用文化技术和专用文化技术。前者如互联网、人工智能、大数据，以及芯片、智能终端、无人机等硬件，为互联网时代各行业所共用的基础技术；后者如造纸术、印刷术、摄影术、电影技术、广播技术，以及 3D、特效、图片美颜、VR/AR、全息影像等视觉技术，算法推荐、机器人写稿等信息处理技术，游戏引擎、直播、流媒体等传播技术及相应的设备。

文化技术是技术应用于文化产业或者与文化产业需求相结合的物种，使文化产业具备了更强大的造梦能力，体现了产业创新和消费升级。

第一节　文化传播技术与创业

文化技术的创新经历了阶段性的进化和节点式的突破。从前互联网时代的模拟和电子传播技术，到互联网时代的数字化、网络化传播技术，再到移动互联网时代的智能化、个性化传播技术，构成了文化技术创新发展的进程。

一、前互联网时代文化技术

我们有必要对前互联网时代的传播技术及创业做历时性的回顾，梳理

---

① 韩国娱乐公司在推广“韩流”的过程中，形成了一系列的文化生产运营推广技术，称为文化技术。该词语的提出者是韩国 SM 娱乐公司创始人李秀满。SM 陆续制造和推出了 H. O. T. 、东方神起、Super Junior、少女时代、EXO 等韩国偶像。

模拟、电子式文化技术发展简史，从而把握文化技术的创新与创业规律。

（一）文字符号记录与传播技术的发展与应用

文字符号的记录和传播技术，如中国的印刷术和造纸术，使文字复制能力大大提升，纸张产品轻量化又推动了文字信息的传播。两者加持产生了最古老的文化行业：图书出版。

中国的造纸术与印刷术，为出版业奠定了物质基础，中国出版业在相当长的历史时期内保持着超前的核心竞争力。印刷术在方式上经历了雕版、泥活字、木活字、铜活字的演变，在动力上经历了人工到机械的转变，在业态上经历了铅与火的传统印刷到光与电的数字印刷的飞跃。印刷技术的每一次发展，都诞生了创业机会。图书出版、报纸出版、杂志出版，成就了无数的发明家、设备制造商、出版社、书店、出版经纪公司。

在古代中国，刻书出售是一项赚钱的生意。到近现代，在官办出版机构之外，出现了一批民营出版机构。1897 年张元济在上海创办的商务印书馆，引进先进印刷机械，抓住新式教科书改革的机遇创业，成为基业长青的中国现代出版机构。在国外，兰登书屋、贝塔斯曼、斯普林格等，都是有全球影响力的出版机构。

文字印刷和传播技术的发展，促进了信息的公开传播，推动了社会信息民主进程。在德国美因茨的古登堡印刷博物馆里，摆着几部印刷术诞生之前手抄的《圣经》，手抄不仅费时而且抄本有限，所以每部《圣经》当年都系上锁链，防止被盗。

工业革命使印刷进入蒸汽机时代，《泰晤士报》于 19 世纪初投入新式蒸汽印刷机，每小时单面印刷效率由 240 张飞跃到 1 100 张。这使得报纸能够更及时、更大规模、更低成本地出版，促进了大众报刊的普及。

1835 年莫尔斯发明有线电报、1895 年马可尼发明无线电报，使文字传播的速度不再受交通局限，时效性优先的行情、情报、新闻等信息行业获得了传播加速，对人们生活和决策的影响越来越大。

（二）声音记录传播技术的发展与应用

声音、图像的记录和传播，相比文字更难。人类在很长一段时间内是通过绘画的方式来实现对影像物体的白描。

电磁技术的突破，使人类记录和传播声像信息的能力不断成熟，以更接近自然真实的手段再现和传播现实。

1877 年，爱迪生发明留声机，并开创了声音室，供听众付费收听各种声音。

语音、音乐被记录到唱片、磁带、CD 等介质上。听众可以在现场演出之外，不在场地听到演出的歌声，音乐产业得以形成。

贝尔发明的电话是声音通过有线实现远距离点对点通信的技术。无线电技术的发明，使声音的远距离无线传输成为可能。1906 年平安夜，费森登进行了广播试验。1920 年，美国匹兹堡 KDKA 电台第一次广播，报道沃伦·哈定当选美国总统的消息。

声音传播丰富了传播中的信息形态，使信息有了个性化的语音、语调、语气、语速等特征，现场感、真实感强。1938 年美国哥伦比亚广播公司（CBS）播报所谓“火星人入侵地球”所引发的社会恐慌，佐证了广播的临场感、真实感。

广播在电视等媒体的替代下，一度进入低谷。汽车时代的到来，使车载广播成为直达汽车车主群体的优质新媒体，使其内容-广告的商业模式得以延续。

（三）图像记录传播技术的发展与应用

图像记录技术源自 1839 年达盖尔发明的摄影术，围绕这一技术，诞生了摄影艺术，也创造出柯达（1880 年）①、卡尔蔡司镜头（1890 年）、尼康（1917 年）、佳能（1937 年）等胶片、镜头和相机公司。

基于摄影术，连续拍摄记录动态图像的电影技术也发展起来。

电影技术经历了从黑白电影、默片到彩色电影、宽银幕电影、数字电影、3D 电影、IMAX 电影、电影特效、杜比声效等的技术变迁，为人类的信息传播、文化娱乐呈现出视觉奇观。

光电效应、像素分解、色彩模拟还原技术的发展，将图像搭载在无线电波上远距离传送，使观众坐在家中电视机前就能看到新闻、电视剧、综艺节目。电视技术由黑白到彩色、由模拟到数字、由二维到 3D 发展，传播技术也经历了无线传输、有线电视、互联网电视等发展阶段。

工业革命不仅使文化生产的规模和效率大大提升，也促成了大众文化的兴起，对精英文化、经典文化产生了冲击。法兰克福学派批判其为“文

---

① 1883 年，伊士曼发明了胶卷。1892 年，公司更名为伊士曼柯达公司。

化工业”（culture industry），认为它大量制造无差别、伪个性的大众文化商品，缺乏精神生产的自我超越目标，成为社会操纵的工具和维持现状的“社会水泥”。

英国伯明翰学派跳出“精英-大众”对立范式，肯定文化工业所构建的大众文化的进步性。沿着这一路径，美国学者约翰·菲斯克提出“两种经济”理论①，认为受众是“文化经济”中的生产主体，再生产出“意义、快感和社会认同”。由此，文化生产者的快感和意义生产，与文化消费者的快感和意义分享及再生产，组成了完整的生产机制。

二、互联网文化生产传播技术与创业

数字化生存时代的到来，使文化领域发生了突破性的发展。

（一）文字的数字化生产传播

1995 年，刚届而立之年的贝佐斯创办亚马逊，利用互联网空间的无限和数据库检索的便捷性，将已出版的图书报刊都放到网上书店销售。解决了实体书店货架、库存、销售周期、营业时间有限与图书品类、阅读需求多样之间的矛盾。

作为新媒介，互联网必然需要大量的文化内容。在自身内容生产能力不足的情况下，互联网最初以数字化传统文化内容作为现实方案。

1971 年，迈克尔·哈特（Michael Hart）发起了“古登堡计划”，号召志愿者数字化公版书籍，建设世界上第一个数字图书馆。2004 年，谷歌推出数字图书馆计划，与出版商合作数字化图书，通过谷歌进行搜索。国内的方正、超星、书生、万方等都是数字图书馆创业者。大规模的图书数字化扫描上网，使互联网上有了优质内容。互联网对海量内容的需求，使传统的作者与出版方一一授权的模式变得不再现实。不少内容上网并没有获得版权所有者的授权，显示出对版权法的破坏性一面。

在专业出版领域，在线数据库替代了印刷书刊。国内外专业出版商爱思唯尔、斯普林格等，都是转型成功的数据库生产商。它们将海量专业文献数据集成为数据仓库，通过检索服务平台为专业读者提供知识服务。相对期刊发表，数据库是数字化的二次出版，为用户提供了增值服务。

---

① FISKE J. Television culture［M］. London and New York：Methuen，1987：211.

数据库产品由于信息海量、更新及时、价格昂贵，一般通过各大图书馆、高校、公司等机构用户订购，再在机构局域网上对内部个人用户开放，形成 B2B2C 的商业模式。数据库服务的基本特点是海量专业文献的个性化服务，它已成为教育科研单位和用户的主要文献使用形式。

（二）数字、网络音频技术

互联网音频，带给声音媒体以更大的发展空间：以声音为媒，融合了教育培训、休闲娱乐等多样化内容。

喜马拉雅 FM 于 2012 年 8 月 1 日在上海创立，截至 2017 年已拥有 3.5 亿名激活用户、500 万名主播，市场占有率 73%，人均收听的时长 128 分钟，成为国内最大的在线移动音频分享平台。喜马拉雅 FM 已经完成了 C 轮融资，投资方包括阅文集团等，已披露总融资额超过 2 亿美元。

在语音领域的创业者，除了移动电台模式外，还有以即时通信为基础应用，并拓展到音乐模式的创业者 YY 语音。其愿景是改变世界的沟通方式。

2005 年，32 岁的《中国青年报》前记者、网易前总编辑李学凌创办了华多网络科技公司，主打多玩游戏导航。在这一过程中，发现了即时游戏语音这一创业赛道。2008 年 YY 语音正式上线，截至 2012 年上市时，注册用户量突破 3 亿，在线用户量峰值超过 1 000 万，有 1 100 多万个频道。用户使用 YY 语音聊天、喊话、K 歌、管理自己的公会，使 YY 语音成为全球最大的团队语音工具，总公会数大于 300 万。

从技术上来说，YY 语音为网络游戏玩家提供“不掉不卡不延迟”的语音即时通信工具，解决多人大型在线游戏的团队作战中的沟通痛点。YY 语音自上线以来，为实现“三不”目标，每年投入上亿资金为技术研发团队投入、购买服务器。YY 语音在网易运营的《魔兽世界》、完美世界的游戏答题、腾讯的《穿越火线》中表现出色，迅速获得了大批用户，成为一些大型网游首推的合作语音伙伴，最终在新浪 UT、iSpeak、盛大易聊 EzTalk、网易 CC 等竞争对手中脱颖而出。如今，YY 语音已经走出游戏圈子，超过 600 万的外语学习、公务员备考、股票投资及其他各类兴趣爱好的用户，在 YY 上学习、交流。

2010 年 3 月，公司拒绝了腾讯 1.5 亿美元现金收购公司的出价。

2011 年推出 YY 音乐，2013 年起更成为公司第一收入来源。在 YY 的 K 歌娱乐频道里，网络红人、操着四川普通话的草根歌手回音哥，成为 YY 互联网文化生产与影响力的符号性人物。

YY 向这些歌手的粉丝们售卖虚拟道具、制定等级机制等，获得的收入占欢聚时代总收入的三成。

YY 从单一的功能性软件逐渐转变为集社区、教育、游戏、音乐为一体的平台。

2012 年 YY 启用新的公司品牌——欢聚时代。2012 年 11 月 21 日，欢聚时代公司成功上市，登陆美国纳斯达克。

（三）电脑影像动画技术

计算机技术的发展，驱动影视进入 CG（computer graphics）时代，用计算机进行视觉设计和内容生产，实现 3D 动画、影视特效、多媒体互动等。技术与想象力相互促进，人类的视觉文化实现了质的突破。虚拟与现实的界限被进一步模糊，技术为想象和创造提供了更广阔的空间，人们制作出大量艺术感染力和视觉冲击力更强的电影作品。

CG 动画是好莱坞动画与日本等其他国家动画相区别的重要指标，创业公司皮克斯、梦工厂等通过技术的研发创新，赋予动画电影以全新的生命力，成为全球领导性的公司。

1986 年，史蒂夫·乔布斯以 1 000 万美元收购卢卡斯旗下工业光魔公司（ILM）的电脑动画部，成立皮克斯动画。皮克斯在隐藏面算法①、Z 轴缓冲、渲染曲面、纹理贴图等技术方面取得了重大进展，加之 1984 年 Wavefront 公司开发出首款 3D 动画软件系统、康奈尔大学提出漫射光渲染方式的理论和辐射着色理论，这些都为皮克斯的 3D 动画技术奠定了基础。

新的电脑动画科技的创新和应用，使皮克斯的作品实现了更大的艺术自由度和商业成功。为《米老鼠》赋予动画片声音、为《白雪公主》赋予动画片色彩之后，1995 年，皮克斯制作了电影史上首部电脑 3D 动画长片《玩具总动员》。技术的突破，带来了新的艺术呈现，使影片北美票房高达 1.92 亿美元，全球票房 3.6 亿美元，刷新了纪录。同年，皮克斯上市。

皮克斯开创的 CG 动画潮流，让动画巨头迪士尼坐不住了。2006 年，迪士尼以 70 亿美元收购了皮克斯。

皮克斯的作品可谓是技术与艺术相得益彰的典范。自 2001 年奥斯卡设

---

① 计算机在建立一个三维物体时，算出哪些面需要隐藏，从而加速了图形的渲染效率，减轻了建立三维物体的工作量。

立最佳动画长片奖项以来，截至 2018 年，皮克斯共有九部动画片获奖：《海底总动员》（2004，76 届）、《超人总动员》（2005，77 届）、《美食总动员》（2008，80 届）、《机器人总动员》（2009，81 届）、《飞屋环游记》（2010，82 届）、《玩具总动员 3》（2011，83 届）、《勇敢传说》（2013，85 届）、《头脑特工队》（2016，88 届）、《寻梦环游记》（2018，90 届）。

CG 特效电影也已成为当前商业大片的主流技术路径，能够从无到有地创造出栩栩如生、纤毫毕现的银幕形象，再现具有视觉冲击力的场景，不断突破人类的想象极限。

从 1977 年卢卡斯公司制作《星球大战》系列影片开始，好莱坞进入了重工业特效时代。作为一部科幻片，特效成为《星球大战》成败的关键。影片特效由工业光魔公司制作完成。该公司专注于计算机电影特效技术，在《星球大战》拍摄期间研发出摄影机运动控制系统，在《加勒比海盗 2》拍摄期间又开发视频动作捕捉系统 iMoCap，成为行业领军企业。

导演詹姆斯·卡梅隆于 1993 年创立数字王国，专注于视觉特效技术和虚拟现实体验，公司在香港上市。数字王国为电影、电视剧、广告、游戏、音乐等多个领域提供视觉特效制作、大型活动 VR 直播、情境感知应用打造、电影及现实中“虚拟人”创造、互动内容开发等。数字王国为《泰坦尼克号》《美梦成真》《返老还童》等电影提供突破性的视觉特效，这些电影都获得奥斯卡最佳视觉效果奖。

数字特效已经成为大片的必备元素。根据中美关于电影的相关协议，自 2012 年起，中国以分账模式引进美国大片的配额新增 14 部，全部用于 3D、IMAX 等高科技制作的商业大片。这也使好莱坞特效大片成为新的文化商品。国内电影界也注重大银幕的视觉冲击效果，注重特效。

电影特效公司数字王国的虚拟人技术在电影领域得到广泛应用。如 2008 年《返老还童》中布拉德·皮特由年轻变老，获当年的奥斯卡最佳视觉效果奖；2015 年在《速度与激情 7》中“复活”身故的保罗·沃克；2018 年在《复仇者联盟 3：无限战争》中打造反派灭霸。其技术路径是通过虚拟数字建模、实时动作捕捉、沉浸式舞台体验技术实现综合特效。

影像技术的不断发展、文化技术的不断升级，增强了电影的艺术魅力，为电影产品形态创新提供了无限可能性。电影技术创新，是大银幕电影不断为观众提供视觉奇观的动力。当 3D、4K、IMAX 影片已经成为商业大片的技术标配后，新的电影技术研发应用又提上了日程。

图像技术还被应用于演艺业，成为虚拟偶像的技术基础。

虚拟偶像“初音未来”“洛天依”，如今成为粉丝无数的偶像，成为科技驱动的文化产业赛道的代表作。在虚拟偶像光鲜亮丽的背后，不可缺少文化技术的进步。她们都是先有声音、后有形象，从而拥有了流行文化魅力。给她们以声音的是日本雅马哈公司的 VOCALOID 语音合成引擎，引擎通过向真人声源采样形成声音数据库，供用户输入歌词和旋律以生成演唱，还可加载伴奏数据。

“初音未来”是 2007 年 8 月 31 日由 CRYPTON FUTURE MEDIA（克里普敦未来传媒）以 VOCALOID 系列语音合成程序为基础开发的音源库。其声音来源数据采样自日本声优藤田咲。“洛天依”是以 VOCALOID3 为基础开发的世界首款中文声库和虚拟形象。除了“洛天依”，还有“言和”“乐正绫”“乐正龙牙”等五个虚拟偶像。

虚拟偶像能够走下电脑屏幕，站到粉丝面前举办现场演唱会，主要是利用了全息投影技术和电脑成像（CGI）技术，它们通过动作捕捉及实时建模来呈现物体真实的 3D 图像。在特定的剧场中，3D 全息投影屏幕显示来自观众特定角度的图像，而忽略其他角度的图像，通过光影合成虚拟偶像的生动形象。

初音未来在巴黎唱过歌剧，在日本给 MTV 颁奖典礼当过嘉宾，在美国给 Lady Gaga 的演唱会当过嘉宾，在多个国家举行过演唱会。初音未来在中国举办了三次官方演唱会，票价最高达到了 1 480 元。声音引擎和全息屏幕使虚拟歌手成为流行文化的巨星。2017 年 6 月，“出道”五年的洛天依在上海举办第一场线下演唱会，演唱会首批 500 张超级 VIP 的内场票在三分钟内售罄，其火热程度丝毫不输于真人偶像的演唱会。

一些逝去的巨星，借由虚拟技术，也能够再度站到粉丝的面前。数字王国公司自 2012 年开始尝试“复活”已故名人。邓丽君是公司复活的第一位华语歌星。在 2013 年周杰伦魔天伦世界巡回演唱会上，“邓丽君”与周杰伦跨时空对唱《你怎么说》《红尘客栈》《千里之外》，亮相总时长为三分半钟。2015 年，在邓丽君逝世 20 周年的“如果能许一个愿”纪念演唱会上，“邓丽君”还开口讲话：“真的好久不见了，非常想念大家。再见了我的朋友，我们还会相见的，不是吗？”亮相总时长也在三分钟左右。

2017 年，“邓丽君”在台北三创生活区开始驻场表演，演出名为《今日君再来：虚拟人邓丽君音乐奇幻 SHOW》。在节目中，一个小姑娘哼唱邓丽君歌曲引邻家老爷爷陷入回忆，两人随着歌声进入神秘花园，见到了已经去世的“邓丽君”。“邓丽君”上台演唱了10首歌曲。2018年“邓丽君”在杭州棱镜光娱·全息剧院里演出。成立于2017年的浙江棱镜光娱，将杭州红星剧院改造为具有17米全息舞台和近一千个座位的全景全息剧场。这次演唱会长达一个小时，“邓丽君”在演唱时表演的动作幅度更大，还能看到舞台灯光打在她身上所投下的阴影，演出服的不同材质也有了质感的呈现。棱镜光娱目前已获得张国荣、摇滚乐队Beyond的独家全息版权，计划与数字王国合作，让逝去的明星重登舞台。

可以说，从记录到创造，正是电影在计算机技术的不断驱动下所完成的质的飞跃。

三、移动互联文化生产及传播技术

移动互联网时代的到来的一大表征，就是移动智能终端成为人的新器官，可穿戴设备成为人的外骨骼，移动端与可穿戴设备构建起用户的数字身份和数字身体，使人与信息、社会、世界有了全新的连接途径。

（一）移动智能终端

移动智能终端是用户接入移动互联网的入口。移动端开始替代已有的一切终端：从图书杂志，到广播电视和影院，重构了文化的生产与消费。

1. 电子书创业

电子书成为数字出版技术的一大突破，得益于电子墨水技术的成熟。20世纪末，美国E-Ink公司利用电泳技术发明了电子墨水，这种技术还原出纸质图书阅读的体验，在强光直射下也无炫目反光，对眼睛充满亲和力。同时只在翻页和操作时耗电，大大提升了电池续航能力。

电子墨水、数字阅读技术的应用，加之图书数字化、购买网络化，带动了一波移动阅读终端的创业浪潮。

亚马逊2007年发布Kindle，它能够购买、下载、存储电子书。它还设计了画线、高亮、批注、评论等阅读笔记功能，更贴近阅读体验，服务读者深度阅读。

这股电子书创业大潮迅速波及国内。汉王以“电纸书”产品成为国内“电子书第一股”，网络文学平台盛大文学也推出电子书阅读器锦书。出版社也纷纷搭上这趟专列，开发搭载自有版权内容的阅读器。

2007年苹果推出智能终端iPhone，2010年推出iPad，宣告了手机智能化与移动终端化的趋势。在智能终端上，电子书等阅读服务成为标准的应用工具，彩色、动态显示使其在阅读杂志时能够提供更佳的阅读体验。

两种阅读终端代表了两种技术路线，也形成了两种阅读情境：电子书阅读器功能单一，主打专业、专注阅读，而智能手机、平板电脑则有多媒体呈现，适合浅阅读、交互阅读。

相比之下，智能手机、平板电脑的功能完善、尺寸加大，也使之成为最为普及的移动阅读终端，从而迅速嵌入新兴阅读场景，重建用户阅读行为和习惯。手机与用户的随身伴随关系，使阅读能够在任何场景、碎片化时间内随时进行，同时阅读的社交化特征也日渐明显。适应这种阅读需求的创业公司也逐步做大。亚马逊、苹果公司成为互联网出版商的典范。

2. 移动智能终端创业

智能移动终端的普及，使移动互联网时代真正来临。它重构起与书刊、电视、电脑、影院不同的移动小屏文化生态。

基于社会化媒体的微博创业于2009年，提供140字的写作和阅读，并能够供用户评论转发和围观。薄荷阅读等主推朋友圈打卡阅读等社交阅读方式，使阅读的持续性得以保障。

今日头条、一点资讯等客户端，通过算法向用户推荐新闻资讯，节省了用户获取新闻的成本。

移动优先、PC移动端通用的H5技术的普及，使短小、交互的H5信息不断在朋友圈刷屏、形成爆款，成为新闻传播和广告营销的利器。

针对现有的海量数字内容资源和实时碎片的用户行为数据，亚马逊开始利用云平台来管理其数字内容，并通过大数据挖掘，对用户偏好、消费行为等进行了解，从而增强了对数字内容创作生产的价值判断和市场风险控制能力。

移动智能终端迅速朝着融合媒介的方向进化。很多常用的消费级工具都被整合到了智能手机端，照相和摄像功能也不例外。手机摄像头的清晰度从300万像素发展到1 200万像素；从单镜头到双镜头，手机拍摄的硬件质量已经完全不输于消费级数码相机。徕卡等照相业巨头与华为等手机品牌合作，使手机的拍摄效果不断提升。

用户自拍上传社交网络成为刚需，前置摄像头由此作为智能手机的标配。而一根长长的自拍杆、手持稳定仪成为自拍的热门周边产品。

国外的创业公司 Flickr、Instagram，开启了图片社交创业的浪潮。用户拍摄的图片被赋予个人形象建构、社交等文化价值。

Flickr 由斯图尔特·巴特菲尔德（Stewart Butterfield）和卡泰丽娜·费克（Caterina Fake）夫妇在 2004 年创办，主打照片存储和分享。用户上传照片，进行分类、标签、注释、圈人和搜索，实现了以图片为中心的社交分享。

Instagram 是一款图片社交软件，由凯文·斯特罗姆和麦克·克雷杰（Mike Krieger）在 2010 年联合创办。其核心技术不仅在于美化图片，而且在于简单、易用，适合移动小屏一键式操作。Instagram 把各种效果的修图参数简化为经典模版，形成丰富的滤镜供用户使用，在美丽与速度之间做了出色的平衡。

在 Flickr、Instagram 等图片社交媒体上，用户不断地上传生活、工作、旅游、美食等自拍内容，美化自己的数字身体，构建自我的数字虚拟形象。技术普及带来了个人影像生产的繁荣，影像视角日渐第一人称化、个人化、日常化、社交化。

2005 年，Flickr 被雅虎收购；2012 年，Instagram 被 Facebook 收购，作价 10 亿美元。图片社交创业公司成为巨头的新触须。到 2017 年 4 月，Instagram 拥有 30 亿注册用户，MAU 数超过 7 亿，每天分享的相片或视频数量达 8 000 万。

在属于年轻人的自拍时代，数字身体的美化成为刚需，图片的美化、修饰也从影楼、专业人员转移到用户手中。美化图片、把自己拍得更美的文化需求，成为创业的热点。

在 PC 时代，Adobe 公司出品的 PS（Photoshop）是专业级的修图软件，大量使用 PS，使修图被国人称为“P”图。而用户个人日常频次较高的修图美化需求，为国内的美图秀秀、Faceu 等创业产品提供了蓝海。

美图秀秀由 1981 年出生的吴欣鸿和创业老将蔡文胜创立。2008 年，公司开发出美图大师 PC 版，让普通用户可以一键美白照片。2011 年推出的美图秀秀手机版，为用户提供磨皮、瘦脸、大眼等特效，仍然是一键美化。这种简单化思维使美图秀秀既适应了“小白”用户，也适应了移动端场景。艾瑞咨询于 2016 年 6 月发布的调查数据显示，在中国主流社交网络上传的照片中，有约 53.5% 的照片应用美图做了处理。

美图秀秀是对拍好的照片做后期处理，2013 年推出的美颜相机，则让用户在拍照时就能调用各种特效。2015 年推出的美妆相机推出一键美妆，美图效果由修图上升到了化妆的层次。2015 年推出潮自拍、自拍 2.0。美图手机硬件的推出，省去了拍后修图环节。围绕让用户更美、照片更美的目标，美图系的产品矩阵由软到硬全面铺开。

2016 年，美图秀秀的 MAU 总数达 4.56 亿，18 ~ 30 岁用户占比 61%，女性用户占 81%。2016 年底，美图在港交所 IPO，市值接近 50 亿美金。“让人变美”的美图获得了创业的成功。

从底层技术来看，美颜技术的基础是人脸识别技术，属于计算机视觉领域。相关的创业公司纷纷发力，投入相关的技术研发。

美图于 2010 年成立 MTlab，在厦门、北京和深圳都设立了实验室，研究与计算机视觉和影像处理有关的新技术。MTlab 主攻四项基础技术、四项综合技术。

基础技术包括：MTfaces 对人脸进行检测，分析用户年龄、性别等属性，为美颜和上妆打下基础；MTsegment 可以准确找到图片中的头发、皮肤、身体的位置，为头发变色、瘦脸、大眼睛、去眼袋、瘦胳膊瘦腿等处理提供支持；MT3D 通过一张自拍照重建人脸 3D 模型；MTrestore 修复因光线暗、有噪点或者被压缩造成的低画质照片。

在四项基础技术之外，还有四项综合技术：MTbeauty 实现图像美化和人像美化，例如提亮、美白等；MTstyles 给图像赋予各种风格，例如小清新、童真、浪漫以及手绘等；MTphotos 通过人脸识别和图片标签管理照片，帮助机器理解图片内容，对图片分类；MTmakeup 通过人脸网格技术实现实时的视频和图像上妆，应用于短视频、直播的动态贴纸、美颜、美妆。

这些技术可以说构成了行业内创业公司的核心竞争力。美图招股书披露，以美国马萨诸塞大学阿默斯特学院计算器科学系计算器视觉实验室公布的“人脸检测数据集及基准”进行检验，在采用离散评分法的情况下，当误检数量超过 551 次时，美图的人脸检测技术录得等于或高于 0.968 531（满分为 1）的真实检出率，该比率在所有参与测试的 59 个人脸检测系统中位居第一。

图片美化技术不仅微观地美化着使用者的面容、身材，更通过技术实践并构建了当代的互联网审美观。

动漫中的形象，可以随心所欲，表征着网络文化中的审美倾向。而图片美化技术，则使真人也能够成为符合网络文化标准的美的形象。瓜子脸、锥子脸、大眼睛、樱桃嘴等“网红脸”成为网络女性的理想标准，而图片美化技术可以使每个人都离网红形象更近一步。猫耳、猫尾、猫胡须等动态贴纸在人脸上实现增强现实效果，让“萌”的网络亚文化更为流行。同样，图片美化技术也使中国人的审美观得以强化：“美白”特效，使“一白遮百丑”的民间审美文化得以印证；“瘦脸”“瘦胳膊”“瘦腿”等特效，强化了瘦作为审美标准的地位；“拉长腿”等体现了人们对苗条、高个的审美。

（二）可穿戴设备与 VR/AR 技术

1. 拟态环境新生态浮现

随着移动互联网更深入地嵌入公众生活的各个场景，可穿戴设备（wearable device）正形成为潜力巨大、充满发展空间的新兴市场。手环、头盔、智能眼镜、外骨骼等可穿戴设备日新月异，相比智能手机，可穿戴设备与用户的连接更为紧密而直接，使用户嵌入了移动互联网之中，一方面营造出沉浸式的信息交换和传播情境，另一方面使构建拟态环境的信息密度、频度与维度都实现了极大的突破，现实世界与虚拟数字世界更为融合。

谷歌 2012 年推出的“谷歌眼镜”是一个里程碑式的产品，它使用户时刻沉浸在移动互联网的信息环境之中，并不断地进行着信息传播和内容生产。而苹果 2014 推出的智能手表（iWatch），重新定义了手表在移动互联网时代的功能和价值，为移动医疗等深度应用提供了可能性。

这些可穿戴设备与用户合而为一，时刻在用户与移动互联网间进行信息和数据的互动与交换，实现了沉浸式的传播，成为全天候、全场景的入口应用。值得注意的是，这类可穿戴设备及其汇总搜集的大数据，未来将深刻改变人们的生活模式，形成新的互联网文化基础。

李普曼曾提出“拟态环境”的概念，它指媒介在人们头脑中构建的媒介化世界。而可穿戴设备以 AR（增强现实）和 VR（虚拟现实）等提供全新的第一视角的视觉符号和内容，改变了用户与内容的连接形式和审美关系，也就是改变了用户与社会、与世界连接的路径，在全新的内容生产和消费场景中给用户以全新的体验。

AR 技术实现了现实景象与计算机画面的实时叠加投影效果，VR 技术提供虚拟再现的沉浸式体验。AR/VR 技术通过现实场景的高度模拟、再现和构建，使用户能够以第一人称视角，与视频内容实现交互、手控眼动操纵，用户的临场感、沉浸感更强。

新技术改变了用户观看的视角，改变了用户与内容的关系。Facebook 创始人扎克伯格甚至将 VR 定义为继个人电脑和移动智能手机后第三个改变人们生活的重要发明。

以往对于信息或者内容，用户只能有距离地观看、欣赏。而 AR/VR 内容首先是第一人称视角的，用户成为内容中的主角，这与第一人称类的射击、对战游戏相似，其在场感和冲击力是不言而喻的；其次，用户沉浸于内容之中，体验和经历成为第一需求，虚拟真实性更强；最后，此前的人机交互方式，是通过鼠标、键盘、触摸等与屏幕交互，而 AR/VR 则是基于视觉、声音、手势等更自然的方式实现人机交互。

这种革命性的变化，使 AR/VR 成为创业和风投的“风口”。而硅谷公司谷歌、微软、Facebook 等巨头也再次领跑。

AR 是在真实世界画面上叠加虚拟图像、信息，这种叠加是实时动态的，实现人与世界的实时交互和深度感知。AR 技术出现于 20 世纪 90 年代，随着硬件和网络技术的完善，最终瓜熟蒂落。AR 技术通过摄像头来捕捉现实画面，通过计算机来处理虚拟事物或信息。从技术路线来说，消费级的 AR 可以与智能手机端结合，专业级别的 AR 则需要 AR 眼镜、眼罩、头显等硬件来实现。

VR 是通过封闭的头戴显示器（头盔）为用户提供虚拟的数字影像环境，让用户沉浸其中，与真实环境隔离。配合动感运动，可以体验到类似过山车、玩游戏、感受电影特效等项目。

围绕 AR/VR 的新一轮生态建设正在展开。这不仅带来了硬件，即基于 PC 端与移动端的 VR 头显等设备的投资热潮，也带来了 VR 游戏、电影、景点建筑展示、救灾培训、医疗教学等应用场景。在 B2C 领域，VR 头显和 VR 内容分发平台通过内容的生产和购买，推动用户体验的优化和消费的日常化。

2. AR/VR 硬件创业

在 AR/VR 硬件方面，智能手机的普及，使手机成为兼容消费级别的 AR/VR 应用终端。在短视频、手机游戏中，智能手机可以支持部分的 AR 功能，如直播和短视频中的动态贴纸、风靡全球的 AR 手游《精灵宝可梦 GO》。2014 年谷歌推出的谷歌 Cardboard，由用户 DIY 完成：配合相应 VR 格式视频，就使手机变成一款成本低廉的入门级 VR 眼镜。

当然，专业的硬件仍然是主流，能够提供智能手机所无法比拟的专业化体验，并被寄予希望成为新一代的智能硬件。

在 AR 硬件方面，巨头云集、你追我赶。2012 年，谷歌公司研发 AR 技术应用谷歌眼镜、2015 年微软发布 HoloLens 全息眼镜，使 AR 技术应用于新的可穿戴终端。

创立于 2011 年的 Magic Leap 是一家带有神秘色彩的公司。公司由 1971 年出生的罗尼·阿博维特兹（Rony Abovitz）在美国佛罗里达州创立。公司采用光场（light field）作为技术路径，即用光纤向用户的视网膜直接投射整个四维光场，而传统显示技术只显示二维光场，有另二维方向的信息损失。因此，用户的眼睛可以实现主动选择性聚焦，而不是由摄像机对焦呈现。用通俗的话来说，光场技术把事物信息全部呈现在人眼前，给用户以真实物体一样的观感。阿博维特兹认为，AR/VR 的实现不仅仅靠计算机，还要靠用户，其本质是人与机器的共生性科技（symbiont technology）。凭借这一先进的技术理念，在没有任何成型产品背书的情况下，Magic Leap 自 2014 年起，获得了谷歌和阿里巴巴领投的 ABC 轮风险投资，公司估值达到 45 亿美元，可称为 AR/VR 界的传奇。

2017 年底，公司发布首款产品 Magic Leap One，这款 AR 眼镜拥有光场成像效果，可实现室内三维建模，具有语音、手势、眼球追踪等多种交互方式。眼镜采用分体式设计，带有一个无线手柄和一个移动处理单元（Lightpack）。

清华毕业生、富士施乐硅谷研究院员工廖春元于 2012 年创立的亮风台公司，是国内 AR 公司厂牌，为企业客户提供平台级 AR 产品与服务。其客户包括腾讯、苏宁、美图、汽车之家等。

亮风台起初与百度 91 助手、OPPO 手机等厂商合作，开发基于图像识别的手机 AR 工具。由于手机和电脑的交互方式有限，AR 智能眼镜作为一种专用终端有了其存在价值。亮风台在 2015 年发布 AR 智能眼镜 HiAR Glasses。此后由“端”到“云”，2015 年 8 月向用户和开发者开放基于底层技术的 AR 开发平台 HiAR。同时与美图成立“美图亮风台实验室”，专注于计算机视觉、深度学习、增强现实、人工智能等核心技术的研发，针对不同人群脸部特征提供人脸检测、人脸分析等技术，支持美图全系产品。

VR 头盔的关键技术包括光学透镜系统、动作追踪系统等，前者要防止用户晕眩、提升体验时长，后者要追踪用户实时的头部动作、减少延迟，使用户与虚拟世界进行实时交互。

2012年，加州州立大学新闻系学生、90后青年帕尔默·拉奇制造出VR头盔样机，并取名为Rift。头盔为游戏玩家提供360度全景视频和声音。他创立的Oculus在拉丁语中是“眼睛”的意思。在众筹平台Kickstarter上，这款VR游戏头盔一个月就获得9 522名用户的支持，获得243万美元的众筹款，产品得以量产。Rift头盔在美国E3大展上获得“年度最佳游戏硬件”的提名，售价275美元起。2014年，Facebook以20亿美元收购了Oculus，帕尔默个人身价也达到7.5亿美元。

Oculus也加强了对VR技术创业公司的并购，包括：位于美国旧金山的Nimble，该公司生产能够追踪手势和检测骨骼动作的微型3D摄像头；位于瑞典的13th Lab AB，该公司生产的摄像头能根据不同的物理环境制作相应的3D图像。

在游戏领域，Oculus的竞争者HTC和索尼PS也都投入游戏VR头盔硬件研发。HTC Vive使用户能在更大的范围内活动，并推出了控制手柄。索尼推出PlayStation VR。

3. AR/VR软件及内容创业

硬件还要与软件结合，只有优秀的VR引擎才能实现3D虚拟现实的深度渲染。VR软件开发商有Unity、WorldViz等。WorldViz由安德鲁·比尔于2002年创立，公司的核心技术是VR开发平台软件Vizard引擎，它集成了多种VR工具和服务，兼容当前几乎所有的VR设备，包括动作追踪器、3D立体显示器、头盔显示器及其他众多外部输入设备。2015年其获得了英特尔投资的A轮投资。

硬件的投资布局风口之后，VR/AR内容成为稀缺资源，带来巨大的供给侧创业机会。

新技术在娱乐、游戏领域的应用较为普遍。2016年，一款AR游戏《精灵宝可梦GO》风靡全球。游戏主角是游戏巨头任天堂的IP——Pokemon，该游戏由口袋精灵公司（The Pokemon Company）设计内容、AR公司Niantic开发完成。游戏将LBS技术和手机AR技术结合起来，使游戏中的精灵基于地理坐标出现，用户通过手机AR到户外一切可能的地方去寻找精灵。一旦发现它们，只要在屏幕上对准它滑动口袋球就能捉住。用户还可与其他用户对战或联盟，实现了AR技术的实时交互功能。游戏的风靡使AR技术获得了消费级别的普及扩散，也实现了线上游戏与户外实境的结合，带给玩家以别样的新奇体验。

除了游戏，社交及直播中对于 AR 技术的应用需求也在不断增长。在 AR 技术支持下，美图、美拍能在直播中，实时为用户放大双眼、美妆，添加 3D 兔耳朵、耳机或是卡通魔镜等激萌表情。

在 VR 内容生产方面，内容创业公司 Jaunt 为专业影像制作人提供完整的 VR 影视制作解决方案，核心产品是专业级的 VR 拍摄设备 NEO。该设备利用 14 个镜头的 360 度球面摄像机录制画面，并将各个镜头的取景合成一幅画面。此外，公司还向用户提供托管和分发 VR 内容。公司已完成 C 轮融资，投资者包括谷歌投资、迪士尼、华人文化等，公司总融资额达到 1 亿美元。这超过了 Oculus 在被 Facebook 收购前的融资总额，显示出资本和市场看好其价值。

AR/VR 技术的出现，使用户不再是观看，而是以第一视角沉浸其间。未来，VR/AR 除了视觉、听觉之外，还可能整合触觉、嗅觉、感觉等多种感觉信息，从而使人类与信息、与他人、与世界的交互变成真正的革命性的虚拟沉浸的形式。

第二节　文化大数据

文化创意靠天赋，文化生产运营靠经验、靠积累，这使文化产业具有较强的主观性，往往存在着不确定的市场风险。

社会化媒体、电商、搜索、可穿戴设备等技术应用，使用户每时每刻的文化消费行为都被记录储存下来：用户在搜索什么，在阅读观看什么，在评论什么，在购买什么，还需要什么。这些新兴的、实时的、巨量的、碎片化的数据就形成大数据，帮助文化生产者了解用户、了解市场。

可以肯定地说，大数据本身就是一种有价值的网生内容，也是文化行业提供的另一种网生新产品，正在成为互联网文化行业的新资产。

互联网巨头无疑存储了丰富的数据资源。百度积累了搜索大数据，阿里巴巴积累了电商消费大数据，腾讯积累了社交大数据，微博积累了关系大数据，头条积累了内容大数据。这些大数据，使创业者对用户、产品、商业、市场的把握变得更有“上帝视角”，看得更全面、更清晰。

一、作为网生内容的文化大数据

英国学者维克托·迈尔-舍恩伯格在《大数据时代》① 一书里对大数据做了如下定义：第一，大数据是一种全数据，而非抽取的样本；第二，大数据不再追求所谓精确性，而是混合型；第三，大数据追求的是相关性，而非因果性。具体来说，大数据的特点可以概括为“4V”，即 volume（数量巨大）、variety（类型多样）、velocity（快速生成）和 value（价值密度低）。

文化大数据是移动互联网时代全新的网生内容之一。文化电子商务既是产品实现收入的环节，也是文化内容产品与用户连接沟通的节点。网上书店、在线电影和演出票务平台等，最早生产和积累文化大数据，为及时分析了解文化产品质量、市场情况等提供了可能性。

以亚马逊、当当等为代表的网上书店，积累图书等产品的销售数据、用户的需求购买数据，从而能够发掘用户需求，精准地匹配产品和用户。而积累起来的大数据，能够为用户更智能地推荐产品、提升用户购买额、改善供给侧。

电影票务方面，创业者包括格瓦拉、大麦网、永乐票务、中演票务通等专业垂直类初创公司，也包括美团、腾讯、阿里等巨头。几经兼并重组，目前形成了腾讯、美团、光线的猫眼和阿里的淘票票两大寡头。

在线票务模式的首创者是 2008 年创立的格瓦拉，公司得名于创始人刘勇的偶像切·格瓦拉。针对买票不便、取票难的痛点，格瓦拉推出在线购票、在线订座和终端取票等服务，创新了电影票务的业态。创业三年，格瓦拉占据全国在线票务市场 75% 的份额，获得盛大集团的 200 万元投资。

新的业务赛道吸引互联网巨头纷纷入场。

腾讯 2015 年入局，旗下微影时代的微票儿在当年底兼并格瓦拉，之后完成三轮融资，微影时代估值达 20 亿美元。

2012 年，团购网站美团入局，旗下的猫眼电影在与领导者格瓦拉的竞争中，采取了两大策略：一是避其锋芒，全力拓展三四线城市市场，再反包围一线城市；二是发动“票补”攻势。2014 年十一黄金周，猫眼作为《心花路放》联合出品方，成为影片唯一在线预售平台，让格瓦拉无票可

---

① 迈尔-舍恩伯格，库克耶．大数据时代：生活．工作与思维的大变革［M］．盛杨燕，周涛，译．杭州：浙江人民出版社，2013.

卖，最终获得预售票房 1.1 亿元。由此一役，猫眼后来居上，成为在线票务市场份额第一名。随后格瓦拉也尝试独家票源模式，但选择的影片多为文艺片，如《一步之遥》《狼图腾》《念念》等，没能押中爆款。

2016 年，"民营电视第一股"光线传媒入场，以 23.83 亿元的现金和价值 23.99 亿元的股票收购猫眼 57.4% 的股权，以此补齐了电影宣发环节。

2017 年 9 月，美团系的猫眼与光线腾讯系的微影时代合并，猫眼微影拥有了光线的专业资源和美团、大众点评、微信流量，成为"富二代"。2017 年底，腾讯向猫眼微影投资 10 亿人民币，公司整体估值达 200 亿元，成为在线票务市场的寡头之一。

阿里系于 2014 年底入场，上线淘宝电影，2016 年完成 A 轮融资，投资方为鼎晖投资、蚂蚁金服、新浪网等，整体估值达 137 亿元，公司改名淘票票，成为在线票务市场的又一寡头。

至此，电影在线票务平台形成了腾讯、光线、美团的新猫眼与阿里的淘票票的双寡头格局。

在线票务市场竞争的激烈，表明这项业务在传统卖票之外，更有增值空间，这就是电影消费大数据。大数据能够更量化、清晰地刻画观众口味和市场需求，由此对上游的影视制作、中游的互联网宣发都具有风险管控价值。以互联网思维改变整个行业的经验主义现状，使电影成为数据驱动的行业。在线票务平台背后的腾讯、美团和阿里，本身就积累着社交大数据和电商大数据，介入电影大数据这一新领域，使其大数据更为完整和全面。

猫眼从美团独立出来运作开始，就确立了早期投资电影拍摄的业务目标。《心花路放》就是其参与电影投资和宣发的成功案例。这正是票务大数据产生的直接绩效之一。

猫眼还发布"猫眼专业版"，对用户购票观影大数据进行实时汇总。值得注意的是，其监测对象不仅有电影、电视剧，更有网剧、综艺节目、网大等网生内容的播放数据，实现了对 PGC 网生内容的较全面覆盖。建立在用户大数据上的洞察分析，为用户和生产者提供了有价值的观景决策和制作指导参考。

阿里系的淘票票 2018 年也发布了大数据战略：在 C 端，既积累大数据，又为用户提供观影决策；在 B 端，分析挖掘大数据，使之驱动用户运营和片方营销，推动电影线上宣发智能化。年报数据显示，淘票票 2017 年收入

23 亿，占阿里影业整体营收的八成。为争夺市场份额，淘票票不断加大“票补”投入，2016 年达到 10 亿，2017 年达到 21 亿，市场份额占到 30% 左右。淘票票 2017 年 11 月宣布向合作伙伴开放数据平台，披露影片营销费用的实时支出情况和具体流向，使“票补”等营销费用透明化。互联网宣发营销费用的透明化，对净化行业生态、重建行业信任意义不小。

此外，网络文学平台、直播平台、短视频平台，都像在线票务平台一样，成为各个文化内容生产行业大数据运营的基础设施。文化内容也由数字化进入数据化的阶段，带来了内容生产的精耕细作。当然，大数据从存储到清洗，再到归类、排序、标签化、结构化，以及最后的建模分析、挖掘利用，腾讯、阿里等互联网巨头显然更具备天然优势。这也是票务创业公司最终被 BAT 收购、融入其生态的深层原因。

而大数据作为一种资产及其所具备的用户消费决策影响力，带来了两个明显的问题。一是水军、操纵数据、数据造假等现象层出不穷。从这个角度上来看，商业化步伐缓慢的豆瓣这类第三方口碑平台，更具有可信度。二是数据对文化创作生产形成了明显的绑架。爱奇艺 2018 年宣布不再在前台显示播放量数据，而是代之以更能够评价作品内容质量和价值的综合指标，这正是对网络影视内容唯播放量这一负面效果的应对之举。

二、作为网生内容生产指引的大数据

互联网公司以大数据等技术，指引内容生产，赋能网生内容的供给质量。

“大投入、大制作、大产出”，是美国商业影视的常用模式。这种模式面临的最大问题是市场风险——大投入、大制作未必能换来大产出。在长期的实践中，好莱坞也总结出类型电影、明星制度、制片人中心制等风险控制模式。而在网生文化内容生产领域，基于大数据技术，这些问题似乎有了比经验判断更科学的答案。

大数据挖掘较好地进行了需求发现和风险控制，成为新兴文化产业生产网生内容、纯网内容的主要调研和决策工具。

美国流媒体视频公司 Netflix 以自制剧《纸牌屋》声名鹊起，该剧集拉动 Netflix 股票价格上涨四倍。《纸牌屋》的成功被视作大数据指引内容生产的代表案例，带来了美剧产业的革命。

Netflix 是一家以租赁 DVD 为主的网络商店，由里德 · 哈斯廷斯创始于

1998 年。网站最初提供 DVD 目录供用户搜索、下单租借，用户购买会员享有租借服务。这一在线租借模式取代了用户到实体店租借场景。随着在线流媒体播放技术的成熟，DVD 租借业务不再风光，Netflix 也转向在线视频点播服务。这些业务使 Netflix 积累起海量的用户需求及实时消费数据。

与此同时，为了控制版权购买费用，Netflix 也尝试自制剧集。作为后起之秀，其后发优势就是此前积累的行业经验、用户数据，即“大数据 + PGC”。大数据定位需求，PGC 显示专业制作。基于其网站积累的 3 000 万名北美用户视频搜索观看行为数据，Netflix 发现英国版《纸牌屋》故事大受欢迎，预测明星凯文 · 史派西、导演大卫 · 芬奇的作品更受欢迎，这些大数据洞察为美版《纸牌屋》的成功奠定了决策基础。《纸牌屋》的热播给 Netflix 带来 200 万名新用户，其全球付费用户量达到 3 600 万，超过了 HBO 电视网。

自媒体内容创作的爆发，使之生成大数据，也使“大数据 + UGC”成为热门应用领域。自媒体平台为创作者提供的大数据监测和分析，正成为平台内容生产能力和质量的重要保证。

百度百家号的大数据分析工具，为作者提供点击、阅读完成度、分享路径、阅读来源、粉丝增长趋势等分析，帮助内容生产者实时追踪阅读热点和兴趣所在，使优质内容与感兴趣的读者连接起来。百家号通过大数据分析，在 2016 年首次发布了内容生产风向标，即内容稀缺指数，提示创作者娱乐八卦、猎奇搞笑、鸡汤励志内容趋于饱和，而创意创新类、技能实用类、专业垂直类三类内容是用户搜索、浏览需求量大，但内容库相对稀缺的内容。“百度创作大脑”把后台监测到的内容稀缺标签提供给作者参考，科学地指导作者进行内容创作，避免扎堆生产同质化内容。百家号还与清华大学经管学院联合成立百度内容生态研究院，将在大数据、人群画像等方面进行研究，并探索以内容创业为核心的新型商业模式。百家号以大数据驱动 UGC 创作，以此作为区别于其他自媒体内容平台的竞争优势，使网生内容生产打破了传统的“双盲”式创作，增加了内容的针对性。

阿里大鱼号也应用大数据分析生成大鱼指数，从用户分、原创分、活跃分、垂直分、质量分五个维度对大鱼号进行评价。根据大鱼指数，大鱼号又推出每周、每月、每季的公号榜单。在内容大数据基础上，大鱼榜单为海量创作者提供了创作借鉴和内容优化的指引。

在阿里的内容数据体系中，有“内容生产创作数据分析”“内容发行传播数据模型”“内容商业变现数据模型”“用户画像特征数据模型”等板块，从内容生产到合作对接，阿里通过大数据及数据分析技术全方位赋能创作者、品牌以及商家。

腾讯升级“芒种计划 2.0”，公布了热点分析、企鹅指数等内容运营数据化工具，帮助媒体和自媒体更好地进行内容生产。

对于作为网生内容和全新资产的大数据，BAT 再度体现出其自身的优势，这也使寡头平台有可能垄断或者操纵大数据。这也表明，建立互联互通、共建共享的大数据平台，对社会公平具有巨大的意义，行业组织、政府和社会公众应当充分重视大数据平台的开放性、统一性、公共性，使之成为全社会的公共基础设施。

三、改变文化业态的大数据

大数据驱动的文化创意和创业正在改变文化生产的业态。

（一）精准连接用户与内容服务

在内容分发上，用户大数据能够使文化内容产品甚至广告与用户实现精准匹配。

阿里巴巴自 1999 年成立以来，通过电子商务积累了海量用户大数据。针对内容产品分发，阿里布局了豌豆荚、山雀等大数据服务。前者用于 App 分发，后者用于手游分发。其基础都建立在阿里对用户数据的沉淀和积累之上：通过接入阿里云 ODPS（开放数据处理服务）平台，全景式分析用户的购买、阅读、下载、路线等行为，分析用户个性化需求。

腾讯同样通过大数据技术，从社交和游戏产品中的用户行为数据中采集用户兴趣标签，系统会自动对这些原始、丰富、多样化的标签进行聚类和分类，从而为用户画像进行多粒度、多尺度兴趣刻画，同时系统会根据用户实时使用的行为数据，不断更新当前用户的兴趣画像。另外，系统会对内容进行文本分析，从而将文本信息抽象并映射到与用户画像相同的主题和类目空间，建立起用户与内容之间的泛联系。

在广告投放方面，阿里山雀平台的智能化采买功能也建立在阿里亿级用户数据基础之上。系统自动对流量实时打分，进行人与广告的精准匹配。

（二）预测用户需求和消费行为

大数据分发不仅可以通过用户画像、内容产品画像，实现用户需求的预测，还能够实时发现用户兴趣和行为的变化，及时修正预测模型，从而使推荐更为精准。

在 IP 价值变现方面，阿里大文娱旗下的品牌授权宝，运用阿里大数据，并实时监控淘宝内容社区，能够为 IP 的衍生、商品化授权提供指引。例如，通过大数据为电影《三生三世十里桃花》的用户画像，获得了女性为主（占 75%）、30 岁以下年轻用户为主（占 55%）等特征。据此，“三生三世”商品化授权选择了与上述用户关系密切的服饰、美妆、食品饮料、家居百货等十大行业展开，使内容衍生品收益达到 3 亿元，彰显了大数据的价值。

大数据的获得、分析和应用能力，正在成为互联网文化公司的核心竞争力。从这个意义上来说，文化创业公司应当有数据财产的意识，有数据挖掘、分析和再生产的能力。

第三节　人工智能与网生内容

由于用户参与内容生产，网生内容数量暴增，正在建构起网络内容的新版图。而人工智能参与内容的生产，构建起网生内容的又一片新大陆。人工智能（AI）已经渗入内容生产、内容把关、内容分发等各个环节。

曾经自带光环的互联网公司，正纷纷转型为 AI 公司。各大创业者，都纷纷围绕 AI 进行研发和创新：微软有亚洲研究院，创新工场有人工智能工程院，阿里巴巴有达摩院，旷视科技有旷视科技学术委员会，美图有影像实验室 MTlab，快手有人工智能实验室 Y-Lab。

一、*AI* 驱动内容生产

AI 被视作人类继蒸汽技术、电力技术、计算机及信息技术之后的第四次科技革命，其对文化内容生产和人类文化的影响正在逐渐显现，网生内容迎来了 AI 助力的时代。

在内容生产方面，由于网生内容的爆发，不仅草根用户成为内容生产新主体，AI 也参与内容生产，形成计算机算法生产内容（AGC）。

在文化内容领域，AI 开始帮助和替代记者、作家、画家、设计者的创作。

(一) 机器人写作

在突发事件、财经和体育报道等领域，机器人记者已经不再是新闻。福布斯网站在2012年启用Narrative Science程序自动生成财经新闻。

2014年，美联社引入写作机器人Word Smith，自动写作有关公司财报的新闻消息，它写作的稿件能模仿美联社的写作风格。这款自然语言生成平台由美联社于2007年投资设立的Automated Insights公司研发。2014年，Word Smith为美联社、雅虎和康卡斯特等在内的客户创作了10多亿篇文章和报道。2015年2月，Automated Insights公司被美国的体育科技、数据和内容公司STATS及私募股权公司Vista Equity Partners收购。

2014年3月17日，《洛杉矶时报》地震机器人Quakebot在地震发生三分钟后在网站上发布了快讯。Quakebot实时监测美国地质调查局（USGS）的信息，一旦出现警报就自动提取相关数据，并调用预先写好的模板自动生成文稿，发布至报社内容管理系统（CMS）。《洛杉矶时报》还有专门自动报告洛杉矶发生凶杀案的机器人程序。

机器写作在国内新闻网站也得到广泛应用（如图8-1所示）。

腾讯写稿机器人 Dreamwriter作品　　今日头条写稿机器人“张小明”作品

图8-1 写稿机器人作品示例

2015年9月10日，腾讯财经的写稿机器人Dreamwriter发表了处女作《8月CPI涨2%创12个月新高》。稿件是一则财经消息，用倒金字塔结构写作，以新闻背景结尾；消息引用国家统计局的数据及两位专业人士作为消息来源，对数据进行分析和解读。Dreamwriter 生产一篇消息平均只要 0.46 秒。

2015 年，新华网推出国内第一代生物传感智能机器人——Star。这款智能机器人可通过生物传感器采集用户体验信号，转化为数据后通过多种算法完成分析、报道、交互等工作，并可根据用户需求生成各种产品。在报道实验中，新华网征选 150 位观看舞台剧《战马》的观众作为志愿者，实时收集观众的观剧生理体验数据，经过 Star 的数字化处理，生成包括“男性与女性”“男童与女童”“成人与儿童”等观众的体验数据对比分析，自动撰写出多篇报道。开发者认为，智能机器人 Star 可帮助传媒人了解到以往难以挖掘的人的真实体验与感受，更深入地完成新闻分析与报道。

2016 年 2 月，搜狐新闻客户端上线智能报盘，它能够在秒级时间单位内捕捉股票市场异动，并将之通过客户端同步推送给用户。机器人不间断扫描近 3 000 只股票，发现所有出现突然拉升或者下跌的个股。

新华社 2015 年 11 月启用的机器人写稿系统，已为新华社体育部、经济信息部和《中国证券报》撰写了多篇体育赛事中英文稿件和财经信息稿件。

今日头条在里约奥运会期间推出机器人记者“张小明”（Xiaomingbot），它能够综合网上的文字描述理解、图片理解、视频理解，自动生成奥运赛事消息。“张小明”在财经、房地产等垂直类领域同样得心应手。

那么，机器人如何写新闻呢？Automated Insights、Narrative Science 等写作机器人研发公司的共同路径是：由人工创制新闻模板，机器人根据模板采集分析对比相关数据，并填入相应空格内。写作流程包括获取数据、分析数据、提炼观点、调用写作模板、发表等。

由此也不难理解，目前的机器人新闻写作，内容都是公司财务报表、体育赛事结果、突发事件快讯、气象等，体裁都是快讯、纯消息等，以倒金字塔体裁写作，有较成形的体例和语法语义语用规则。像财经消息等需要在大量数据中比较、选择和提取的工作，机器人按照模版瞬间即能完成。

如果说新闻消息是有格式和模板的，那么，机器人能进行更复杂和自由的文学创作吗？2016 年 3 月，《计算机写小说的那一天》通过了日本“星新一微型小说文学奖”初审，而评审者并没有发现这是由机器人写的小说。小说中写道：“我的任务是端起枪，和恐怖分子交战。我得一直战斗到能量耗尽为止……旁边这些一起打仗的家伙状态不错。他们和我属于同一型号，其中一个跟我聊起来——‘嗨，今天又杀掉不少敌人’……”

机器人生产内容的不断改进和复杂化，将不断挤压新闻业中那些劳动密集型的工作或新闻生产环节。未来学家格尔德·利昂哈德（Gerd Leonhard）把这种 AI 的价值定位于从事创造性、有想象力的工作的理念，称作“对右脑的回归”。①

2018 年，中国智能写作产业联盟宣布成立，中国声谷、科大讯飞和金山软件等 17 家 AI 领域产业基地及企业，成为该联盟首批理事单位。

（二）计算机辅助视频生产

在移动互联网传播的主要内容——视觉内容的生产中，计算机辅助文化内容生产已经成为常态。

对于图像工具或平台来说，要提升内容质量、让用户生产更好玩的内容，提供基于 AI 技术的特效是不错的路径。人脸识别、手势识别、人体姿态估计、背景分割等技术的民用化、普及化，使用户一键就可通过美颜和数字美妆变“美”，使用 AR 贴纸变“萌”，调用各种特效变“酷”。

如何让普通用户的照片具备大师的艺术风格？通过“一万小时定律”辛苦磨炼？通过人工神经网络算法，一切只需 20 秒。人工神经网络是对生物神经网络的一种模拟，由此衍生出来的神经网络控制方法基本上不依赖于定量模型，适合具有不确定性或高度非线性的控制对象，并具有较强的适应和学习能力。

2015 年，图宾根大学的科学家研发了一种算法，通过训练多层卷积神经网络（CNN），让计算机识别、学会梵高的风格，将任何一张普通的照片变成梵高的《星空》风格的作品。他们发表的论文②描述了如何用计算机模拟人类视觉系统神经元传递的原理：从眼睛到大脑通过无数层神经元传递，底层的神经元获取具体的信息，高层神经元则获取抽象的信息。通过深度学习（deep learning），人工神经网络的每一层都对图片特征进行提取，最后叠加为艺术风格。基于这一算法建立的 DeepArt 网站，为用户提供服务，但这项服务一是收费，二是耗时 20 分钟才能完成一幅照片的转化，这使得消费级的修图软件 Prisma 迅速走红。

这款 2016 年最火爆的图像处理软件由 25 岁的俄罗斯人阿列克谢·莫伊

---

① 金兼斌. 机器新闻写作：一场正在发生的革命［J］. 新闻与写作，2014（9）.

② 论文题为：《一个艺术风格化的神经网络算法》（A Neural Algorithm of Artistic Style）和《卷积神经网络图像纹理合成》（Texture Synthesis Using Convolutional Neural Networks）。

辛恩科夫（Alexey Moiseenkov）开发。用户可以利用 Prisma 将拍摄的照片模仿著名艺术家画作的风格进行处理。俄罗斯总理梅德韦杰夫也成为它的用户。

艺术风格是主观的、不可捉摸的美学观念，AI 的深度学习能力，通过多层人工神经网络对图片特征进行提取和叠加，使印象派、野兽派、浮世绘、波普、解构主义等艺术风格变成可以分析和量化的东西。AI 在 20 秒时间内，就能够生成画家数十年积累、形塑的风格。

对 AI 技术的研发，已经成为移动互联网时代创业公司的战略重点之一。美图成立影像实验室 MTlab，今日头条有人工智能实验室，快手开发自有算法搜索引擎，都是在更本质的层面为用户提供更便捷、更有互联网精神的生产工具，从而构建核心竞争力。可以想见，AI 驱动正成为创业公司发展的新动力。

截至 2017 年，美图有近 5 亿用户，活跃用户中 60% 都是 30 岁以下的青年，用户以女性为主。在社交网络上，变美是年轻用户的优先需求。2010 年成立的 MTlab 正是应用 AI 技术满足用户对美的想象。

2017 年，美图 AI 绘画机器人 Andy 上线，体验用户数一个月就突破 1 亿人次。与滤镜的原理不同，AI 是通过算法对用户图片进行学习，然后重新手绘出来，相当于一种机器再创作。

美图美妆的 AI 测肤技术 MTskin，通过一张面部照片诊断皮肤出现问题的位置，并识别出问题的类型：痘印、黄褐斑、黑色素痣。经过对海量医疗级图像数据的学习，并由专业皮肤医生对数据的持续标记，AI 测肤在识别肤质、肤龄、肤色、黑头、黑眼圈、痘痘等方面的准确率已达 95%。基于此，AI 测肤对用户提出个性化的护肤建议，推荐合适的护肤产品。这就使美图的美丽事业从线上延伸到线下，完成了从虚拟到现实、从工具到社交的美丽产业链构建。

美图还发布了机器重建图片技术，未来可应用到虚拟作图、试妆、试衣等场景中。

今日头条人工智能实验室不断推出各种 AI 黑科技，为用户端的抖音等产品提供“变老”、川剧“变脸”、控雨、“尬舞机”、AR 换脸、实时染发等特效。种种新玩法，引发用户尝新和跟随，使抖音内容生产不断出新。

这些用户侧的玩法，是基于 AI 驱动的计算机对视频内容的识别和理解能力。

背景分割技术，是计算机通过深度学习，识别视频中的人物、天空、头发等不同内容，将其与背景分割开来，为各种运算提供基础。

实时染发特效就是通过将头发识别并分割出来，完成头发部分的着色。“AR 动态贴纸”“甩不掉的狗头”“大脸怪”“憨厚”“变脸”等特效应用，则离不开对人脸及其动作的准确识别。AI 通过识别实时图像中人脸的 106 个关键点，以毫秒级的响应速度跟随用户头部、脸部动作，使动态贴纸与用户更加贴合。网剧《延禧攻略》大火，抖音的海外版 TikTok 以剧中的经典造型开发出动态贴纸，呈现点翠钿花、珍珠金凤冠等中国满族发式，以及柳叶眉、绛唇妆、一耳三钳等经典妆容，通过游戏传播了传统中国文化。

2017 年底抖音推出“尬舞机”，用户无须借助手机之外的特定硬件设备，就能体验线下体感游戏的玩法。其背后就是人体关键点检测技术，它使智能手机能够实时、精确地“读懂”图像中人体的姿态和动作。凭借 AI 深度学习技术的支持，体感游戏可以脱离跳舞机、Kinect 等专门硬件和场景，在手机上随时随地地进行，并且能够分享和交互。新功能吸引了大批用户，2018 年初，抖音连续 16 天登顶苹果 App Store 榜首。

各平台对 AI 技术的开发，对智能手机的性能提出了升级要求。根据快手的统计，用户手机型号超过 5 万种，包含很多中低端机型，因而算法的设计要考虑到这一类用户的硬件环境。以背景分割为例，如果手机运算能力差，可能出现手部抠图和“鸭蹼”，从而影响到特效质量。为此，快手自主开发了深度学习引擎。而美图则推出高配置手机，作为其美颜 AI 技术的应用终端。美图手机基于美图公司的大数据训练出了先进的人脸数据模型，能够根据不同人脸、不同年龄、不同性别定制出不同的美颜方案，提供更智能化的自拍美颜服务。

这些 AI 智能手机对生产更有趣、更有个性的内容提供了更优化的运行环境。

（三）机器人语音交互

聊天机器人是一种基于 AI 深度学习的人机交互应用，在新闻、搜索、电商、操控等方面都给用户带来了全新的体验。

2014 年，微软上线聊天机器人小冰，截至 2019 年 9 月已迭代至第七代，其功能也从聊天拓展到主持节目、唱歌、讲故事、写诗、新闻评论等。小冰已经有了 6.6 亿用户，MAU 数达 1.2 亿，进入 57 种垂直场景。在内容生产方面，小冰与万得资讯、华尔街见闻合作，通过文本生成技术生成金融公告的摘要。小冰覆盖了90%的国内金融机构，20秒就能输出重大金融信息，每秒并发处理100个企业公告。

小冰一年主持了21档电视广播节目、25档日播和周播的广告节目。在微软和网易云音乐合作推出的小冰电台，小冰可以和用户实时交流，调整音乐播放的内容。

微软小冰可以用20个小时完成50个小时的音频内容，助力出版机构进行文字内容有声版权化。这些内容已经进入一半的早教机器人中。小冰童话工厂库存的有声书可以支持一个小朋友从3岁听到6岁。小冰童话工厂还可以让孩子将家人、朋友、宠物等置入童话故事中，为儿童讲定制化的故事。

小冰由检索模型转变为生成模型、升级为共感模型，可以通过主动观察、求证，来发掘用户的喜好，并进行对话的引导。

二、网生内容分发

在内容爆炸的情境下，优质内容的分发，已经成为与内容生产同样重要的问题。

传统新闻业采用新闻价值标准来判断内容的价值，提出包括重要性、接近性、显著性、反常性、人情味等指标，结合采编者经验来进行内容的选择和传播。互联网媒体平台则通过社交媒体、算法来使网生内容与用户的连接更为精准，实现信息找人。

谷歌是Web2.0时代具有代表性的创业公司，其核心服务是帮助用户有效率地从海量网页中检索出有用内容。谷歌搜索引擎的核心技术是以创始人佩奇名字命名的PageRank算法，它能够确定网页级别从而进行搜索结果排序。

PageRank的算法思想是反向链接，即其他网页链接到本网页的链接数量，类似论文的被引用次数。每链入一次算作一次投票，以得票数量来分析和确定网页的等级。当然，链接过来的页面的权威性并不完全相同，也就是每个反向链接具有不同的权重。两相结合，越权威的网页，在谷歌搜索结果页面的排序就越靠前。这种算法弥补了此前依靠包含搜索关键词数量来给网页排序的局限，大大提升了搜索结果的合理性和对用户的满足度，把全网分布的信息进行了重新的整合、再生产和评价。

移动互联网时代的算法更加优化。移动终端能实时全面获得用户大数据，通过其登录时所使用的社交媒体账号、手机归属地、使用场景、使用行为等来对用户画像，使网生内容与用户的连接更有效率。

扎克伯格在2004年创立的Facebook，迅速成为全球最大的社会化媒体平台，截至2017年，其MAU数量已突破20亿，每天产出巨量的社交内容与大数据。如何向用户分发这些内容？传统的编辑，通过平面和流媒体的各种编辑手段来赋予内容以强势，以设置议题、吸引注意力，但多是在内容数量有限情况下的经验。海量的个人的、多元化的内容又如何在移动端呈现呢？

起初，Facebook是按时间线逆序排列内容，时间越新内容越靠前呈现，体现信息的时新性。2006年，Facebook开发了信息流技术（News Feed），开始借助算法重构用户页面上展示的内容、形态及次序。2009年，Facebook上线了点赞（Like）功能。

2010年左右，Facebook提出对信息流排序的算法EdgeRank，确定了三个筛选排序维度：内容时间上的新鲜程度（time decay）、用户关系的亲密度（affinity score）、内容生产费力程度的边权重（edge weight）。各维度下的具体指标不断丰富细化，例如内容形态、内容评价、用户行为等，指标总数多达10万个。

AI技术使计算机对图片、文字等自然语言的识别理解能力增强，信息流的分类、选择、排序、关联算法更为复杂和智能。

2013年，Facebook开发了热点话题（Trending）功能，汇集一段时间内的热门标签或话题。推送热门话题的过程大致为三步：第一步，Facebook使用程序监控网站内部话题的分享和评论，同时爬虫抓取用户还没有开始分享的外部新闻。第二步，当这些新闻话题出现在Facebook的网站上时，系统会在1 000家媒体上进行认证，并匹配标题、图片和地点人物等相关数据。第三步，将已经通过认证的热门话题，经过算法筛选，推送10条给匹配的用户。

2018年，遭遇“剑桥分析”数据泄露危机的扎克伯格公开表示，Facebook将再次通过算法对内容比重进行调整，从而帮助用户回归社交体验，不被广告、新闻和视频等所阻碍。

新浪孵化的微博，是中文社会化媒体的代表产品。其算法是将流量分配给大V、意见领袖，形成信息传播的源头和中心节点；普通用户则以围观、再传播的形式参与信息的二级甚至N级传播。虽然“人人皆有麦克风”，但粉丝量决定了麦克风的音量。这种算法机制与现实社会的人际传播机制较为相似，成为舆论生成和激荡的公共领域。

AI 推荐新闻的业务模式是 BuzzFeed 先行的。BuzzFeed 是《赫芬顿邮报》① 创始人之一佩雷蒂的又一次成功创业。今日头条将算法的价值放到了更为基础和优先的地位，实现千人千面的信息分发，成为新近崛起的创业独角兽。

今日头条在信息推荐中使用协同过滤推荐算法：基于同一群组中的 AB 两用户，将用户 A 阅读的内容推荐给用户 B；基于 AB 内容的相似，将内容 B 推荐给阅读内容 A 的用户。这就通过算法对文化内容的传播路径进行了重构。当然，对用户和内容的画像，需要基于数据集进行深度学习训练，从而获得用户向量和内容向量，据此预测其偏好和特征，以及用户、内容之间的关系。网易云音乐也是运用协同过滤推荐算法来推荐歌曲和预测用户需求。

协同过滤基于庞大的数据集，对于新用户，系统获得的数据有限，需要解决冷启动的问题。解决方案是基于内容画像，从各个维度和指标对内容进行详尽描述，然后结合用户自定义的标签、登录所使用的社交账号特征等进行推荐。

各种内容推荐算法具有三个特点：

一是完全以用户个性化需求为中心。通过用户的使用行为洞察其偏好，实现内容分发的千人千面，有效减少了传播中的冗余信息和噪声干扰。

二是实时动态调整。也即判断并非静态的、先置的，而是利用新媒体的实时交互特性，根据用户反馈大数据作算法模型的加重或者衰减。因而，算法基于大数据运行，同时又不断利用新获得的大数据优化算法。

三是运行时间极短。整个过程在秒级时间内完成，这使分发效率极高。

不同的网生内容及平台，有着不同的目标和价值观，也通过算法来实现独特的运营需求。

知乎的首页算法，考虑了用户的兴趣、内容质量、用户和创作者关系等非常多的特征，这主要是考虑到关注量比较大的用户，努力把用户更感

---

① 《赫芬顿邮报》是美国新闻聚合博客，由阿里亚纳·赫芬顿（Arianna Huffington）、肯尼斯·勒利尔（Kenneth Lerer）和乔纳·佩雷蒂（Jonah Peretti）共同创建于 2005 年，2011 年被 AOL 以 3.15 亿美元收购。

兴趣的内容排到前面，可以最大限度地减少对用户的干扰。

抖音、快手等 UGC 短视频应用，更加注重激励普通用户的创作热情，挖掘爆款，这也体现在了算法设计上。

首先，抖音和快手都不设排行榜、热度榜、推荐榜、大 V 等流量中心，不把流量引向大 V 和意见领袖。

其次，算法设计了几种机制激励草根创作，包括：

- 流量辅导机制：给任何新手的视频，通过附近、关注两个维度分配一定的种子流量，使关注数很少的用户也能获得几万的观看量。
- 叠加权重机制：经过种子流量分配，如果内容的完播率、点赞评论转发量达到一定的量级，或有了跟拍模仿，算法会智能增加推荐的权重。反之，测试效果不好的视频停止推荐。
- 进入内容池：受欢迎的内容经过流量叠加，最终进入推荐模块的内容池中，获得百万、千万级别的流量。辅导其成为平台爆款，引发模仿跟拍风潮。

这种算法机制，体现出“人人都能红 15 秒”的文化民主，而这一算法机制也表明，UGC 短视频的爆款生产不能仅仅依靠少数用户，通过算法激励新用户、草根用户创作，从而大浪淘沙、优中选优，是不错的算法策略。

三、网生内容把关

算法优化了移动端信息的生产和分发，提升了传播效率，但算法把关所追求的效率与编辑把关所追求的价值，常常不能完整地实现，由此带来了不容忽视的社会问题。

（一）失实，网生内容的真实密度小

对内容的真伪判断，是新闻编辑的基本把关工作。但在互联网公司，编辑被边缘化，算法成核心，面对良莠不齐的网生内容，要做到去伪存真成并不容易。

Facebook 在 2015 年将热门话题的编辑、推荐和排名全部交给机器算法把关，就产生了失实：一篇讲述福克斯新闻主播因力挺希拉里而被开除的假新闻，成为热门话题榜首。2018 年，Facebook 对部分地区热门话题进行升级，扩大专业新闻出版机构内容，降低“互动程度高”的权重，加入“被新闻出版商报道更多”的权重指标，期望通过算法的优化来确保新闻的

真实。

网络、自媒体流传着不少谣言，不仅是生活养生类，还在重大舆情中裹杂着虚假不实信息，反转新闻成为常态，后真相时代来临，消耗了大量的社会信任，使网络舆论的引导和影响更为艰难。

（二）娱乐、低俗信息充斥，网生内容的价值密度小

在流量为王的大数法则下，不少自媒体公号炒作明星绯闻和娱乐八卦，格调低下，受到监管部门处罚。微博永久关闭了“娱姬小妖”（粉丝 60 万）、“项娱大帅”（粉丝 9 540）、“娱姬小咖”（粉丝 14 947）等八个账号，百度永久关闭“全明星通讯社”“星探妖妖”等百家号，腾讯永久关闭微信公号“娱姬小妖叶”、企鹅号“星探妖妖”“娱姬小妖”等22 个账号。广东省网信办已指导腾讯封停 9.9 万个违法违规公号。

“二更食堂”微信公号发布一篇有关空姐乘滴滴遇害案的文章，存在着低俗描写的文句，不尊重死者，被微信平台封号七天。

（三）丧失底线和价值观，网生内容空洞化

算法没有价值观，是开发者所强调的算法优势。其价值观由网生内容的生产者和受众在使用中逐渐显现。这种乌托邦式的梦想已经被现实所击碎。快手、火山小视频等直播短视频平台任由未成年人主播发布怀孕视频，为流量而突破社会道德底线。美拍则传播涉及未成年人低俗不良信息。网剧《万万没想到》出现侮辱英烈的恶搞内容。抖音在搜狗搜索引擎投放的广告中也出现类似的侮辱英烈的问题内容。上述信息非但不能被算法所拦截，反而经过算法的推荐扩散，传播范围更广、社会负面影响更大。相关企业都被国家网信办等部门约谈。而这类现象不断出现，表明算法需要优化和完善，也表明仅靠算法，是无法履行把关职能的。

（四）用户隐私缺乏有效保护，信息安全脆弱

大数据时代，用户在网络上的任何行为都被记录、汇成大数据的一部分。而算法又经过大数据集的深度学习训练，变得更了解用户的想法和行动。

Facebook 所遭遇的“剑桥分析”数据泄露事件，就是在多数用户并不知情的情况下公然发生的，最终发酵为涉及用户面广、政治和社会影响负面的事件。而 Facebook 对此也并没有察觉或者行动。

2018 年刷屏的“支付宝年度账单”，是支付宝、芝麻信用搜集支付宝用户的支付数据，洞察用户的购买力、购买习惯的数据内容产品。账单使用户的财务隐私完全暴露在大数据和算法面前，引发了用户和媒体对于用户隐私权、网络个人信息安全的讨论。国家网信办约谈了支付宝、芝麻信用负责人，指出收集使用个人信息的方式，不符合《信息安全技术个人信息安全规范》国家标准的精神，违背了《个人信息保护倡议书》的承诺。

随着算法带来的负面效应逐渐显现、监管尺度趋严，人工编辑的价值获得重估。各个内容平台都加强了人工编辑审核的力量。Facebook 截至 2018 年底已雇用 1.5 万内容审核员，以提高平台安全性，帮助审查网站上的可疑内容。

建立内容把关审核体系、控制内容风险，已经成为内容创业公司做大做强的"护身符"。2018 年在香港上市的直播平台映客建立了一支 78 人的内容监控队伍，占总员工数的十分之一，全天候随机检查平台直播间，杜绝违规行为。同年在美国上市的 B 站建立起二次元内容的审查系统：首先由 AI 系统把关，对用户新上传的视频与黑名单库作比对分析；接下来，通过 AI 检测的视频交由人工复核。B 站招股书介绍，B 站的审查员工超过 200 人，占到员工总数的十分之一，审查全天候进行。

不过，面对海量、碎片化的网生内容，不可能再回到逐条人工审核的老路上去，这也是不可能完成的任务。因而，AI 和算法自身的优化才是把关网生内容的有效路径。

AI 已经经历了多次的进化与发展，第一步是借助计算能力模仿人类智能，第二步是通过计算机视觉、语音识别、语义理解来模仿人类感知，第三步是产生理解力，实现机器阅读。

对网生内容的管理和服务应用，都要建立在阅读和理解信息语义的基础之上。AI 像人那样识别和理解文字、图像、语音等内容就显得极为关键，自然语言处理（NLP）实现机器阅读理解，成为 AI 的突破口。

Facebook 开发的 DeepText 系统，能够理解文字的上下文情境，同时其效率也惊人：每秒分析 20 种语言的上万条信息，每日完成 40 亿次以上的翻译功能处理。Lumos 机器学习视觉平台专注图片识别，可识别图像中的人和物，分辨主体事物；分割图像并识别其中物体和场景，形成丰富的数据集。这些应用可以形成描述照片内容的文本，检测敏感图像内容，从而提升用户图片搜索的准确性。

在视频识别方面，2017 年底，Facebook 与麻省理工学院计算机科学与人工智能实验室合作公布了一个带有标签的大型视频数据集 SLAC（Sparsely Labeled ACtions），它包括 200 个动作类别、52 万个未剪辑的视频以及 175 万个剪辑注释，可帮助研究人员更快速、有效率地训练计算机识别视频中的各种动作。

快手也应用了视频理解技术，通过计算机视觉和语音理解等技术抽象理解视频内容，并标注兴趣标签、分类，从而进行推荐或者内容审核。

针对垃圾信息，Facebook 开发了 Immune 系统，按照既定特征指标来迅速识别垃圾信息，并支持在线加入新特征、新模型，在学习中不断进化。今日头条推出的“灵犬”反低俗系统，也是诸多尝试中的一种。

有官媒背景的第三方内容审核平台，可以向内容创业公司提供内容保险。党媒、央媒在这方面具有优势。《人民日报》推出的网络舆情监测、中央厨房，可视作央媒智库转型、融媒体转型的标杆。在内容把关方面，《人民日报》与百度等共建人民号，探索主流媒体新闻推荐算法，这些都是有建设性的举措，表明了主流文化、主流媒体对网生内容的管理、规范。2018 年 6 月，人民网推出“第三方内容审核平台”，今日头条、梨视频、咪咕文化、量子云等内容创业公司入驻平台。入驻公司涉及短视频、自媒体等网生内容，通过审核平台的人工和技术监测，改变了网生内容以前主要靠企业主体自查的局限，减少了网生内容生产的社会风险。

当然，计算机“理解”内容“是什么”仅仅是起步。从符号学的角度来看，“是什么”仅仅是符号的能指层次，符号的所指，即其表征的意义，是需要长期的社会交往才能够理解的。这对 AI 来说，是更难突破的人机天堑。

对原创于网络时空的网生内容进行引导与收编，是媒介融合情境下主流文化对网络亚文化引导力、传播力、影响力、公信力的突出体现，是新型主流媒体核心竞争力的首要指标。它不仅明确了文化传媒产业转型升级、供给侧结构性改革的方向，也在媒介融合情境下坚守了传播正能量、构建文化自信、提升国家软实力的产业价值。

网生内容是一片引人漫游的奇境，也是风险蛰伏的新大陆；它是横空出世的孙悟空，本性顽劣、打遍天庭无对手，但它更需要戴上金箍，完成护送唐僧往西天取经的文化重任，修成正果。

参考文献

阿多诺．美学理论［M］．王柯平，译．成都：四川人民出版社，1998.

埃里克森．同一性：青少年与危机［M］．孙名之，译．杭州：浙江教育出版社，1998.

艾伦．重组话语频道：电视与当代批评［C］．麦永雄，柏敬泽，等译．北京：中国社会科学出版社，2000.

安德森．长尾理论［M］．乔江涛，译．北京：中信出版社，2006.

巴赫金全集：第五卷［M］．白春仁，顾亚铃，译．石家庄：河北教育出版社，1998.

巴拉巴西．爆发：大数据时代预见未来的新思维［M］．马慧，译．北京：中国人民大学出版社．2012.

巴特．符号学美学［M］．董学文，王葵，译．沈阳：辽宁人民出版社，1987.

巴特．神话：大众文化诠释［M］．许蔷蔷，许绮玲，译．上海：上海人民出版社，1999.

巴特．流行体系：符号学与服饰符码［M］．敖军，译．上海：上海人民出版社，2000.

鲍尔德温，朗赫斯特，麦克拉肯，等．文化研究导论［M］．修订版．陶东风，等译．北京：高等教育出版社，2004.

鲍曼．后马克思主义与文化研究：理论、政治与介入［M］．黄晓武，译．南京：江苏人民出版社，2011.

贝尔．资本主义文化矛盾［M］．赵一凡，等译．北京：三联书店，1989.

贝克，吉登斯，拉什．自反性现代化：现代社会秩序中的政治、传统与美学［C］．赵文书，译．北京：商务印书馆，2001.

贝斯特，科尔纳．后现代转向［M］．陈刚，等译．南京：南京大学出版社，2002.

本尼特．本尼特：文化与社会［M］．王杰，强东红，等译．桂林：广西师范大学出版社，2007.

本雅明．经验与贫乏［M］．王炳钧，杨劲，译．天津：百花文艺出版社，1999.

波普诺．社会学［M］．10版．李强，等译．北京：中国人民大学出版社，1999.

波特．国家竞争优势［M］．李明轩，邱如美，译．北京：中信出版社，2007.

波兹曼．娱乐至死［M］．章艳，译．北京：中信出版社，2015.

伯格．通俗文化、媒介和日常生活中的叙事［M］．姚媛，译．南京：南京大学出版社，2002.

伯格．媒介分析技巧［M］．3 版．李德刚，何玉，董洁，等译．北京：清华大学出版社，2011.
布希亚．物体系［M］．林志明，译．上海：上海人民出版社，2001.
蔡尚伟，温洪泉，等．文化产业导论［M］．上海：复旦大学出版社，2006.
陈力丹．精神交往论：马克思恩格斯的传播观［M］．北京：中国人民大学出版社，2008.
陈少峰，张立波．文化产业商业模式［M］．北京：北京大学出版社，2011.
道尔．理解传媒经济学［M］．李颖，译．北京：清华大学出版社，2004.
迪金森，哈德里拉纳斯，林耐．受众研究读本［C］．单波，译．北京：华夏出版社，2006.
多克．后现代主义与大众文化：文化史［M］．吴松江，张天飞，译．沈阳：辽宁教育出版社，2002.
菲德勒．媒介形态变化：认识新媒介［M］．明安香，译．北京：华夏出版社，2000.
菲斯克．电视文化［M］．祁阿红，张鲲，译．北京：商务印书馆，2005.
菲斯克．解读大众文化［M］．杨全强，译．南京：南京大学出版社，2006.
菲斯克，等．关键概念：传播与文化研究辞典［M］．2 版．李彬，译注．北京：新华出版社，2004.
费斯克．理解大众文化［M］．王晓钰，宋伟杰，译．北京：中央编译出版社，2001.
费斯克．传播研究导论：过程与符号［M］．2 版．许静，译．北京：北京大学出版社，2008.
费瑟斯通．消费文化与后现代主义［M］．刘精明，译．南京：译林出版社，2000.
佛罗里达．创意阶层的崛起［M］．司徒爱勤，译．北京：中信出版社，2010.
福柯．规训与惩罚：监狱的诞生［M］．刘北成，杨远婴，译．北京：三联书店，1999.
福柯．知识考古学［M］．谢强，马月，译．北京：三联书店，2003.
格尔兹．文化的解释［M］．韩莉，译．南京：译林出版社，1999.
格里芬．后现代精神［M］．北京：中央编译出版社，1998.
葛兰西．狱中札记［M］．曹雷雨，等译．北京：中国社会科学出版社，2000.
官建文．移动互联网蓝皮书：中国移动互联网发展报告（2015）［R］．北京：社会科学文献出版社，2015.
郭庆光．传播学教程［M］．北京：中国人民大学出版社，1999.
哈贝马斯．公共领域的结构转型［M］．曹卫东，等译．上海：学林出版社，1999.
哈姆，斯曼戴奇．论文化帝国主义：文化统治的政治经济学［M］．曹新宇，张樊英，译．北京：商务印书馆，2015.
何小锋，黄嵩，刘秦．资本市场运作教程［M］．3 版．北京：中国发展出版社，2011.
赫伯迪格．亚文化：风格的意义［M］．陆道夫，胡疆峰，译．北京：北京大学出版社，

2009.
赫斯蒙德夫. 文化产业［M］. 张菲娜，译. 北京：中国人民大学出版社，2007.
赫希曼. 经济发展战略［M］. 曹征海，潘照东，译. 北京：经济科学出版社，1991.
亨廷顿. 文明的冲突与世界秩序的重建［M］. 周祺，等译. 北京：新华出版社，2002.
胡惠林. 我国文化产业政策文献研究综述（1999—2009）［M］. 上海：上海人民出版社，2010.
胡泳. 众声喧哗：网络时代的个人表达与公共讨论［M］. 桂林：广西师范大学出版社，2008.
怀特. 美国的兴盛与衰落［M］. 徐朝友，胡雨谭，译. 南京：江苏人民出版社，2002.
霍尔. 无声的语言［M］. 刘建荣，译. 上海：上海人民出版社，1991.
霍尔，杜盖伊. 文化身份问题研究［C］. 庞璃，译. 开封：河南大学出版社，2010.
霍尔，尼兹. 文化：社会学的视野［M］. 周晓虹，徐彬，译. 北京：商务印书馆，2002.
霍金斯. 创意经济：如何点石成金［M］. 洪庆福，孙薇薇，刘茂玲，译. 上海：上海三联书店，2006.
霍克海默，阿尔多诺. 启蒙辩证法：哲学片断［M］. 洪佩郁，蔺月峰，译. 重庆：重庆出版社，1990.
霍克斯. 结构主义和符号学［M］. 瞿铁鹏，译. 上海：上海译文出版社，1987.
霍斯金斯，迈克法蒂耶，费恩. 全球电视和电影：产业经济学导论［M］. 刘丰海，张慧宁，译. 北京：新华出版社，2004.
吉登斯. 失控的世界：全球化如何重塑我们的生活［M］. 周红云，译. 南昌：江西人民出版社，2001.
加塞特. 大众的反叛［M］. 刘训练，佟德志，译. 长春：吉林人民出版社，2011.
焦斌龙. 文化产业经济学［M］. 北京：高等教育出版社，2014.
杰. 法兰克福学派史［M］. 单世联，译. 广州：广东人民出版社，1996.
杰. 法兰克福学派的宗师：阿道尔诺［M］. 胡湘，译. 长沙：湖南人民出版社，1998.
金，莫博涅. 蓝海战略：超越产业竞争，开创全新市场［M］. 吉宓，译. 北京：商务印书馆，2005.
金元浦. 文化研究：理论与实践［C］. 开封：河南大学出版社，2004.
卡西尔. 人论［M］. 甘阳，译. 上海：上海译文出版社，1985.
凯尔纳，贝斯特. 后现代理论：批判性的质疑［M］. 张志斌，译. 北京：中央编译出版社，2011.
凯尔纳. 波德里亚：批判性的读本［C］. 陈维振，陈明达，王峰，译. 南京：江苏人民出版社，2005.
凯夫斯. 创意产业经济学：艺术的商业之道［M］. 孙绯，等译. 北京：新华出版社，

2004.
凯利．技术元素［M］．张行舟，余倩，等译．北京：电子工业出版社，2012.
凯利．新经济，新规则［M］．刘仲涛，康欣叶，侯煜，译．北京：电子工业出版社，2014.
康德．判断力批判［M］．宗白华，韦卓民，译．北京：商务印书馆，1964.
科斯，诺斯，等．财产权利与制度变迁：产权学派与新制度学派译文集［C］．刘守英，等译．上海：上海三联书店，1991.
科特勒．市场营销管理［M］．亚洲版2版．梅清豪，译．北京：中国人民大学出版社，2001.
克兰．文化生产：媒体与都市艺术［M］．赵国新，译．南京：译林出版社，2001.
莱文森．新新媒介［M］．何道宽，译．上海：复旦大学出版社，2011.
兰德尔．资源经济学：从经济角度对自然资源和环境政策的探讨［M］．施以正，译．北京：商务印书馆，1989.
兰德利．创意城市：如何打造都市创意生活圈［M］．杨幼兰，译．北京：清华大学出版社，2009.
勒庞．乌合之众［M］．冯克利，译．北京：中央编译出版社，2000.
李彬．符号透视：传播内容的本体诠释［M］．上海：复旦大学出版社，2003.
李智．文化外交：一种传播学的解读［M］．北京：北京大学出版社，2005.
厉无畏．创意产业导论［M］．上海：学林出版社，2006.
厉无畏．创意改变中国［M］．北京：新华出版社，2009.
利贝斯，卡茨．意义的输出：《达拉斯》的跨文化解读［M］．刘自雄，译．北京：华夏出版社，2003.
列维-斯特劳斯．结构人类学［M］．张祖建，译．北京：中国人民大学出版社，2006.
刘春田．知识产权法［M］．3版．北京：中国人民大学出版社，2007.
刘易斯．文化研究基础理论［M］．2版．郭镇之，任丛，秦洁，等译．北京：清华大学出版社，2013.
陆扬，王毅．大众文化与传媒［M］．上海：上海三联书店，2000.
陆扬，王毅．文化研究导论［M］．修订版．上海：复旦大学出版社，2015.
罗钢，刘象愚．文化研究读本［C］．北京：中国社会科学出版社，2000.
罗杰斯．传播学史：一种传记式的方法［M］．殷晓蓉，译．上海：上海译文出版社，2002.
罗杰斯．创新的扩散［M］．5版．唐兴通，郑常青，张延臣，译．北京：电子工业出版社，2016.
罗斯托．经济增长的阶段：非共产党宣言［M］．郭熙保，王松茂，译．北京：中国社会科学出版社，2001.

洛厄里，德弗勒．大众传播效果研究的里程碑［M］．3版．刘海龙，等译．北京：中国人民大学出版社，2009.

马克思恩格斯文集［M］．北京：人民出版社，2009.

马特拉．世界传播与文化霸权：思想与战略的历史［M］．陈卫星，译．北京：中央编译出版社，2001.

迈尔-舍恩伯格，库克耶．大数据时代［M］．盛杨燕，周涛，译．杭州：浙江人民出版社，2013.

麦克卢汉．理解媒介：论人的延伸［M］．增订评注本．何道宽，译．南京：译林出版社，2011.

麦克切斯尼．传播革命［M］．高金萍，译．上海：上海译文出版社，2009.

麦奎尔．受众分析［M］．刘燕南，李颖，杨振荣，译．北京：中国人民大学出版社，2006.

梅罗维茨．消失的地域：电子媒介对社会行为的影响［M］．肖志军，译．北京：清华大学出版社，2002.

孟繁华．传媒与文化领导权：当代中国的文化生产与文化认同［M］．济南：山东教育出版社，2003.

米德．文化与承诺：一项有关代沟问题的研究［M］．周晓虹，周怡，译．石家庄：河北人民出版社，1987.

米尔佐夫．视觉文化导论［M］．倪伟，译．南京：江苏人民出版社，2006.

莫利．电视、受众与文化研究［M］．史安斌，主译．北京：新华出版社，2005.

莫利，罗宾斯．认同的空间：全球媒介、电子世界景观与文化边界［M］．司艳，译．南京：南京大学出版社，2001.

默克罗比．后现代主义与大众文化［M］．田晓菲，译．北京：中央编译出版社，2001.

奈．美国定能领导世界吗［M］．何小东，等译．北京：军事译文出版社，1992.

奈．软实力：权力，从硬实力到软实力［M］．马娟娟，译．北京：中信出版社，2013.

彭兰．文化隔阂：新老媒体融合中的关键障碍［J］．国际新闻界，2015，37（12）.

皮尔森．文化战略［M］．刘利圭，等译．北京：中国社会科学出版社，1992.

皮艺军．越轨社会学概论［M］．北京：中国政法大学出版社，2004.

瑞泽尔．后现代社会理论［M］．谢立中，等译．北京：华夏出版社，2003.

萨义德．文化与帝国主义［M］．李琨，译．北京：三联书店，2003.

塞托．日常生活实践：实践的艺术［M］．方琳琳，黄春柳，译．南京：南京大学出版社，2015.

史蒂文森．认识媒介文化：社会理论与大众传播［M］．王文斌，译．北京：商务印书馆，2001.

思罗斯比．经济学与文化［M］．王志标，张峥嵘，译．北京：中国人民大学出版社，

2011.
斯道雷．文化理论与通俗文化导论［M］．2 版．杨竹山，等译．南京：南京大学出版社，2001.
斯特里纳蒂．通俗文化理论导论［M］．阎嘉，译．北京：商务印书馆，2014.
斯沃茨．文化与权力：布尔迪厄的社会学［M］．陶东风，译．上海：上海译文出版社，2006.
宋建武，等．中国媒介经济的发展规律与趋势［M］．北京：中国人民大学出版社，2005.
孙立平．断裂：20 世纪 90 年代以来的中国社会［M］．北京：社会科学文献出版社，2003.
索绪尔．普通语言学教程［M］．高名凯，译．北京：商务印书馆，1980.
泰勒．原始文化：神话、哲学、宗教、语言、艺术和习俗发展之研究［M］．连树声，译．上海：上海文艺出版社，1992.
汤林森．文化帝国主义［M］．冯建三，译．上海：上海人民出版社，1999.
汤因比．历史研究［M］．郭小凌，王皖强，等译．上海：上海人民出版社，2010.
陶东风．文化研究：西方与中国［M］．北京：北京师范大学出版社，2002.
陶东风．文化研究精粹读本［C］．北京：中国人民大学出版社，2006.
陶东风，胡疆锋．亚文化读本［C］．北京：北京大学出版社，2011.
特纳．普通人与媒介：民众化转向［M］．许静，译．北京：北京大学出版社，2011.
特纳，瑞杰克．社会与文化：稀缺和团结的原则［M］．吴凯，译．北京：北京大学出版社，2009.
田中秀臣．AKB48 的格子裙经济学：粉丝效应中的新生与创意［M］．江裕真，译．北京：人民邮电出版社，2014.
汪民安．文化研究关键词［M］．南京：江苏人民出版社，2007.
王宁．消费社会学：一个分析的视角［M］．北京：社会科学文献出版社，2001.
王一川．大众文化导论［M］．北京：高等教育出版社，2004.
威廉斯．关键词：文化与社会的词汇［M］．刘建基，译．北京：三联书店，2005.
威廉斯．漫长的革命［M］．倪伟，译．上海：上海人民出版社，2013.
韦伯．儒教与道教［M］．洪天富，译．南京：江苏人民出版社，1995.
韦伯．新教伦理与资本主义精神［M］．阎克文，译．上海：上海人民出版社，2010.
位迎苏．伯明翰学派的受众理论研究［M］．北京：中国传媒大学出版社，2011.
文化资本与社会炼金术：布迪厄访谈录［M］．包亚明，译．上海：上海人民出版社，1997.
翁昌寿．文化竞合：华语文化创意产业特色与路径研究［M］．北京：北京大学出版社，2013.

翁昌寿．理解文化产业：网络时代文化与意义生产研究［M］．北京：中国广播影视出版社，2016.

向勇，刘静．文化产业应用理论［M］．北京：金城出版社，2011.

熊彼特．经济发展理论：对于利润、资本、信贷、利息和经济周期的考察［M］．何畏，易家详，等译．北京：商务印书馆，1990.

熊澄宇．世界文化产业研究［M］．北京：清华大学出版社，2012.

徐贲．走向后现代与后殖民［M］．北京：中国社会科学出版社，1996.

杨玲，陶东风．名人文化研究读本［C］．北京：北京大学出版社，2013.

姚建平．消费认同［M］．北京：社会科学文献出版社，2006.

伊尼斯．传播的偏向［M］．何道宽，译．北京：中国人民大学出版社，2003.

殷晓蓉．战后美国传播学的理论发展：经验主义和批判学派的视域及其比较［M］．上海：复旦大学出版社，2000.

英格尔哈特．现代化与后现代化：43 个国家的文化、经济与政治变迁［M］．严挺，译．北京：社会科学文献出版社，2013.

余卫华．跨文化研究读本［C］．武汉：武汉大学出版社，2006.

余英时．中国近世宗教伦理与商人精神［M］．合肥：安徽教育出版社，2001.

喻国明．传媒变革力：传媒转型的行动路线图［M］．广州：南方日报出版社，2009.

詹姆逊．快感：文化与政治［M］．王逢振，等译．北京：中国社会科学出版社，1998.

詹姆逊．文化转向［M］．胡亚敏，等译．北京：中国社会科学出版社，2000.

张辉锋，等．传媒经济热点问题原理解析［M］．北京：中国人民大学出版社，2013.

中央文化企业国有资产监督管理领导小组办公室，中国社会科学院文化研究中心．文化产业专题研究报告（上、下）［R］．北京：社会科学文献出版社，2014.

周勇．理解电视：从理论到方法的路径［M］．北京：中国广播电视出版社，2012.

BACON-SMITH C. Enterprising women：television fandom and the creation of popular myth［M］. Philadelphia：University of Pennsylvania Press，1991.

BARKER C. Cultural studies：theory and practice［M］. London：Sage，2016.

BOURDIEU P. The forms of capital［C］//HALSEY A H，LAUDER H，BROWN P，et al. Education，culture，economy，society. Oxford：Oxford University Press，1996.

CASEY B，CASEY N，CALVERT B，et al. Television studies：the key concepts. London：Routledge，2002.

DEPARTMENT FOR CULTURE，MEDIA AND SPORT. Creative industries economic estimates January 2014［R］. London：DCMS，2014.

DE VANY A. Hollywood economics［M］. New York：Routledge，2003.

DOCKER J. Postmodernism and popular culture［M］. Cambridge：Cambridge University Press，1994.

HALL S, HOBSON D, LOWE A, et al. Culture, media, language [M]. London: Routledge, 2015.

HALL S, JEFFERSON T. Resistance through rituals: youth subcultures in post-war-Britain [M]. London: Routledge, 2006.

JAMESON F. Postmodernism, or the cultural logic of late capitalism [M]. Durham: Duke University Press, 1991.

JENKINS H. Textual poachers: television fans and participatory culture [M]. New York: Routledge, 2012.

LEWIS L A. The adoring audience: fan culture and popular media [M]. London: Routledge, 2002.

LOWENTHAL L. Literature, popular culture and society [M]. Englewood Cliffs, NJ: Prentice-Hall, 1961.

MCGRAY D. Japan's gross national cool [J]. Foreign Policy, 2002 (5/6).

MCGUIGAN J. Cultural populism [M]. London: Routledge, 1992.

NEWMAN M E J. The structure and function of complex networks [J]. SIAM Review, 2003, 45 (2).

RHEINGOLD H. The virtual community: homesteading on the electronic frontier [M]. Cambridge, MA: MIT Press, 2000.

SIWEK S E. Copyright industries in the U. S. economy [R]. Washington, DC: International Intellectual Property Alliance, 2013.

THROSBY D. Economics and culture [M]. Cambridge: Cambridge University Press, 2001.

后　记

子在川上曰：逝者如斯夫。

孔子所立之河，是一条时间河流，也是一条变迁的河流。面对创业，我也发出同样的感慨：日新月异、变幻莫测、乱花迷眼。

面对创业这条奔腾不息的河流，把握其季节水文、把握其流向显得极为重要。这正是本书所试图做的一点努力：以相对全面系统、历时性的视角，让创业这条河流暂停奔流，使我们有一个观察、回溯、判断和评估的机会。

我不仅是文化创业的观察者，也曾经是创业队伍中的一员。当年，授业恩师梁刚建筹备创办“中华读书网”，我立即辞职回到北京，加入了这个领“互联网+文化”之先的创业团队。吸引我的，是互联网创业的机会，更是梁老师持续创业的成功光环。1994年，身为《光明日报》知名评论员的梁老师，从家里拿了5 000元创办《中华读书报》，这份周报成为国内文化思想界的一个公共领域，一纸风行。

互联网的冬天来临，中华读书网办公地点从富丽堂皇的北京西单首都时代广场，撤回上地马连洼，之后经历了股东变更以求生存。我参与了在同一股东旗下休养续命的中文在线的管理工作。在这段艰苦的岁月中，不少人离开，不少公司关门。不再有人记得中华读书网、博库网、人民时空网、旌旗席殊网这些曾经充满梦想而后被资本窒息的文化创业公司。而童之磊一直在坚持，中文在线最终冲过了上市撞钟的阶段性终点。

创业是天时地利的风口，更是创业者的修行。从梁老师身上，我看到了一位优秀的文化创业者所必需的文化格局和时代敏感。从童之磊身上，我看到了文化创业者所必需的另一种素养：不忘初心。

这些经历和感想，正是我写作本书的动力源泉。自从“双创”兴起，大学生成为新兴的创业主体。本书的思想和内容，也在我开设的“文化创业”课程中得到检验和打磨。我希望借此为大学生提供一个窗口，让他们去观察、认知和实践当下的文化创业，使他们多一种可能性，也让未来有更多富有想象力的文化创业者。

感谢中国人民大学新闻学院支持我做自己想做的事情，从《文化竞合：华语文化创意产业特色与路径研究》（北京大学出版社，2013）、《理解文化产业：网络时代文化与意义生产研究》（中国广播影视出版社，2016）到这本《文化创业：移动互联网时代的文化生产与创新》，我在文化研究与文化产业的交集处停驻，深耕网络情境下的新兴内容生产、文化与意义生产，揭开技术、资本面纱，观察文化创新的脉络。

如今，传播业已成为创新创业的策源地，新势力与旧巨头、技术与价值正在交流、交锋和交融。传播学中的创新扩散理论、双边市场理论、麦克卢汉媒介观、法兰克福学派、伯明翰学派等理论资源，都成为解析文化创业的工具和范式。理论与实践的相互充电，使理论更具解释力，实践更有方向感。当然，本书中还涉及一些正在发生、正在形成的新知识领域，例如人工智能、大数据、算法等前沿。限于作者的能力和笔力，理解、认知和表述肯定存在偏颇，本书抛砖引玉，恳请方家指正批评。

在本书写作的过程中，我失去了父亲，我成为父亲。生活把大悲和大喜同时摆进我的人生。我第一次感受到命运如此变幻莫测，随手切换着我的悲欢离合。我希望自己能够从中体悟出生命的本质，不惑且知天命。

感谢我的妻子，她的金融和投行背景给我带来了梳理资本、金融驱动文化创业的思路和灵感，而本书有关文化创业各赛道的分析，对她的工作也有所帮助，这带给我不小的学术自信。

感谢我的研究生安若辰、张琦悦、徐曼馨、张涵，他们帮助搜集了相关案例材料。他们都是名副其实的“网生代”，从他们对创业项目和公司的关注和兴趣点中，我得以做更清晰的聚焦，呈现更有创新价值的创业样本。

感谢中国人民大学出版社的刘静编辑，如果没有他的督促和安排，本书不会及时地出版。他以专业的见识和服务，体现出人大出版社一流的文化生产水平。

图书在版编目（CIP）数据

文化创业：移动互联网时代的文化生产与创新 / 翁昌寿著．-- 北京：中国人民大学出版社，2020.1
ISBN 978-7-300-26724-1

Ⅰ．①文… Ⅱ．①翁… Ⅲ．①文化创业－创业－研究 Ⅳ．①G114

中国版本图书馆 CIP 数据核字（2019）第 028564 号

文化创业
移动互联网时代的文化生产与创新
翁昌寿　著
Wenhua Chuangye

出版发行	中国人民大学出版社		
社　址	北京中关村大街 31 号	邮政编码	100080
电　话	010－62511242（总编室）		010－62511770（质管部）
	010－82501766（邮购部）		010－62514148（门市部）
	010－62515195（发行公司）		010－62515275（盗版举报）
网　址	http://www.crup.com.cn		
经　销	新华书店		
印　刷	涿州市星河印刷有限公司		
规　格	170 mm×240 mm　16 开本	版　次	2020 年 1 月第 1 版
印　张	17.25 插页 1	印　次	2020 年 1 月第 2 次印刷
字　数	271 000	定　价	59.00 元